国家社科基金一般项目"乡村振兴战略下我国城乡体育融合发展研究"(20BTY080)

我国城乡体育融合发展研究

郭修金　杨向军　著

·南京·

图书在版编目(CIP)数据

我国城乡体育融合发展研究/郭修金,杨向军著
. —南京:东南大学出版社,2023.12
ISBN 978-7-5766-1075-8

Ⅰ.①我… Ⅱ.①郭… ②杨… Ⅲ.①体育事业—城乡—体化—研究—中国 Ⅳ.①G812.7

中国国家版本馆 CIP 数据核字(2023)第 252486 号

责任编辑:张绍来　　责任校对:张万莹　　封面设计:顾晓阳　　责任印制:周荣虎

我国城乡体育融合发展研究
Woguo Chengxiang Tiyu Ronghe Fazhan Yanjiu

著　　者	郭修金　杨向军
出版发行	东南大学出版社
社　　址	南京四牌楼 2 号　邮编:210096　电话:025-83793330
网　　址	http://www.seupress.com
出 版 人	白云飞
经　　销	全国各地新华书店
印　　刷	广东虎彩云印刷有限公司
开　　本	710mm×1 000mm　1/16
印　　张	16.75
字　　数	300 千
版　　次	2023 年 12 月第 1 版
印　　次	2023 年 12 月第 1 次印刷
书　　号	ISBN 978-7-5766-1075-8
定　　价	68.00 元

本社图书若有印装质量问题,请直接与营销部调换。电话(传真):025-83791830

前　言

一旦城乡关系改变,整个社会也会跟着改变,这决定了城乡关系问题是关乎经济社会发展的关键问题。新中国成立以来,城乡关系从城乡二元体制建立与巩固、城乡统筹发展、城乡发展一体化到城乡融合发展,经历了多重改变。2018年,中共中央、国务院印发《乡村振兴战略规划(2018—2022年)》,提出"顺应城乡融合发展趋势,重塑城乡关系",将"传承和发展民族民间传统体育,广泛开展形式多样的农民群众性体育活动"纳入规划,城乡体育融合发展成为大势所趋。因此,破解城乡体育资源与要素自由流通的障碍,发挥体育在促进城乡社会、经济、生态、文化、制度等方面双向互融的作用,迫切要求建立城乡体育融合发展体制机制。基于此,在城乡体育融合发展理论的起步阶段,厘清城乡体育融合发展的历史契机,解构城乡体育融合发展的内在机理,构建城乡体育融合发展的基本路径,是夯实城乡体育融合发展论的现实之需。

本研究依托于2020年国家社科基金一般项目"乡村振兴战略下我国城乡体育融合发展研究"(20BTY080),运用文献资料、比较分析、逻辑分析、问卷调查、深度访谈、案例分析等方法,借助统计分析软件,以全国10个省(市、区)的乡村体育管理者及乡村居民为调查对象,探讨了以下内容:第一,城乡体育融合发展的理论基础、新中国成立后城乡体育发展的历程、国内外城乡体育融合发展典型案例;第二,对城乡体育要素合理配置的现状及存在的问题作了剖析;第三,城乡体育融合发展的内在机理、城乡体育要素合理配置、城乡体育融合发展的现实困境及保障机制、城乡体育融合发展的基本路径等演绎表达。本研究力图为城乡体育要素合理配置提供新思路,勾勒城乡体育融合发展的新图景,助力宜居宜业和美乡村建设。

  对我国城乡体育融合发展的研究,兼具理论探究和实践指导的双重特点,不仅适合从事体育人文社会学领域的研究者,而且亦能为政府体育部门或者体育社会组织开展群众体育工作提供实践指导。但鉴于研究期间恰逢疫情肆虐,无法进行充分的城乡调研,导致书稿的完成较为仓促,书中还存在诸多的问题和不足,还请读者批评指正。

郭修金

2023 年 9 月于南京体育学院

目 录

前言

1 导论 ·· 1
    1.1 问题的提出 / 1
    1.2 研究背景 / 2
        1.2.1 新型城镇化：城乡互促、城乡融合 / 2
        1.2.2 体育强国：乡村强则国家强 / 4
        1.2.3 乡村振兴：体育兴则乡村兴 / 5
    1.3 研究目的及意义 / 6
        1.3.1 研究目的 / 6
        1.3.2 研究意义 / 7
    1.4 国内外相关研究进展 / 8
        1.4.1 国外相关研究的学术史梳理及研究动态 / 8
        1.4.2 国内相关研究进展 / 13
        1.4.3 国内外相关研究述评 / 24
    1.5 研究对象与方法 / 25
        1.5.1 研究对象 / 25
        1.5.2 研究方法 / 25
    1.6 研究思路 / 34

2 核心概念界定与理论基础 ··· 36
    2.1 核心概念界定 / 36

2.1.1　乡村的概念界定　/　36
　　2.1.2　乡村体育的概念界定　/　38
　　2.1.3　城市的概念界定　/　40
　　2.1.4　城乡体育融合发展的概念界定　/　41
2.2　基础理论　/　42
　　2.2.1　城乡发展理论　/　42
　　2.2.2　马克思主义平等交换理论　/　45
　　2.2.3　社会流动理论　/　46
　　2.2.4　文化自觉、文化自信理论　/　47
　　2.2.5　两山理论　/　48

3　我国城乡体育发展历程回溯 ……………………………………… 49

3.1　齐驱并进：城乡体育兼顾发展（1949—1958年）　/　49
　　3.1.1　城乡体育兼顾发展的历史背景　/　49
　　3.1.2　城乡体育兼顾发展的基本特征　/　50
3.2　体制固化：城乡体育分离发展（1958—1978年）　/　54
　　3.2.1　城乡体育分离发展的历史成因　/　54
　　3.2.2　城乡体育分离发展的阶段特征　/　55
3.3　政策解绑：城乡体育调整（1978—2002年）　/　57
　　3.3.1　城乡体育调整的历史背景　/　57
　　3.3.2　城乡体育调整的发展特征　/　59
3.4　整体推进：城乡体育统筹发展（2002—2012年）　/　61
　　3.4.1　城乡体育统筹发展的背景回溯　/　61
　　3.4.2　城乡体育统筹发展的典型特征　/　62
　　3.4.3　城乡体育统筹发展的历史局限　/　65
3.5　完善发展：城乡体育发展一体化（2012—2017年）　/　66
　　3.5.1　城乡体育发展一体化的背景回溯　/　66
　　3.5.2　城乡体育发展一体化的发展特征　/　66
　　3.5.3　城乡体育发展一体化的历史局限　/　69

3.6 全面深化：城乡体育融合发展(2017年至今) / 70
　　3.6.1 城乡体育融合发展的现实背景 / 70
　　3.6.2 城乡体育融合发展的现实特征 / 72

4 我国城乡体育融合发展状况调研 75

4.1 我国城乡体育融合发展的现状调查 / 75
　　4.1.1 调查对象的人口社会学信息 / 75
　　4.1.2 乡村居民参与体育活动的基本特征 / 78
　　4.1.3 乡村居民参与城乡体育融合发展的差异分析 / 80
　　4.1.4 城乡体育要素配置的现状调查 / 94
　　4.1.5 我国城乡体育要素配置的地区差异分析 / 100

4.2 我国城乡体育要素合理配置的困境归纳 / 111
　　4.2.1 城乡体育要素配置的承接基础薄弱 / 111
　　4.2.2 城乡体育要素配置的内部结构失衡 / 113
　　4.2.3 城乡体育要素配置的供给主体单一 / 114
　　4.2.4 城乡体育要素配置的协同供给欠缺 / 115

5 国内外城乡体育融合发展的典型案例与镜鉴 117

5.1 国外城乡体育融合发展的典型案例 / 117
　　5.1.1 体育资源禀赋型：瑞士圣莫里茨镇 / 117
　　5.1.2 体育产业聚集模式：意大利蒙特贝卢纳镇 / 120

5.2 国内城乡体育融合发展的典型案例 / 122
　　5.2.1 立足自然生态：百丈时尚体育小镇 / 122
　　5.2.2 市场主导模式：海澜飞马水城 / 125
　　5.2.3 社会主导模式：贵州省台盘"村BA"民间篮球赛事 / 129

5.3 国内外城乡体育融合发展典型案例的镜鉴 / 133
　　5.3.1 发挥政府引导 / 133
　　5.3.2 遵循市场规律 / 133
　　5.3.3 突出个性文化 / 134

5.3.4　激发内在动力 / 134

5.3.5　依托绿色发展 / 135

6　城乡体育融合发展的内在机理研究 ………………………………… 136

6.1　融合前提：人才、资本、技术、产业互动 / 137

6.1.1　人才互动：城乡体育融合发展的首要条件 / 137

6.1.2　资本互动：城乡体育融合发展的先决条件 / 138

6.1.3　技术互动：城乡体育融合发展的必需前提 / 141

6.1.4　产业互动：城乡体育融合发展的必要前提 / 142

6.2　融合基础：交通网、信息网、环境承载力 / 144

6.2.1　交通网：拓展城乡体育活动空间 / 144

6.2.2　信息网：构建城乡体育平等关系 / 145

6.2.3　环境承载力：改变城乡体育资源禀赋优势 / 147

6.3　融合结果：更高水平的公共体育服务体系 / 150

6.3.1　城乡体育消费：提档升级 / 150

6.3.2　公共体育服务：标准化 / 151

6.3.3　全民健身与全民健康：深度融合 / 152

7　我国城乡体育资源要素的合理配置研究 ……………………………… 154

7.1　我国城乡体育资源要素合理配置的逻辑 / 154

7.1.1　我国城乡体育资源要素的配置内容逻辑 / 154

7.1.2　我国城乡体育资源要素合理配置的结构逻辑 / 155

7.2　我国城乡体育资源要素合理配置路径 / 165

7.2.1　依托双轮驱动，推动人才互融 / 165

7.2.2　重塑政府角色，构筑多元投入 / 171

7.2.3　推动城乡一体，夯实设施支撑 / 176

7.2.4　凝聚组织功能，提升专业水准 / 178

7.2.5　搭载科技引擎，助推城乡共融 / 180

7.2.6 依托载体培育,推动文化互哺 / 182

7.2.7 发挥辐射带动,共创赛事融合 / 185

8 我国城乡体育融合发展的现实困境及保障机制研究 ……………… 189

8.1 城乡体育融合发展的现实困境 / 189

8.1.1 城乡体育产业共兴共赢局面未形成 / 190

8.1.2 城乡体育治理共治共享制度统筹不完善 / 191

8.1.3 城乡体育生活互融互通渠道不畅通 / 193

8.1.4 城乡体育文化共生共荣景象失衡 / 196

8.1.5 城乡体育环境共建共保功能不突出 / 197

8.2 城乡体育融合发展保障机制 / 198

8.2.1 地位均等:城乡基本公共体育服务普惠共享保障机制 / 200

8.2.2 短板弥补:乡村体育优先发展保障机制 / 202

8.2.3 城乡共荣:城乡体育基础设施一体化发展保障机制 / 205

8.2.4 城乡互补:乡村体育多元化发展保障机制 / 206

8.2.5 全面融合:城乡体育要素合理流动保障机制 / 208

9 城乡体育融合发展的基本路径研究 ……………… 212

9.1 经济循环:城乡体育产业共兴共赢 / 212

9.1.1 空间布局:优化乡村体育产业发展 / 212

9.1.2 政策引导:推动城乡体育产业融合 / 213

9.1.3 市场配置:促进城乡体育产业共赢 / 214

9.2 制度统筹:城乡体育治理共治共享 / 215

9.2.1 治理体系:推动城乡体育治理能力现代化 / 215

9.2.2 扶持机制:支持乡村体育优先发展 / 216

9.2.3 融合机制:推进城乡体育协同融合 / 217

9.2.4 监督机制:落实城乡体育共治共享 / 218

9.3 文化互补：城乡体育文化共生共荣 / 218
    9.3.1 文化自觉：传统与现代体育美美与共 / 218
    9.3.2 文化自信：重塑体育文化共同体 / 219

9.4 社会互动：城乡体育生活互融互通 / 220
    9.4.1 价值观互动：城乡体育健康观念互融互通 / 220
    9.4.2 行为互动：城乡体育生活行为互促互进 / 221
    9.4.3 条件互动：城乡体育生活基础协同发展 / 222

9.5 生态繁荣：城乡体育环境共建共保 / 224
    9.5.1 自然生态：乡村生态保护修复 / 224
    9.5.2 人文生态：体育乡愁共塑共享 / 224
    9.5.3 发展方式：城乡体育绿色发展 / 225

10 研究结论、建议与不足 226

10.1 研究结论 / 226
10.2 研究建议 / 227
10.3 研究不足 / 228

附录 229

【附录1】村民调查问卷 / 229
【附录2】（县城/乡镇/村落）专家调查问卷 / 236
【附录3】部分乡村体育管理专家访谈节选 / 243

参考文献 253

1 导论

1.1 问题的提出

新中国成立 70 余年以来,我国城乡关系主要经历了城乡二元体制建立与巩固、城乡统筹发展、城乡一体化发展到城乡融合发展的过程。但我国城乡之间不平衡不充分的发展矛盾依然突出,尤其是乡村发展短板明显。"乡村兴则国家兴,乡村衰则国家衰。"基于此,党的十九大部署了乡村振兴战略,目的在于改变城市单向发展的不平衡态势,坚持城镇和乡村贯通的城乡融合发展之路,推动城乡要素在乡村地区形成良性汇集,从而助力乡村实现全面振兴。体育兴则乡村兴。体育作为乡村振兴战略的重要组成部分,亦需借助乡村振兴发展之势,坚持走城乡体育融合发展之路,从而构建高水平乡村全民健身公共服务体系,助力宜居宜业和美乡村建设,但坚持城乡体育融合发展还面临一系列的现实难题。

(1) 乡村体育人才基础薄弱,很难有效承接城市优势体育资源要素的下乡:据第三次全国农业普查,全国 55 岁以上农业从业经营人员占比 33.6%,同期 50 岁以上农民工所占比重为 21.3%,明显农民工的年龄结构优于同期全国农业从业人员;在文化程度上,2020 年全国小学及以下文化程度农业从业人员占比高达 35.7%,同期农民工占比仅为 15.7%,而其他文化程度的农业从业人员占比皆低于同期农民工,显然农民工的受教育程度优于同期全国农业从业人员。从劳动力的年龄结构和文化程度上看,乡村的社会流动呈现"精英式"人才流失。再加之,预计 2025 年乡村 60 岁以上人口比例将达 25.3%,约为 1.24 亿人,支撑乡村体育的青壮年人数在急剧减少,体育骨干大量流失,导致乡村体育的中心塌陷,很难有效承接城市优势体育资源要素的下乡。

(2) 乡村体育供给主体单一,导致城乡体育"共治共建共享"之局未形成:随着2002年我国"以城带乡"的城乡体育统筹发展机制的建立,我国开启了政府主导下的城市体育持续回哺乡村体育的历史进程,旨在快速缩小城乡体育的发展差距,其中乡村体育设施个数占比由2003年的8.18%迅速上升为2013年的41.39%。但由政府主导的城市体育回哺,携带了以追求效率为特征的工业文化,呈现运动式向乡村地区灌输现代体育设施、体育活动及赛事的态势,与同期乡村体育衍生出严重的文化排斥,造成乡村基本公共体育服务的供需错位,导致乡村基本公共体育服务浪费与不足并存。加之部分乡村地区政府"垄断式"供给,造成供给主体单一,不利于打造城乡体育"共治共建共享"之局。

(3) 城乡体育发展地位不平等,造成乡村体育禀赋优势资源难以体现:以往我国城乡体育发展强调"以城带乡"的发展模式,目的在于发挥城市体育对乡村体育的辐射带动作用。但由于乡村体育发展基础薄弱,乡村体育在"以城带乡"的发展模式中,一直处于被动发展的局面,导致乡村体育的自然生态资源和历史人文资源优势远远没有得到社会的认可,抑制了乡村体育亲近自然、体育乡愁的禀赋优势发挥,很难形成持续推动城市居民下乡的体育动力。

基于此,坚持走城乡体育融合发展之路,亟须破除制约城乡体育要素自由流动的体制机制障碍,推动城乡体育要素资源实现合理配置,助力城乡体育实现"城乡互补、全面融合、共同繁荣"之势。为此,本书着力于我国城乡体育现实困境的调查,重点探究及回答:我国城乡体育融合发展的内在机理是什么?如何合理配置我国城乡体育融合发展的资源要素?如何保障我国城乡体育融合发展?我国城乡体育融合发展的基本路径有哪些?

1.2 研究背景

1.2.1 新型城镇化:城乡互促、城乡融合

城镇化的本质是重塑城乡关系的一个过程。在新型城镇化的发展初期

(2014—2017年),我国新型城镇化政策立足于发挥城市对乡村的辐射带动作用,走以城带乡之路,旨在实现缩小城乡之间的发展差距;而在新型城镇化的高质量发展期(2018至今),我国新型城镇化的政策导向在于促进城乡实现互促互补的发展格局,从而推动城乡关系步入城乡融合发展的历程。公共体育服务作为城乡公共服务的核心构成要素之一,决定了城乡体育亦将跟随新型城镇化发展的历史潮流,走城乡体育融合发展之路。

此外,2018—2021年我国新型城镇化的政策指向为"农业转移人口市民化",为城市公共体育服务均等化建设提供政策支撑;2021年至今,新型城镇化政策的重心突出"推进以县城为重要载体的城镇化建设",赋予了县城在城乡融合发展中的关键地位,使其具备连接城市、服务乡村的作用。此外,《"十四五"体育发展规划》明晰了体育助力新型城镇化建设,进一步强化了县城之于城乡体育融合发展的关键地位(见表1-1)。

表1-1 新型城镇化的政策支持轨迹

时间	文件名称	目标任务
2014年3月	国务院《政府工作报告》	健全城乡发展一体化体制机制,坚持走以人为本、四化同步、优化布局、生态文明、传承文化的新型城镇化道路
2014年3月	《国家新型城镇化规划(2014—2020年)》	推进城乡统一要素市场建设;推进城乡规划、基础设施和公共服务一体化
2015年3月	国务院《政府工作报告》	城镇化是解决城乡差距的根本途径
2016年2月	《国务院关于深入推进新型城镇化建设的若干意见》	推进易地扶贫搬迁与新型城镇化结合
2016年3月	国务院《政府工作报告》	推进新型城镇化和农业现代化,促进城乡区域协调发展
2016年3月	《中华人民共和国国民经济和社会发展第十三个五年规划纲要》	推动新型城镇化和新乡村建设协调发展
2017年3月	国务院《政府工作报告》	支持中小城市和特色小城镇发展,发挥城市群辐射带动作用
2017年10月	习近平在中国共产党第十九次全国代表大会上的报告	以城市群为主体构建大中小城市和小城镇协调发展的城镇格局
2018年3月	国务院《政府工作报告》	提高新型城镇化质量,加快农业转移人口市民化,使人人都有公平发展机会

(续表)

时间	文件名称	目标任务
2019年3月	国务院《政府工作报告》	抓好农业转移人口落户,推动城镇基本公共服务覆盖常住人口
2020年5月	国务院《政府工作报告》	深入推进新型城镇化,发挥中心城市和城市群综合带动作用
2021年3月	国务院《政府工作报告》	推进以县城为重要载体的城镇化建设
2021年3月	《中华人民共和国国民经济和社会发展第十四个五年规划和2035年远景目标纲要》	深化户籍制度改革,强化基本公共服务保障,加快农业转移人口市民化;推进以县城为重要载体的城镇化建设
2021年10月	《"十四五"体育发展规划》	体育助力新型城镇化建设工程
2022年3月	国务院《政府工作报告》	加强县城基础设施建设
2022年5月	《关于推进以县城为重要载体的城镇化建设的意见》	县城是城乡融合发展的关键;推进以县城为重要载体的城镇化建设
2022年10月	习近平在中国共产党第二十次全国代表大会上的报告	推进以县城为重要载体的城镇化建设
2023年3月	国务院《政府工作报告》	完善城市特别是县城功能,增强综合承载能力

1.2.2 体育强国：乡村强则国家强

体育强则中国强，国运兴则体育兴。2019年8月10日，国务院办公厅印发《体育强国建设纲要》，首次提出将体育建设成为中华民族伟大复兴的标志性事业，并指出推动全民健身国家战略，以积极开展体育强省、全民运动健身模范市及全民运动健身模范县建设为工作抓手，决定了体育强国建设难点在于体育强县建设。因为体育强县建设时刻面临城乡体育发展不平衡、不充分的突出矛盾，尤其是乡村体育发展短板突出：乡村体育人才短缺且老龄化现象严重；保护与传承乡村传统体育项目形势严峻；乡村基本公共体育服务设施浪费与不足问题并存；乡村体育活动与赛事资源短缺；乡村社会体育指导员及体育志愿者队伍建设滞后；乡村生活性体育服务供给与市场需求存在差距等等。因此，体育强国建设亟须以县域为基本突破单元，坚持城镇体育与乡村体育贯通的城乡体育融合发展之路，推动更多城乡体育要素在乡村地区实现良性汇聚，从根本上解决乡村体育发展存在短板的难题。一旦补齐乡村体育的发展短板，将有助于构建更高水平的城乡公共体育服务体系，从而助推体育强国战略目标的实现。

1.2.3 乡村振兴：体育兴则乡村兴

乡村兴则国家兴，乡村衰则国家衰。十九大报告提出了"产业兴旺、生态宜居、乡风文明、治理有效、生活富裕"的乡村振兴战略。2018年中央一号文件指出实施乡村振兴战略必须坚持走城乡融合发展之路。随后，2021年6月1日《中华人民共和国乡村振兴促进法》（简称《乡村振兴促进法》）的施行，标志着实施乡村振兴战略，坚持城乡融合发展之路，被赋予了法律和制度的保障。因此，乡村体育将搭载乡村振兴战略的"高铁"，步入法制化的快速发展轨道，走城乡体育融合发展之路。

体育兴则乡村兴，体育作为乡村振兴战略的重要组成部分，一直烙印于乡村振兴的发展之列（见表1-2）。2018年《乡村振兴战略规划（2018—2022年）》纳入乡村公共体育服务内容。此后，2018—2021年期间，体育之于乡村振兴战略的国家政策驱动在于补齐乡村体育基础设施短板，促进城乡公共体育服务均等化；2022年至今，乡村振兴战略步入全面推进阶段，国家相关政策转向乡村体育活动开展及乡村生活性体育服务开发，推动了乡村体育由硬件建设向软件升级发展。

表1-2 乡村振兴战略的政策支持轨迹

时 间	文件名称	目标任务
2017年10月	习近平在中国共产党第十九次全国代表大会上的报告	首次提出"产业兴旺、生态宜居、乡风文明、治理有效、生活富裕"的乡村振兴战略
2018年1月	中央一号文件：《中共中央 国务院关于实施乡村振兴战略的意见》	全面解读乡村振兴战略，指出了实施乡村振兴战略应坚持城乡融合发展之路
2018年9月	《乡村振兴发展战略规划（2018—2022年）》	乡村体育公共服务纳入乡村振兴战略发展规划
2019年1月	中央一号文件：《中共中央 国务院关于坚持农业农村优先发展做好"三农"工作的若干意见》	全面提升体育公共服务水平，加快推进城乡基本公共服务均等化
2019年8月	《体育强国建设纲要》	紧密结合美丽宜居乡村、运动休闲特色小镇建设，鼓励创建休闲健身区、功能区和田园景区，探索发展乡村健身休闲产业和建设运动休闲特色乡村

(续表)

时　间	文件名称	目标任务
2020年1月	中央一号文件：《中共中央 国务院关于抓好"三农"领域重点工作确保如期实现全面小康的意见》	加快补上乡村基础设施和公共服务短板
2021年2月	中央一号文件：《中共中央 国务院关于全面推进乡村振兴加快农业乡村现代化的意见》	加强乡村公共体育基础设施建设
2021年3月	《中华人民共和国国民经济和社会发展第十四个五年规划和2035年远景目标纲要》	优先发展农业乡村，全面推进乡村振兴
2021年4月	《中华人民共和国乡村振兴促进法》	各级人民政府应当健全完善乡村公共文化体育设施网络和服务运行机制，鼓励开展形式多样的农民群众性文化体育、节日民俗等活动；
2021年7月	《国务院关于印发全民健身计划（2021—2025年）的通知》	补齐5 000个以上乡镇（街道）全民健身场地器材；鼓励体育总会向乡镇延伸、各类体育社会组织下沉行政村（社区）
2021年10月	《"十四五"体育发展规划》	推动体育元素融入乡村振兴战略
2022年2月	中央一号文件：《中共中央 国务院关于做好2022年全面推进乡村振兴重点工作的意见》	支持农民自发组织开展村歌、"村晚"、广场舞、趣味运动会等体现农耕农趣农味的文化体育活动
2022年10月	习近平在中国共产党第二十次全国代表大会上的报告	全面推进乡村振兴
2023年2月	中央一号文件：《中共中央 国务院关于做好2023年全面推进乡村振兴重点工作意见》	发展乡村文化体育、旅游休闲等生活服务

1.3　研究目的及意义

1.3.1　研究目的

1）理论目标

以创新为使命，通过对国内乡村振兴和城乡体育融合状况进行深入、全面调查,立足国情,探寻城乡体育融合发展的内在机理、基本要素及合理配置、保障机制、基本路径等基础理论问题。

2) 政策目标

以问题为导向,通过对乡村振兴进程中城乡体育融合发展特点、规律的总结和提炼,阐明城乡体育融合发展的保障机制、基本路径等制度安排和政策保障,向国家和地方有关部门提供案例分析、经验总结、决策咨询及制度设计。

3) 实践目标

以实践为根本,围绕城乡社会、经济、文化、生态、空间、制度等领域,依托城乡体育人才、财力、产业、信息、文化、赛事等基本要素自由流动促进城乡体育融合发展,为乡村振兴、体育强国建设提供实际的操作方案。

1.3.2 研究意义

学术价值:通过城乡融合发展基本理论研究,认识和把握城乡体育融合发展的本质要求和基本规律,丰富乡村振兴、体育强国、城乡融合等研究领域的基础理论;构建城乡体育要素合理配置体制机制,建立健全城乡基本公共体育服务普惠共享机制、城乡体育基础设施一体化机制、乡村体育多元化体制机制及城乡体育要素合理流动机制,弥补现有研究的不足;通过对城乡体育融合发展的研究,探寻保障机制、发展路径,为各区域城乡体育融合发展提供参考,为后续研究积累资料。

应用价值:探索城乡体育融合模式,为政府提供决策咨询。拓展城乡体育融合领域,推动乡村振兴战略实施。在产业布局、项目文化、场地设施、赛事治理、人才交流等方面科学有序地推动乡村产业、人才、文化、生态和组织振兴;对接体育强国战略任务,推动体育强国建设。因地制宜推进城乡体育融合发展,逐步实现基本公共体育服务在地区、城乡、行业和人群间的均等化。

1.4 国内外相关研究进展

1.4.1 国外相关研究的学术史梳理及研究动态

1) 国外城乡融合发展的模式研究

(1) 工业化和城镇化同步的美国城乡融合模式：美国20世纪20年代就基本实现了工业化和城市化，中心城市的发展快于郊区，之后郊区发展又快于中心城市，促使美国成为目前世界上城乡融合最成功的国家，已经实现了居民城乡收入和社会保障无差距。但美国在20世纪80年代中期，也经历了城乡二元结构的对立。当时区域差距明显，贫困地区尤其是乡村地区年轻劳动力外流，乡村就业率下降，人们的不满情绪增加。时任美国总统的克林顿颁布《联邦受援区和受援社区法》，积极救助欠发达地区，很大程度上提振了乡村地区农业从业者的信心。随后，美国城市郊区化倾向明显，推动原城市居民的生活逐步向郊区倾斜发展，同时一些城市产业功能和商业功能也逐步向郊区倾斜发展，且十分重视城郊地区的基础设施投资，大部分乡村的基础设施和公共服务水平与城市几乎相差无几，城市郊区便同时具备了城市和乡村属性并存的边缘城市特色。美国城市向城郊的人员和产业流动，带动了城镇郊区化发展的势头，大量的小城镇依托中心城市快速发展。

(2) 城乡均衡发展的德国城乡融合模式：德国倡导"城乡等值化"建设理念，促使德国成为世界上城乡发展最均衡的国家。德国的国家政治、经济、文化中心分散在全国各地的很多城市甚至乡村，且各地的经济增长和城镇布局没有明显差异，也没有形成较大的中心城市，目前德国60%的人口生活在中小城镇，这些城镇的规模在2 000人至10万人之间。德国城乡的均衡发展归功于德国有着完整的国家城乡规划和完善法治，推动了城乡布局合理及基础设施完善，居民可以自由迁徙、选举等，并且可以无差别地享受共同的社会保障的政策。

(3) "政府主导，全民参与"的韩国新村运动：二战后，韩国采用了优先发展出口产业的政策,使得城市的发展突飞猛进,但韩国的农业结构复杂,城市和乡村发展不平衡,贫富分化严重,乡村青年人口涌入城市,导致乡村劳动力不足,乡村经济停滞不前。为减少城乡间的差距,实现城乡协调发展,韩国在20世纪70年代开始了"新村运动"。韩国新村运动初期由政府引导发展,后转变为政府致力于法治建设,提倡公民的自发意识、共同体意识,增强农民的法制教育思想。随着韩国经济的快速发展,"新村运动"的优越性逐渐凸显,"新村运动"完全由民间组织进行组织和实施。韩国新村运动的主要经验如下:第一,政府主导新村运动的发展,以钢铁水泥的形式进行补贴;第二,政府对企业进行有梯度的扶持,然后和企业有机合作,将村庄以一个中小企业或者经营单位的形式进行经营;第三,扶持带头人,同时加强村民的教育培训,增加村民对乡村文化的认同感。

(4)"城市反哺乡村、工业反哺农业"的日本城乡融合模式:第二次世界大战之后,日本政府急于发展本国经济,造成乡村劳动力大量进入城市,乡村经济发展停滞,城乡差距越来越大。为了解决该问题,日本总体上是采用"以工代农、以城促乡"的乡村振兴发展策略,对农业给予大量补贴和政策支持。此外,日本农业协同工会(农协)在乡村振兴运动中发挥了不可忽视的作用,统一了日本各地农产品经营模式,集中农民的剩余资金,通过农协信用体系进行乡村基础设施相关项目的贷款发放,在一定程度上促进了日本农业乡村的发展。

(5)过度城镇化的拉美城乡融合模式:二战后,拉美国家经济快速增长,阿根廷、智利、墨西哥、巴西、哥伦比亚等国均达到中等收入水平。但随着经济大萧条的到来,拉美国家停滞于"中等收入陷阱",社会出现动荡。拉美社会发展存在上述极大风险的原因有:第一,过度城市化带来城市贫穷化,城市贫民窟现象严重。在2000年,拉美地区总的城市化率上升到78%,其中乌拉圭达到93.7%,阿根廷为89.6%,巴西为80%,造成大量无业贫民居住在城市。第二,社会不公,矛盾突显。20世纪90年代,由于拉美各国的收入分配严重不均,导致各国社会基尼系数较高,如巴西基尼系数达到0.64。第三,民粹主义盛行,政局不稳定。社会各利益集团争斗不息,极大地冲击了社会秩序的稳定,造成社会动荡不安。拉美的乡村则成了"拉美的政商精英控制下的庄园制乡村社会"。

2）西方乡村建设研究的最新进展

（1）农业生态与乡村农业发展：研究表明农业生物多样性具有自然和文化二重特征，需要从质量、材料、价格三个维度保持农业生物多样性，将农业生产与维持自然条件融合，从而推动农业乡村的可持续发展；以建立社区为基础的社会性农业，将经济、社会、生态、农业功能与农户联系起来，推动农业地区的多功能开发，促进农业活动的多样化，增加农民的收入。

（2）人口流动与乡村发展：研究表明城乡长途通勤使得城市人口流向乡村，带动城市优势资源流向乡村，推动城乡共同实现增长；研究发现欧盟八国移民提升了英格兰乡村田园水平，描绘了英格兰乡村诗画田园的生活，促进了英格兰乡村成为治愈乡村及关系乡村。

（3）乡村复原与去农业专业化：凯斯·德莱斯等认为虽然农业的专业化有助于提高农场的效率，但削弱了农户的经济适应能力，不利于提升农业的经济复原力，需要重新认识发展农业的多样化，推动农业现代化的变革；卡尔海因茨·尼尔克等人探究了农业现代化、乡村发展与乡村复原力之间的联系，表明农民、乡村居民、乡村政策制定者等相关利益方的合作可以有效重新实现农业乡村目标，且可以增强乡村复原力。

（4）乡村吸引力与乡村景观建设：保拉·古利诺等指出乡村景观作为乡村发展中不可忽视的部分，其传统作物和历史价值与短期的商业需求、社会需求相冲突，成为阻碍乡村发展的障碍。应将其历史文化价值和社会经济价值相结合，解决乡村景观建设中的难题。阿里扎·弗莱舍等的研究认为推进农业发展多样化，应增强乡村环境景点建设及改善基础设施建设来提升农业旅游吸引力。

（5）乡村政策支持与农业乡村的可持续发展：指出乡村政策制定者应致力于乡村综合发展的政策完善，减缓土地被遗弃和乡村人口减少，以改善乡村生态可持续发展。指出只有根据乡村特点因地制宜采用不同的激励或政策，才能更好地实现乡村社区的可持续发展。

3）发达国家城乡体育融合研究

国外发达国家的城镇化已经走在了世界的前列，率先摆脱了城乡的二元对立结构，率先实现了城乡融合发展。但鉴于发达国家的国情和我国迥然不同,而且国外发达国家也不存在我国所谓的"乡村",因此无法从国外发达国家身上直接找寻他山攻玉之石。故,转换研究视角,从国外发达国家的"公共体育服务均等化"的角度来梳理城乡体育发展相关研究。

(1) 国外公共体育服务均等化之基础理论衍化:研究表明国外发达国家公共体育治理理论分为传统公共行政理论、公共管理理论及新自由主义理论。亦有研究更进一步细化了国外公共体育服务的形成是受到传统公共行政理论、新公共管理理论、公共治理理论与新自由主义理论四种社会思潮直接作用的结果。此外,还有研究通过对国外发达国家政府职能转变的剖析,指出西方国家政府公共服务模式历经了从自由资本主义时期的公共服务,到国家干预主义时期的公共服务,又到新公共管理运动时期的公共服务和新公共服务的发展轨迹,揭示了西方国家公共服务的理论基础即古典自由主义理论、传统公共行政理论、新公共管理理论、公共治理理论。随着经济一体化及全球化的发展,资本主义期待去除市场化阻碍,于是新自由主义理论在西方社会浮现。自由与权利的要求和对社会福利增长的欲望之间具有本质性区别,即使不把自由与权利看成是绝对重要,也应该把它们看成是更为优先;个人权利应该具有优先性,但更关注平等权,即"政府必须不仅仅关心和尊重人民,而且必须平等地关心和尊重人民。它千万不要根据由于某些人值得更多的关注从而授予其更多的权利这一理由而不平等地分配利益和机会"。在公共体育服务领域,新自由主义理论注重公民体育选择的自由和体育权利的平等,为国外发达国家公共体育服务均等化的发展奠定了坚实的理论基础。综上所述,国外发达国家公共体育服务均等化的理论衍化,先后经历了古典自由主义理论、传统公共行政理论、新公共管理理论、公共治理理论及新自由主义理论的过程,极大地提高了国外发达国家公共体育服务均等化的发展水平(见表1-3)。

表1-3 国外发达国家公共体育服务均等化理论衍化历程

理论名称	历史背景	理论特征
古典自由主义理论	自由资本主义经济	政府担任有限、被动的"守夜人"角色,公民的体育权利不被干涉
传统公共行政理论	福利国家及行政国家	政府消极行政向积极行政转变,公民体育权利依附于政府行政体制

(续表)

理论名称	历史背景	理论特征
新公共管理理论	经济发展停滞、政府管理失灵	公民被视为顾客,公共体育服务低成本市场化运作,但民主及公共利益等原则沦丧
公共治理理论	公民社会出现、市场局限凸显	公民不是顾客,公平和平等在公共体育服务中愈发被重视
新自由主义理论	经济高度全球化	注重公民体育选择的自由和体育权利的平等

(2)国外公共体育服务均等化之法制保障研究：国外发达国家的政府在公共体育服务供给中的主要任务是通过推动立法和颁布体育相关政策,从根本上来保证公共体育服务的供给。美国于1979年开始连续推出以10年为一周期的"健康公民2020"(Healthy People 2020)计划,每一期对美国的国民健康发展制定了十分具体的目标和详尽的监测任务;Healthy People 2000 规定每个地区社区体育中心的发展都要大致均衡,促进区域间体育公共服务均等化协调发展;在 Healthy People 2020 中,体育活动(physical activity)是 42 个分项目之一,共有 15 个子项目。美国 1972 年所颁布的《教育法第九篇修正案》对美国女性学生参与体育活动产生了极为重要的影响。1990年德国东部和西部统一后,德国大众体育步入了法制化的轨道,先后制定实施了"东部黄金计划"、《德国体育指南》,并于 2000 年发表了《联合声明》等体育政策及规划;德国注重用非营利资金办社会体育,有超过 1/3 的人口加入了体育俱乐部,经常通过俱乐部参加体育锻炼和比赛,为此德国通过立法保证了体育联合会和体育俱乐部等体育非营利组织的自治和独立性。日本在 2000—2006 年间制定实施《体育振兴基本计划》,但 2006 年以后开始以《体育基本法》为主题进行公共体育政策的制定和实施。国外发达国家为保证体育公共服务改革的持续推进,注重采取制定部门协作政策的方式来解决实际工作中的利益冲突。

(3)国外公共体育服务均等化之体育设施供给：日本重视本国社会体育的发展,社区体育中心基层分为社区、市区町村、都道府县 3 个层次,强调建设能够开展多种体育项目的运动场。同时对体育公共服务设施的建设注入了大量资金,诸如篮球场、羽毛球场、排球场等由国家出资兴建,向公众免费开放以便其自由使用,同时也兼顾了不同人群个性化的体育需求,积极引入市场化运作手段,建造一些高档的、需要付费才能提供服务的健身馆、剑道馆等。英国按照每25 000人一个社区的划分来建造社区体育中心,社区体育中心不仅能够开展多个体育项目,还具备更衣和会议功能,但英国的社会体育公共供给提倡个人、社会组织和政府相互协作,政府不直接介入管理体育的相关工作,包括财政部下拨的体育资金,通过市场和体育非营利组织,提供体育公共服务,政府在体育公共服务发展中的主要任务变为监督和协调。美国"健康公民2000"计划注重体育设施的数量,规定到2000年,美国社区每10 000人要建1英里(约等于1.6公里)野营、自行车或健身路径,每25 000人要建一个公共游泳池,每1 000人要建4英亩(约等于0.016平方公里)开放的休闲公园。

(4) 国外公共体育服务均等化之特殊人群保障:荷兰政府在推行"荷兰人在运动计划"的过程中,关注的对象包括3个部分:一是青少年;二是老年人;三是慢性病患者。荷兰政府要求各社区体育中心都要有一定的康复医疗设施和青少年心理健康咨询室,确保这些被重点关注的群体能够享有自己的体育权益。英国针对近年妇女体育发展停滞不前的现状,在"适合你的体育活动计划"中,重点加强了对妇女保健重要性的宣传,并在活动中开发专门适合妇女进行体育锻炼的项目,安排专人到社区体育中心进行辅导。美国注重老年人体育,各个社区专门修建"健康老龄化"场地设施,指导员对初次健身的老人进行诊断并安排健身计划。

1.4.2 国内相关研究进展

1) 乡村振兴研究

通过中国期刊网,以乡村振兴为主题,以北大核心期刊和CSSCI(中文社会科学引文索引)为筛选条件,发现我国乡村振兴的研究,最早可追溯到1993年李燕琼翻译的日本学者采原私夫的《工业振兴型的区域建设——日本的乡村建设》。但鉴于我国的乡村发展起步较晚,此后关于乡村振兴的研究大都是关于日本乡村振兴的研究,为后续我国乡村振兴研究奠定了基础。自2017年中共十九大报告提出乡村振兴战略之后,乡村振兴的研究成为热点研究话题。2017年相关研究有42篇,到2022年高达3 897篇,年平均增长量近800篇;研究的议题涉及"乡村振兴的价值功能、实现路径、精准扶贫、脱贫攻坚、乡村旅游、乡村振兴有效衔接、乡村治理、城乡融合、新型职业农民、农业现代化"等等。

我国乡村振兴所取得丰硕的研究成果,离不开陈锡文、陆学艺、郑杭生、温铁军、徐勇、李昌平、林毅夫等专家学者针对"三农"问题的历史成因、现状困境以及如何实现乡村振兴等进行的长期跟踪研究。乡村振兴战略"三农"问题是关系国计民生的根本性问题,是全党工作重中之重,从根本上解决"三农"问题,必须实施乡村振兴战略。乡村振兴是新乡村建设的全面升级,是城乡价值谱系的重新定位,是外部"利益让渡"和乡村"自主突围"的协调适应过程。乡村振兴战略是对乡村价值的真正复归,乡村振兴要以乡村价值系统为基础,探索提升乡村价值的途径,实施乡村振兴需要"把乡村和城镇放到国民经济的循环和城乡共同需求的大局中来考量,实现城乡融合共荣"。乡村振兴战略具有多方面的动力来源,形成了多层次的动力机制,其中,新型城镇化建设是外部运行机制,农业乡村改革是内部运行机制,城乡融合发展机制是外部运行机制与内部运行机制的联结机,乡村振兴战略研究中还应避免孤立地、静止地看待乡村社会,延续城乡分割的传统视角,忽视现代化发展的一般规律。

2) 城乡融合发展研究

通过中国期刊网,以城乡融合为主题,以北大核心期刊和CSSCI为筛选条件,发现我国学者对城乡融合发展的研究,最早可追溯到1992年,当年已有6篇关于城郊地区城乡融合现象的研究,可见我国学者对城乡融合现象关注较早。此后,虽然城乡融合发展研究的成果不曾间断,但因为我国城镇化进程刚刚开始,城乡融合发展还并未引起学者们的广泛关注。党的十九大之后,乡村振兴战略携城乡融合发展研究正式步入学者研究视野。2017年相关研究有21篇,2018年179篇,2019年247篇,2020年288篇,2021年371篇,到2022年达到412篇;研究的议题涉及"乡村振兴与城乡融合发展、实现路径、高质量发展、城乡关系、新型城镇化、农民工、马克思理论研究、农业现代化"等等。

我国学者对城乡融合发展的研究,其中不乏真知灼见。城乡融合是城乡统一的要素市场在城乡之间自由流动,且要素边际国民福利产出率相等,其主要目标是城乡人口的结构性置换、城乡产业的重新布局、城乡公共服务的均等化及城乡之间的有效联通等。城乡融合发展有助于畅通城乡要素双向流动通道,为乡村振兴提供核心发展动能。实现城乡融合发展需要构建城乡统一的户籍登记等制度、公共服务体系和社会治理体系,促进城乡公共资源均衡配置,实现城乡居民生活质量的等值化。城乡融合发展面临制度困境、文化困境和城乡各自发展短板困境,基于高质量发展阶段,可从"人口""空间""经济""社会""生态环境"五个维度构建城乡融合多维评价指标体系。新时代推进城乡融合发展,要继续处理好政府和市场的关系,使市场在资源配置中起决定性作用,还需建设特色小城镇作为融合载体。

3) 城乡体育统筹发展研究

(1) 城乡统筹发展内涵研究:改革开放之后,我国城市化的发展速度加快,社会主义事业得到了长足的发展。但城乡二元体制的顽固性存在,且我国实行以"追逐 GDP(国内生产总值)增长论英雄"的经济发展理念,导致城乡差距进一步扩大,"三农"问题已经成为社会不稳定的主要因素和制约经济发展的瓶颈,当时亟须调整工农、城乡关系。为此,十六届三中全会第一次正式提出了"统筹城乡发展"的思想,而且将它放在"五个统筹"之首。2004 年 9 月,胡锦涛主席在十六届四中全会上明确提出"两个趋向"的重要论断,指出"综观一些工业化国家发展的历程,在工业化初始阶段,农业支持工业、为工业提供积累是带有普遍性的趋向;但在工业化达到相当程度以后,工业反哺农业、城市支持乡村,实现工业与农业、城市与乡村协调发展,也是带有普遍性的趋向"。城乡统筹发展是为打破城乡的分割局面而提出的新型城乡关系;城乡统筹包括城乡通开、城乡协作、城乡协调、城乡融合四个方面;是对长期以来形成的重工轻农、重城轻乡思想及其政策的逆转,让工业反哺农业、城市支持乡村。

(2) 城乡体育统筹发展的内涵研究:作为城乡社会发展重要一环的群众体育,在当时面临着长期形成的城乡体育悬殊差距。城乡间体育场地设施及锻炼人数差距较大,存在着重城镇、轻乡村,城乡社会体育的差距是我国城乡经济"二元化"发展模式的缩影等不和谐局面。为弥补城乡体育的巨大差距,城乡体育统筹发展的理念浮出水面。对于什么是城乡体育统筹发展,我国著名学者田雨普先生给出了代表性的总结:"城乡群众体育统筹发展是在一定历史周期内的漫长发展过程,需要把城乡群众体育作为一个统一系统来对待,整体考虑城市与乡村群众体育的发展问题,旨在缩小城乡群众体育的差距,实现共同发展,达到全民健身的目的。"此外,田雨普先生也发出了强烈呼声:"我国城乡群众体育统筹发展的重点和难点都在乡村,且城乡群众体育统筹发展不是单一发展,也不是按照一个模式同样发展,更不是按照一个速度同步发展,而是逐步消除城乡群众体育的不均衡,不是也不可能消除城乡体育差距。"

4) 城乡体育一体化发展研究

(1) 城乡一体化发展的内涵研究:随着城乡统筹的推进,我国经济社会得到了进一步的发展,同时城乡关系的内涵也在不断地发生变革。2012年党的十八大报告正式提出了"城乡发展一体化",深化对我国城乡新型关系的认知:"城乡发展一体化"是解决"三农"问题的根本途径,推动城乡一体化旨在形成"以工促农、以城带乡、工农互惠、城乡一体的新型工农、城乡关系"。对于何为城乡一体化发展,我国学者做了诸多的研究。一说从过程论来讲,城乡一体化发展是指在生产力高度发达及尊重生产差异的基础上,把城乡作为统筹规划,进行整体布局,促使城乡之间相互协作、优势互补、以城带乡、以乡促城、互为市场、互相服务,城乡经济、社会、文化和生态日益融合、持续趋优的动态发展过程;一说从宏观社会发展的角度,城乡一体化发展是城乡经济社会一体化、还是城乡生态环境一体化;城乡一体化发展应当是在生产力水平高度发达的基础上,统筹考虑经济社会发展,充分发挥城市与乡村各自优势,逐步形成全体百姓平等共享发展成果的、融合的、协调的社会结构;还有,从人的全面发展角度,真正的城乡一体化,是"人的城乡一体化",旨在城乡居民在发展资源和发展机会上实现"均等化"。

(2) 城乡体育一体化发展的内涵研究:城乡体育一体化发展是一个复合概念,指在一定区域内相对发达的城镇地区和相对落后的乡村地区打破相互分割的壁垒,通过建立城乡体育一体化发展机制,逐步实现体育资源及要素的合理流动和优化组合,促进城乡体育在体育活动、组织、资源配置、政策与管理等方面的一体化发展,形成城镇体育带动乡村体育、乡村体育支撑城镇体育的双向发展格局,最终达到城乡体育一体化发展和实现全民体育。城乡体育一体化发展的领域为群众体育,是城乡之间的城乡体育一体化以及城市内部的城乡一体化;城乡体育一体化不是城乡一样化,目标强调的是缩小城乡体育的差距,实现城乡体育公平性发展;城乡体育要从现代公平论出发,保障人人享受体育的权利;城乡一体化并非"城乡一样化",要把握好"均等"与"差异"的动态平衡,城乡体育一体化也不是搞平均主义,乡村体育应立足于乡村本土特点,城市体育应立足城镇化发展道路。

(3) 城乡体育一体化发展的困境:城乡体育统筹发展的推出,使得城乡体育的差距在逐渐减少,浙江省通过"以城带乡,城乡结合、城乡互动"等模式全方位统筹城乡经济社会发展,体育公共服务城乡一体化也初见成效。但学者们通过对国内若干省份的调查发现,城乡体育间的差距依然不小,造成城乡体育差距的归因,大体分为以下几个方面:城乡二元结构、农民文化素质较低、城乡间经济发展的不平衡、体育行政体制不完善等。如北京市城乡体育一体化发展在体育设施、体育观念和参与度及管理等方面存在差异;河北省城乡体育设施、体育场地、城乡体育投入、体育管理与体育组织的差距较大,且尚未形成体育项目体系,结构不平衡;山东省体育人力、财力、物力和信息资源配置城乡的差距明显,且缺乏系统的城乡一体化体育资源配置的思路;辽宁省各地区体育公共服务城乡一体化水平差距较大,尤其是经济欠发达地区和乡村群落松散地区一体化水平较低;江苏省部分县市存在政府体育公共服务职能结构单薄、城乡公共体育财政仍然不均衡、公共体育活动城乡互动不足、体育场馆设施布局不甚合理等问题。

(4) 城乡体育一体化发展的治理路径:提出城乡体育一体化发展的治理,需以现代公平理论和城乡统筹发展观为指导理念,通过调整国民收入分配格局和财政支出结构,加大财政资金倾斜力度,统筹城乡体育事业和体育资源配置,充分发挥市场基础性作用;城乡体育一体化发展可以实施分层次、分区域逐步推进体育公共服务城乡一体化建设;乡村体育治理应由注重场地设施等"硬件"投入逐渐向组织保障、健身宣传等"软件"投入转变,以"软硬兼治"推进乡村体育治理的发展,并强化政府服务职能,合理引入市场机制,以形成多元共治、合力并举的善治格局;乡村发达地区可采用以乡镇为重点的发展模式,城乡结合部乡村地区采用以城带乡发展模式,乡村欠发达地区采用以学校体育和村级体育为重点的发展模式,最终将乡村体育的治理落到人的建设。

5) 城乡体育融合发展研究

(1) 乡村体育自主突破研究进展梳理

① 乡村体育自主突破的缘起:现代体育中的规则意识、公平理念以及竞争取向与城市发展意蕴相通,而和我国乡土文化的"差序格局"和"礼治秩序"

相左,导致城乡体育差距一直存在,不是也不可能消除城乡体育差距。为此,我国群众体育虽然经历了城乡体育统筹和城乡体育一体化两个发展阶段,但城乡体育的差距依然明显。研究认为,前两个阶段乡村体育"以城带乡"被动式地发展,使得"乡村从属和依附于城市,乡村的人财物等资源向城市单向流动",从而致使乡村体育的自主突破力不足。而在"城乡互补、全面融合"的城乡体育融合发展阶段,乡村和城市成为互动共生的有机整体,因而城乡之间体现的不再是差距,而是差异。

② 乡村体育文化振兴:文化振兴能够为乡村全面振兴提供哺育和支撑,是乡村振兴的力量之"根"、发展之"魂"。基于此,我国学者对民族传统体育文化的研究都不约而同地指向了乡村振兴战略。我国民族传统体育文化扎根于乡村,乡村是其发展的起点和基础,而且民族传统体育文化应结合国家乡村振兴战略发展,使村落体育非物质文化遗产的保护、开发与利用也成为乡村振兴战略一项重要举措。在具有民族传统体育文化基础的乡村,需要以节庆体育文化为抓手,将民族传统体育文化纳入传统村落文化和经济发展的整体规划。村落社区的传统体育文化是乡村传统文化的重要组成部分,而传统体育文化具有构筑群体的认同感和归属感,有助于促进民族文化主体的文化自觉,最终助力乡村文化振兴战略的实现。因为武术文化的主体根植于"乡土中国"的特殊文化语境之中,随着城市化进程的推进,武术文化也丧失了生存的载体。但随着乡村振兴战略中"文化振兴"活动的开展,武术文化可以借助乡村民俗活动等方式实现自我传播发展。此外,由于武术属于群众喜闻乐见的项目,具备独特的健身功效,可以丰富乡村的健身内容体系,从而推动全民健身的发展。通过对武夷山片区村落武术的调查发现,武陵山片区村落武术所具有的兼容并包性、民族文化性的鲜明特征,可以带动乡村体育产业发展、引领乡村文化自信潮流、促进乡风文明建设,从而助力武陵山片区乡村振兴事业的发展。

③ 乡村体育优势生态资源研究:"乡村体育实现自主突破的优势资源"不仅包括乡村体育文化,还囊括了乡村独特的自然生态优势。这也是目前我国学者普遍达成的认识。以乡村自然资源构建的踏青、登山和户外野营等活动,对城市居民极具吸引力,同时也承接了城市市民的体育休闲事业。青海湖自行车比赛的开展,就是利用青海湖优越的自然资源来达到体育旅游发展带动

经济发展目的。诸如贵州的环梵净山公路自行车赛、清镇全国越野跑锦标赛、安顺灞陵河大桥低空跳伞国际挑战赛、兴义万峰林国际徒步大会、紫云格凸河国际攀岩节等赛事成功举办的基础在于贵州地区独特的气候及地貌,以体育+的形式推动贵州当地乡村振兴战略的发展。

④ 乡村体育之于乡村振兴战略的价值研究:乡村体育欲实现自主突破,需立足于乡村振兴的战略背景。"实施乡村振兴战略对乡村体育事业具有十分重要的影响,而推行乡村体育则可以助力乡村振兴战略的实现。"乡村体育的主体是农民,乡村体育的自主突破最重要的是农民的自我突破。因此,在乡村振兴中,需要挖掘农民参与体育消费的多元价值,助力乡村经济的发展,从而最终助力乡村振兴战略实施;还需立法保障公民参与乡村体育自治的权利与渠道,完善和提升公民参与乡村体育治理的管理方式及组织化程度,培育公民参与乡村体育治理的意识与能力;此外,乡村体育的发展离不开农民自我社会组织,而培育乡村社会组织也是实现乡村振兴战略的重要举措。乡村振兴战略下,乡村体育借助乡村经济,通过市场、政府及社会的多元参与实现协调发展,最终实现乡村体育的自我全面发展。

(2) 城市体育反哺乡村体育研究进展梳理

由于我国城乡二元结构的存在,相较于乡村的贫弱,城市具备了资源的虹吸效应,特别是在人才、技术和资金等方面有很大优势。为此,乡村体育的发展也亟须城市体育的"过渡让利"。鉴于此,我国学者当下研究的聚焦点在体育新乡贤、城市优势体育资源回哺乡村的路径及体育扶贫等方面。

① 体育新乡贤研究:新乡贤群体通常是乡村社会中"生于斯之,且有功德于乡里者"的贤达人士,是乡村社会中的精英群体。研究发现我国乡村正经历着新型城镇化的现代转型,乡村产业发展内动力及乡村教育资源、文化资源等供给不足,村民无法在乡村经济生活中获取更多的资源,从而导致乡村人员外流,最终造成乡贤队伍的流失。近代以来乡村精英长期的单程流动,导致乡村内生性建构力量不足;面向后喻文化时代的农业乡村现代化建设,需要各种乡村精英协同推进。在乡村振兴战略下,城市体育"过渡让利"把人才要素输入乡村,已经成为乡村体育崛起的关键所在,也为后续逆城市化的发展埋下伏笔。基于此,我国学者对体育新乡贤进行了深入研究,研究认为:体育新乡贤

是新时代参与乡村体育发展的,具有乡土情怀、道德高尚、才能卓越,并做出突出贡献的,在政治、经济、文化、社会领域的体育或非体育背景人士;体育新乡贤创新了乡村体育人才机制,降低了社会治理成本,提升了乡村全民健身质量,助力了体育非物质文化遗产保护和传承,推动了乡村体育教育全面发展及带动了乡村体育产业发展;助推体育新乡贤,需要从回归渠道、使用机制、体育治理的环境、合理的激励措施等方面努力。

② **城市优势体育资源回哺乡村的路径研究梳理**:城市体育资源是在城市范围内能够为城市居民提供公共体育服务的所有体育资源,是区域体育资源的总和。城市体育资源的让利过渡,需要发挥城市体育资源在人才、技术和资金上的优势,旨在提升广大农民朋友的体育文化素养;需要借助网络信息技术,将城市体育信息资源传播到乡村社会,协助乡村地区举办特色文化活动并输送体育赛事表演;城市体育相关部门帮助乡村地区成立相关体育发展机构,借助城市体育专业技术人员对乡村地区体育发展和相关指导人员进行体育理论辅导和实践指导。

③ **体育扶贫的研究**:我国学者现阶段对体育扶贫的研究,聚焦点在"什么是体育扶贫""体育扶贫的意义是什么"及"如何推动体育扶贫的发展"。

目前学界对什么是体育扶贫的认识较为统一,研究皆是从体育的健身及延伸功能出发,如指出体育扶贫就是"扶体育之贫"和"以体育扶贫",明确"体育扶贫包括健康扶贫、产业扶贫及文化扶贫"。

对于体育扶贫的意义的研究,我国学者从健康中国和乡村振兴两个角度出发。体育扶贫紧扣国家脱贫攻坚战的背景,有助于实现全民健身和全民健康的深度融合,推动健康中国战略的发展,有助于助力乡村振兴战略的顺利实现,有助于推动乡村新旧动能的转换。开展健康扶贫有助于乡村振兴战略的发展。此外,关于少数民族体育的精准扶贫研究,发现产业扶贫有助于推动少数民族旅游产品的生成,达到经济扶贫的目的;健康扶贫有助于挖掘少数民族体育的健康功效,助力人们健康发展;文化扶贫有助于整合少数民族传统体育在"扶器""扶智"与"扶志"方面的文化和教育价值,从根本上破解贫困文化。

国内学者聚焦了"如何推动体育扶贫的发展",即体育扶贫的路径研究。

后脱贫时代需要适时地将"体育扶贫"切换成"体育反贫困"的新话语,体育反贫困战略重视缓解体育相对贫困、体育可行能力贫困、统筹城乡体育贫困治理和实现高质量体育减贫,同时要求体育向助力返贫、助力缓解相对贫困和助力乡村振兴转变,应从体育扶贫策略的平稳衔接、体育扶贫政策创新发展和体育扶贫的长效推进机制构筑体育扶贫的新路径。已有研究从延边边疆少数民族地区开展体育精准扶贫所面临的文化、经济及制度困境,指出延边边疆少数民族地区体育精准扶贫要走"改穷业、治穷病、破穷境、济穷困"之路、构建"朝鲜族民族体育＋文化、健康、旅游、赛事"的特色体育精准扶贫模式,"完善顶层设计、建立宣传渠道、建立协同治理、建立体育数据库"相结合的体育精准扶贫路径。还有研究发现扶贫实践过程中存在体育扶贫精准度低、体育扶贫主体单一、体育扶贫资源缺乏整合等问题,构建以"体育＋"产业项目为核心,政府主导、市场主体、社会组织全程参与的乡村"体育＋"精准扶贫协同工作机制。

(3) 体育新业态的研究进展梳理

城乡体育融合发展旨在打通城乡体育要素双向流动,实现城乡体育互补。鉴于城乡间的体育元素禀赋差异,城乡体育"元素—产业—空间"可以实现耦合,为城乡融合新业态的生成打下了基础。乡村体育产业与旅游、文化、养老等产业融合,形成新业态、新模式,有助于发展乡村体育经济,最终将促进乡村振兴战略的稳步实施;新型城镇化与体育产业也可以进行深度融合的新业态,建设成高端的产业链。基于上述背景,我国学者目前的研究集中于"乡村体育＋"的产品内容、价值、面临的困境及开发路径的研究。

① 乡村"体育＋"新业态的产品内容研究:我国学者认为体育具备较高的兼容性,容易和旅游、文化、康养等形成融合发展,其中"乡村体育＋旅游"是当下研究聚焦点。少数民族体育与旅游相结合,形成体育旅游产品如工布响箭,可以促进西藏文化产业和旅游发展相结合。此外,我国还出台了国家康养旅游示范基地的建设标准,其中还解释了乡村生态康养旅游产业,即"依托乡村生态资源,通过养颜健体、营养膳食、修身养性、关爱环境等各种手段,使人在身体、心智和精神上都能达到自然和谐的优良状态的各种旅游活动的总和"。可见,乡村生态康养旅游产业蕴含着丰富的"乡村体育＋旅游"元素。

② 乡村"体育＋"新业态的价值研究:"生态旅游＋健康"双核驱动的乡村

生态康养旅游发展模式有助于破解当前乡村旅游发展困境,推动乡村振兴战略和健康中国战略的发展,同时民俗体育借助乡村体育旅游平台扩大了宣传,推动了民俗传统体育文化遗产的保护传承、渗透路径及可持续发展。还有,"生态旅游+健康"还有助于推动乡村旅游产业升级,提升消费,丰富以文化或自然观光为主的"单核"发展模式。乡村体育旅游推动了乡村经济的增长,增强了人民的健身意识,推动了乡村振兴战略和健康中国建设,还能丰富乡村旅游产品内容,优化乡村产业结构,提升消费能级。乡村体育旅游正是推动乡村可持续发展的重要步骤,而且生态环境的维护主要依赖于产业经济基础。为此,乡村体育旅游可以助力自然生态环境的保护和乡土文化的传承。

③乡村"体育+"新业态的发展困境研究:首先,城乡融合深度不足。乡村有限的土地供给限制了"农体旅"综合田园体经营规模的扩大,且融资渠道不畅;乡村生态康养旅游面临康养旅游发展的财政扶持政策和专项资金的缺乏。其次,产品竞争力弱。我国乡村体育旅游产品单一,内容同质化,营销手段和传播形式偏传统,导致产业创新不足,比如恩施的体育旅游赛事影响力有限,缺乏特色,品牌同质化强,品牌创造力不足。最后,专业复合型人才短缺。乡村生态旅康养产业人才储备不足和梯级层次性人才匮乏;我国乡村体育旅游专业人才存在数量不足、质量不高、门类不健全的情况;我国培养体育旅游方向的高等院校较少,再加上教学条件简单,导致教学人才产出率低和质量不高。

④乡村"体育+"新业态的发展路径研究:借助城市资源,深化专业复合型人才的培养,进行区域内旅游产品的差异化管理;创新土地利用方式,确保规模化土地,完善乡村基础设施;借助互联网等新平台,打造多元化乡村融资渠道;明确政府的权责,转变政绩导向挖掘产品的盈利点,深化拓展产品的融合内容,扩大产品的营销宣传渠道;政府制定区域顶层发展规划,塑造特色化、精品化的乡村体育旅游产品。

(4) 体育特色小镇的研究

2017年,我国体育学界开始涌现体育特色小镇的研究热潮,背后是国家热点政策的释放。但学界对体育特色小镇的研究曾同时出现三个名称:"体育特色小镇""运动休闲特色小镇"及"体育小镇"。体育特色小镇是由特色小镇演化而来，且是对以体育健康、体育旅游、体育文化等为主题的小镇的概括，是体育产业发展的综合体，更能体现出小镇的体育特征，词义上"体育"较"运动休闲"内涵更丰富。国内体育特色小镇的实践发展周期比较短，皆聚焦体育特色小镇发展路径的研究。

① 从厘清市场、政府和社会的角色的维度，构筑体育特色小镇发展路径：在我国体育特色小镇的规划和建设过程中，面临发展定位不明晰、体育特色不明显、体育产业与其他产业融合较差、体育文化建设比较薄弱、基础设施不够完善、智慧化建设比较落后等一系列问题，提出了构建完善的发展规划、发挥体育旅游功能的核心要素、健全完整的产业体系及推动可持续发展机制等建立体育特色小镇建设路径。在山地户外运动特色小镇产业开发中，面临缺少主题建设、产业融合度不强等因素，制约了山地户外运动特色小镇的产业开发，需要打造"特、众"的山地户外运动服务体系，发展多产业融合的体育旅游新业态，构建品牌"山地户外运动赛事和节庆体育活动"驱动模式，建设智慧体育旅游网络信息平台和智慧标志系统，丰富"畅、真、舒、奇"的山地户外运动内涵及健全山地户外运动特色小镇产业开发的政府相关部门和企业的协同机制。

② 从生产、生活、生态维度，提出体育特色小镇的发展路径：体育小镇的理论溯源和认知基础可从"田园城市理论""城市区域核理论"和"城市文化资本理论"角度予以重新理解，价值再认知应从产业转型与文化再造、社会融合与社区营造以及地域生产力空间交汇、建构小镇市民生活新方式等维度展开，生成脉络遵循经济与文化的双重价值取向。为此，体育小镇建设应注重体育产业尤其是体育高端产业的培育和运营，并具备体育文化产业价值链的高端介入能力及强化社区营造，致力于通过体育运动建立基于心理认同和文化认同的社区共同体与市民生活新方式。运动休闲特色小镇建设过程中"三生空间"面临着生产空间产业链条有待补强、生活空间基础设施有待夯实、生态空间环境有待改善、类型特色有待优化等问题，应从生活空间"宜居"、生产空间"宜业"及生态空间"宜游"3个维度出发，重构运动休闲特色小镇"三生空间"。

(5) 城乡体育融合发展路径研究

乡村振兴与现代城市发展是新时代的两大主题，体育在城乡融合发展中具有重要且独特的作用。因为城乡体育融合发展既有利于民族传统体育项目的保护与传承,也能丰富人们的精神文化需求,在促进振兴乡村、繁荣城市,推动城乡高质量发展中具有不可替代的作用。乡村振兴战略是城乡体育融合的动因,而城乡体育融合发展以资源与技术作为支撑,以政策和法规为保障,可以发展出乡村体育的新业态和新模式。基于此,第一,通过建立相关政策体系和创新体制机制,促进城乡体育融合发展;第二,充分利用市场在城乡体育融合发展过程中的资源配置作用,实现城乡体育资源要素双向自由流动融合;第三,还需健全相关的政策法律法规,以此来保障城乡体育资源要素的双向自由流动,促进城乡体育融合的发展。城乡体育发展不均衡是促成城乡体育融合发展的根本动因,需要通过健全城乡体育管理组织、构建协调城乡体育资源配置及城乡体育协同发展机制,来推进城乡体育融合发展的现实路径。

1.4.3　国内外相关研究述评

1) 研究共识之处

(1) 成果显现,推动实践创新发展:目前,西方发达国家关于乡村的研究进展重心在于通过乡村生态保护、人口流动、景观建设等方面推动乡村发展,注重理论与实践的结合。由于国外没有和我国类似的城乡国情,故国外的研究聚焦于公共体育服务均等化研究领域,理论发展脉络清晰,且注重公共体育服务发展实践,兼顾了不同社会群体的体育发展需求,尤其体现在关注特殊人群的体育需求,为我国全民健身回归到促进人的全面发展提供了镜鉴。

(2) 立足国情,紧扣时代发展需要:乡村体育作为乡村振兴的重要内容,关乎着城乡人民的生活福祉,关系着乡村体育扶贫事业的发展,更关系着社会主义现代化体育强国目标的实现。基于乡村振兴和健康中国战略的背景,乡村体育的研究理所当然地成了当下学者关注的焦点之一。紧扣时代发展脉搏也是体育人文社会学的学科特点之一。学者们不仅立足于国家政策背景开展研究,同时也关注着新型城乡关系下乡村体育的发展问题。在城乡融合背景下,对当下乡村体育发展亟须的人力、财力、物力、赛事组织、新业态等方面的问题都给予了关注。

(3) 领域融合,展现学科交叉特色:当下体育人文社会学学科的研究对象复杂,故其研究成果呈现领域融合、学科交叉的特色。因此,当前城乡体育融合的研究成果横跨了文化学、社会学、体育学、经济学、人类学、管理学等学科。比如,在乡村体育新业态的研究板块,学者们开始以市场经济发展的视角来对新业态产业开展研究,实现了经济学与体育学的深度学科交叉融合。

2) 研究深化之处

国外研究虽有诸多可借鉴之处,但由于国家体制、制度环境和资源禀赋等差异,与我国城乡体育融合发展还存有差异。国内研究提出了许多有价值的思想与观点,提供了丰富的学术滋养,具有重要的指导和启发意义,需要系统深入研究的问题主要有以下几个方面:

(1) 乡村振兴与城乡体育融合互动关系研究有待深化:乡村振兴是目标,城乡融合是手段,乡村振兴与城乡体育相互促进。目前研究还局限于"就体育论体育",没有"跳出体育看体育",需要在城乡社会、经济、文化、生态、空间、制度等领域探寻城乡体育融合之路。

(2) 城乡体育融合的基本要素、具体路径、保障机制研究不足:城乡体育融合能促使体育要素在城乡间自由流动,促进城乡基本公共体育服务均等化。但目前只是一般性的理论研究,并未涉及体育要素有哪些,保障机制是什么,融合路径又如何等。

1.5 研究对象与方法

1.5.1 研究对象

以我国县(区)域及以下城乡体育融合发展为研究对象,探讨乡村振兴战略下城乡体育融合发展的现实困境、基本要素、资源配置、保障机制、现实路径等。

1.5.2 研究方法

1) 文献资料法

查阅中国知网等中文数据库,WOS、ProQuest等外文数据库的国内外相关文献资料;查阅新中国成立以来的《人民日报》《光明日报》《中国体育报》等报纸,《中国体育年鉴》及相关省(市)、自治区的《体育年鉴》和体育法律法规等国内外相关文献;参阅关于乡村振兴、城乡融合发展等的众多学术著作;收集乡村振兴、城乡融合、乡村体育等相关法律法规、发展规划等,梳理城乡体育融合发展的脉络,数据采用的是政府职能部门权威公报。

2) 问卷调查法

结合实际需要进行分段抽样(不完全随机)调查,具体方案如下:

(1) 确定研究区域:根据国家统计局公布的《东西中部和东北地区划分方法》,将我国总体分为东部、中部、西部和东北地区四个研究域(层),其中东部地区选取浙江、江苏、广东3省,中部地区选取安徽、河南、湖南3省,西部地区选取重庆、陕西、贵州3省市,东北地区选取黑龙江省。在每个省中,以GDP的中位数作为基准,分别选择GDP的中位数上下的2个市;以此类推,每个地级市再选取2个县(市或区),每个县(市或区)再选取2个乡(镇)。此外,每个乡(镇)再选取2个具有代表性的村进行调查,抽取结果见表1-4。设计两份问卷,一份针对县区/乡镇/村委体育负责人等从事乡村体育一线管理的"土专家",共280人,另一份针对乡村居民,共4 800人。

表1-4 省份样本抽取情况说明

区域划分	省区市	样本抽取
东部地区	北京、河北、天津、上海、浙江、江苏、山东、广东、福建和海南(10省市)	江苏、浙江、广东(3省)
中部地区	安徽、河南、山西、江西、湖北和湖南(6省)	安徽、河南、湖南(3省)
西部地区	内蒙古、重庆、广西、云南、贵州、四川、西藏、陕西、宁夏、青海、甘肃和新疆(12省市区)	重庆、贵州、陕西(3省市)
东北地区	吉林、辽宁、黑龙江(3省)	黑龙江

(2) 调查问卷设计

① 基本理念。主要根据研究的具体内容,通过问卷的调查发放获取三类信息:第一,属性与状态,即事物的基本特征和表现形态,如被调查对象的性别、学历、年龄等;第二,意向性,即分析单位的行为倾向,而非已存的社会事实,如村民对城乡体育融合发展的需求与满意程度等;第三,具有明确目的性

指向的社会行为,如村民在城乡体育融合发展中的时空特征表现等。

② 制定参考。综合《城乡统筹视角下山东省县域体育公共服务一体化研究》(孙中芹,2014)、《我国乡村公共体育服务状况调查问卷》(陈德旭,2015)、《我国公共体育服务体系研究调查(乡村)》(国家社科基金重大项目,2016)等而成。其中涵盖:根据人口统计学相关变量确定个体调查状况;依据"村民体育活动特征"了解城乡体育融合现状;根据"体育设施、体育人才、体育组织等"了解城乡体育要素合理配置现状;城乡体育融合发展满意程度评价和限制因素。

(3) 效度检验。选取群众体育研究领域的相关专家,职称以教授为主,辅以副教授,且在备注中对专家研究领域的匹配性进行了进一步说明,以增加专家效度检验的有效性(见表1-5)。选择10位群众体育研究领域的专家,进行专家效度检验,其中城乡体育融合发展村民问卷,20%认为非常有效,60%认为比较有效,20%认为一般(见表1-6);城乡体育融合发展区县/乡镇/村委专家问卷,30%认为非常有效,60%认为比较有效,10%认为一般(见表1-7)。

表1-5 问卷效度检验所选取的专家及信息

序号	姓名	职称	研究专长	效度反馈		备注
				村民问卷	专家问卷	
1	XZY	教授	公共体育服务	非常有效	非常有效	主持国家社科基金"乡村振兴战略下农村公共体育服务治理体系研究"
2	LHJ	教授	群众体育政策与评价	比较有效	比较有效	主持国家社科基金"推进全民健身与全民健康深度融合的政策体系研究"
3	WXZ	副教授	体育人文社会学	比较有效	比较有效	主持国家社科基金"我国青少年体质健康的社会决定因素及政策应对研究"
4	GL	教授	体育锻炼	非常有效	比较有效	主持国家社科基金"太极拳健康思想及与健康其对老年人健康效应研究"
5	WLF	教授	全民健身	比较有效	一般	主持国家社科基金"全民健身和全民健康融合的法制保障研究"
6	ZJK	教授	全民健身与社会发展	一般	比较有效	主持国家社科基金"健康中国视域下基本公共体育服务标准化研究"
7	WY	教授	群众体育	比较有效	非常有效	主持国家社科基金"我国体育赛事监管体系研究"

(续表)

序号	姓名	职称	研究专长	效度反馈 村民问卷	效度反馈 专家问卷	备注
8	FJF	教授	群众体育	比较有效	非常有效	主持国家社科基金"我国群众性体育赛事协同治理模型构建与推进路径研究"
9	ZYN	副教授	大众健康	一般	比较有效	主持国家自然科学基金"基于晚年独立与运动促进生活能力对社区老年人功能性体适能阈值的研究"
10	XCM	教授	体育人文社会学	比较有效	比较有效	主持国家社科基金"乡村体育公共服务促进美好生活的作用机理及实现路径研究"

表1-6　专家效度检验统计情况(村民问卷)

	非常有效	比较有效	一般	不够有效	完全无效
人员分布/人	2	6	2	0	0
人员比例/%	20	60	20	0	0

表1-7　专家效度检验统计情况(区县/乡镇/村委专家问卷)

	非常有效	比较有效	一般	不够有效	完全无效
人员分布/人	3	6	1	0	0
人员比例/%	30	60	10	0	0

(4) 信度检验。根据 $R=S/(M\times N)$，最终求得村民问卷的信度系数为 $0.747(S=747;M=20;N=50)$，区县/乡镇/村委专家问卷的信度系数为 $0.723(S=839;M=20;N=58)$(表1-8及表1-9)。虽然两份问卷的信度系数没有达到很高的数值，但基本已经达到了调查问卷的使用程度。

R：重测信度系数；

S：题目1两次测量结果一致的问卷数+题目2两次测量结果一致的问卷数+……+题目 N 两次测量结果一致的问卷数；

M：问卷数量(重测的对象数量)；

N：问卷题目的数量(测量指标的数量)。

表 1-8　每一题项的样本一致度情况及信度系数求解(村民问卷)

问卷题号	样本量	一致的样本	一致度/%	问卷题号	样本量	一致的样本	一致度/%
1	20	20	100	26	20	19	95
2	20	20	100	27	20	16	80
3	20	20	100	28	20	19	95
4	20	20	100	29	20	19	95
5	20	19	95	30	20	19	95
6	20	18	90	31	20	19	95
7	20	19	95	32	20	15	75
8	20	19	95	33	20	10	50
9	20	18	90	34	20	8	40
10	20	19	95	35	20	8	40
11	20	16	80	36	20	9	45
12	20	19	95	37	20	12	60
13	20	16	80	38	20	5	25
14	20	15	75	39	20	13	65
15	20	19	95	40	20	13	65
16	20	19	95	41	20	7	35
17	20	19	95	42	20	6	30
18	20	10	50	43	20	6	30
19	20	9	45	44	20	3	15
20	20	19	95	45	20	8	40
21	20	19	95	46	20	12	60
22	20	19	95	47	20	12	60
23	20	17	85	48	20	11	55
24	20	19	95	49	20	13	65
25	20	19	95	50	20	19	95
均值	20	17.840	89.200	均值	20	12.040	60.200

$R=0.746$

表 1-9 每一题项的样本一致度情况及信度系数求解(区县/乡镇/村委专家问卷)

问卷题号	样本量	一致的样本	一致度/%	问卷题号	样本量	一致的样本	一致度/%
1	20	20	100	30	20	19	95
2	20	20	100	31	20	16	80
3	20	20	100	32	20	10	50
4	20	20	100	33	20	13	65
5	20	20	100	34	20	12	60
6	20	19	95	35	20	12	60
7	20	19	95	36	20	12	60
8	20	15	75	37	20	11	55
9	20	18	90	38	20	12	60
10	20	17	85	39	20	13	65
11	20	11	55	40	20	13	65
12	20	19	95	41	20	13	65
13	20	11	55	42	20	13	65
14	20	15	75	43	20	11	55
15	20	13	65	44	20	11	55
16	20	13	65	45	20	11	55
17	20	19	95	46	20	9	45
18	20	10	50	47	20	11	55
19	20	8	40	48	20	13	65
20	20	19	95	49	20	15	75
21	20	16	80	50	20	12	60
22	20	16	80	51	20	13	65
23	20	12	60	52	20	10	50
24	20	19	95	53	20	11	55
25	20	18	90	54	20	12	60
26	20	18	90	55	20	13	65
27	20	18	90	56	20	12	60
28	20	16	80	57	20	12	60
29	20	16	80	58	20	19	95
均值	20	16.379	81.897	均值	20	12.552	62.759

$R = 0.723$

1 导论

(5) 调研工作执行。从 2021 年 8 月至 2022 年 3 月,课题组对我国城乡体育融合发展现状进行了调查,调研范围涵盖东部地区、中部地区、西部地区及东北地区,根据提前设计的问卷发放方式,从江苏、浙江、广东、河南、安徽、湖南、贵州、重庆、陕西、黑龙江 10 省市中,抽取地级市、县(区)、乡镇、村委会及村民发放问卷,其中村民问卷共发放 4 800 份,回收并剔除无效问卷后获得 3 665 份,有效回收率为 76.4%(见表 1-10);县(区)/乡镇/村委专家问卷总共发放 280 份,回收并剔除无效问卷后获得 235 份,有效回收率为 83.9%(见表 1-11)。

表 1-10 调查区域及省份情况(村民问卷)

地区	省份	频数	比例/%	频数合计	比例合计/%
东部地区	江苏	480	10	1 440	30
	广东	480	10		
	浙江	480	10		
中部地区	安徽	480	10	1 440	30
	河南	480	10		
	湖南	480	10		
西部地区	贵州	480	10	1 440	30
	重庆	480	10		
	陕西	480	10		
东北地区	黑龙江	480	10	480	10

表 1-11 调查区域及省份情况(县区/乡镇/村委专家问卷)

地区	省份	频数	比例/%	频数合计	比例合计/%
东部地区	江苏	28	10	84	30
	广东	28	10		
	浙江	28	10		
中部地区	安徽	28	10	84	30
	河南	28	10		
	湖南	28	10		

(续表)

地区	省份	频数	比例/%	频数合计	比例合计/%
西部地区	贵州	28	10	84	30
	重庆	28	10		
	陕西	28	10		
东北地区	黑龙江	28	10	28	10

3）数理统计法

研究主要涉及的数理统计方法为描述型统计方法，是指运用一定的统计量说明数据资料的特征及其相互关系。运用 SPSS 26.0 及 Excel 对问卷调查对象背景、村民体育基本特征、城乡体育要素配置、城乡融合发展满意度、限制因素等进行社会学统计分析。

4）访谈法

深入浙江省泰顺县及宁海县，江苏省无锡市、江阴市、徐州市、邳州市及贾汪区，贵州省台江县，黑龙江省齐齐哈尔市昂昂溪区及碾子山等地，访谈地级市体育局、发改委、财政局、人大等部门的工作人员，县体育部门工作人员，乡镇文体干部、村委会干部等乡村体育管理者约70人，重点在于了解城乡体育要素合理配置的政策法规、现状、困境，限制因素及优秀个案（见表1-12）。

表1-12 乡村体育管理者的访谈情况一览表

地区	省份	人员	访谈内容
东部地区	江苏省	无锡市体育局、发改委、财政局及人大的相关领导	城市回哺乡村体育的行政措施及法律保障
		江阴市群体工作负责人	体育要素下乡状况及限制因素
		江阴市体育产业工作负责人	海澜飞马水城的政府引导政策
		江阴市各乡镇文体负责人	体育要素下乡的满意度及诉求
		江阴市广场舞协会负责人	协会下乡的状况及限制因素
		江阴市老年协会负责人	协会下乡的状况及限制因素
		徐州市贾汪区群体工作负责人	体育要素下乡状况及限制因素
		贾汪区汴塘镇镇领导	乡村体育发展现状及存在难点
		贾汪区汴塘镇文化站负责人	体育要素下乡的满意度及诉求

(续表)

地区	省份	人员	访谈内容
东部地区	江苏省	汴塘镇榴园村新文明实践所所长	乡村体育志愿服务队伍建设
		徐州市邳州市群体工作负责人	体育要素下乡状况及限制因素
		邳州市铁富镇文化站负责人	体育要素下乡的满意度及诉求
		铁富镇胡滩村村干部	体育要素下乡的满意度及诉求
		邢楼镇北邢楼村村干部	体育要素下乡的满意度及诉求
	浙江省	宁波市宁海县群体工作负责人	体育要素下乡状况及限制因素
		宁海县强蛟镇文化站负责人	体育要素下乡的满意度及诉求
		强蛟镇骆家坑村村干部	体育要素下乡的满意度及诉求
		强蛟镇上浦村村网格员	体育要素下乡的满意度及诉求
		温州市鹿城区群体工作负责人	体育要素下乡状况及限制因素
		温州市泰顺县体育局副局长	百丈时尚体育小镇的建设状况
		泰顺县体育产业科负责人	乡村体育产业发展现状及困境
		泰顺县群体工作负责人	体育要素下乡状况及限制因素
		泰顺县百丈镇旅游管理负责人	百丈时尚体育小镇的建设状况
		雅阳镇文体干部	体育要素下乡的满意度及诉求
东北地区	黑龙江省	齐齐哈尔市体育局副局长、社会管理中心、群体负责人	城市回哺乡村体育的具体措施及乡村冰雪运动产业的发展规划
		昂昂溪区水师营镇群体负责人	体育要素下乡状况及限制因素
		昂昂溪区群体负责人	体育要素下乡的满意度及诉求
		昂昂溪区胜利村村干部	体育要素下乡的满意度及诉求
西部地区	贵州省	台江县台盘村村干部	体育要素下乡的满意度及诉求
		台盘村篮球协会负责人	"村BA"篮球赛事的城市要素

5) 案例分析法

选取国内外具有代表意义的城乡体育融合发展典型案例进行分析,如国外的瑞士圣莫里茨镇及意大利蒙特贝卢纳镇,国内的浙江省泰顺县百丈时尚体育小镇、江苏省江阴市海澜飞马水城及贵州省黔东南州台江县台盘乡等运动休闲小镇及其典型的乡村体育赛事,为城乡体育融合发展提供参考借鉴。

1.6 研究思路

本研究以乡村振兴战略为契机,深入调查我国城乡体育发展现状,分析融合发展面临的现实困境,将理论研究与实证研究相结合、定量分析与定性分析相结合,以城乡非均衡发展理论、城乡一体化发展理论、马克思主义城乡融合理论、马克思主义平等交换理论、公共服务理论、社会流动理论、文化自觉和文化自信理论等理论为基础,运用文献资料、问卷调查、案例分析、深度访谈等方法,紧紧围绕乡村振兴战略的总要求,探讨中国特色的城乡体育融合发展之路。

本书的核心要点,是在分析我国城乡体育融合发展现状及城乡体育资源要素合理配置的现实困境的基础上,结合国内外城乡体育融合的典型案例的特征及探索治理机制,以此来探究我国城乡体育融合发展之路。其中,根本的研究逻辑分为四个部分推进。一是解释"我国城乡体育融合发展的内在机理",指出城乡体育融合发展的前提,人才、资本、技术、产业互动;城乡体育融合发展的动力——交通网、信息网、环境承载力;城乡体育融合发展的结果,更高的城乡体育消费水平、公共体育服务水平(第六章)。二是解构"我国城乡体育资源要素的合理配置"。体育人才要素是核心基础,体育设施要素是重要支撑,体育资金要素是发展根本,体育组织要素是发展保障,体育科技要素是重要引擎,体育文化要素是发展载体,体育比赛要素是重要抓手(第七章)。三是解释及论证"我国城乡体育融合发展的困境及保障机制"。统筹分析"产业、制度、社会、文化及生态"之于城乡体育融合发展的现实困境;从城乡基本公共体育服务普惠共享机制、乡村体育优先发展机制、城乡体育基础设施一体化发展机制、乡村体育多元化发展机制及城乡体育要素合理流动机制等五个方面,构建支撑城乡体育融合平稳发展的"工业凳保障模型"(第八章)。四是探讨"我国城乡体育融合发展的基本路径"。从"五位一体"总体布局出发,从社会、经济、生态、文化及制度层面,构建五位一体的城乡体育融合发展基本路径(第九章)。(技术路线图见图1-1)

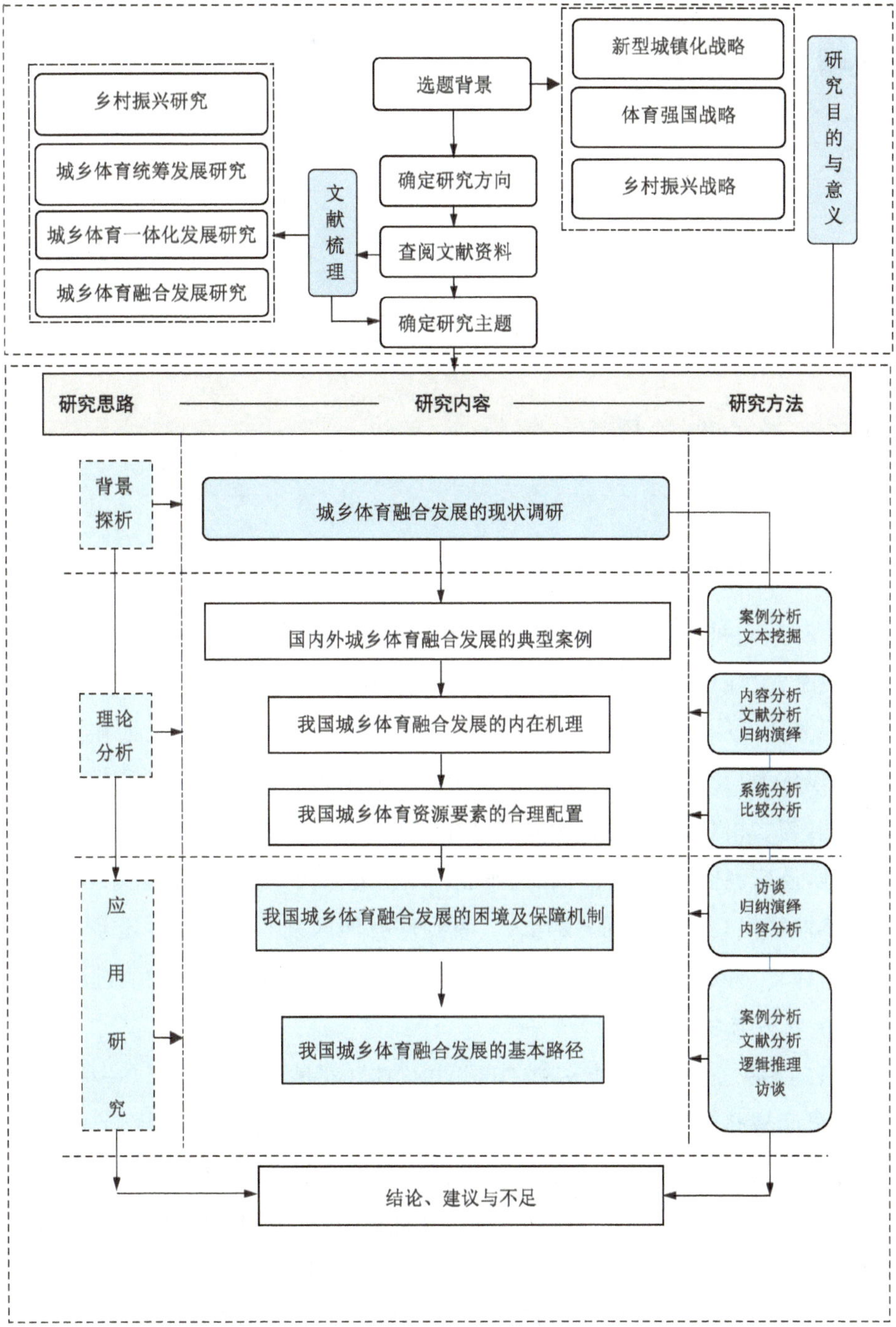

图 1-1 研究的技术路线图

2 核心概念界定与理论基础

2.1 核心概念界定

2.1.1 乡村的概念界定

"乡村"一词寻根究源,脱离不了"乡村"与"农村"之辩。孰是乡村乎?孰是农村乎?目前还是仁者见仁,智者见智。陈明认为二者是人们的"默会知识",只需要依从语言习惯,不必过于强调二者在原初和规范意义上存在的差别;韩俊认为"乡村"和"农村"还是有着质的不同,农村体现的是农业生产的地理空间,与之相对的是农民,而乡村已经不单单指向为农业生产之所和农民生存之地,还应包括非农产业和相应职业。本研究倾向于在科学研究中,"农村"一词不能替代"乡村"一词。那么,二者到底有何区别?如何来界定乡村?何为乡村体育?拟通过对上述问题的回答来厘清"乡村体育"一词的演进历程。

1) 农村与乡村之别

(1) 字源之别:在甲骨文中,"农"字由"林"(农垦地区)和"辰"(一种农具)组成,显而易见直接关系到农业耕种,而"村"字由树木、房屋以及人组成,是囤聚的意思。显然"农村"一词的内涵,仅仅从农业的单一产业特征来界定,不具备情感色彩。而"乡"字则为两个人面对面地跪坐着,中间放着盛事物的器皿,其中一人执杯,一人作类似"请"的礼仪之态,意为主人宴请同乡。为此,"乡"体现了社会交往的待客之道,被赋予了浓厚的情感色彩,通常组成"乡愁""同乡""家乡"等词,后引申至行政领域,指城市以外的地理空间。为此,从字源蕴含的内涵来看,"乡村"一词较"农村"在情感上更温润,在文化上更饱满。故乡村振兴不是农村振兴,因为乡村振兴比农村振兴蕴含更丰富,更能提升人们对乡村的情感关怀。

(2) 发展之别:回望乡村发展历史,"农村"和"乡村"原本可以相互指代。在漫长的封建社会,鸡犬相闻的传统乡村呈现出了同质同构的特征,比如以传统农业或手工业为主的产业结构,以人力或牲畜为代表的劳动生产力,以差序格局为特征的社会交往,以皇权不下县、宗族治理为主要手段的社会治理格局等等。在新中国成立初期,虽然我国开启了对农业和农村的社会主义的改造和建设,国家对乡村的社会治理下沉到广大乡村地区,推动了传统乡村社会结构的巨变,但由于此时乡村服务于国家建设需要,仅仅被认定为"粮食生产车间",导致乡村的社会和文化功能等被忽视,此时乡村依然没有摆脱同质同构的特征。因此,当乡村呈现出同质同构的特征时,注定了"乡村"和"农村"可以相互替代。

随着十一届三中全会的召开,家庭联产承包责任制逐渐在我国广大乡村地区实行,我国农业生产效率有所提高,但是数量庞大的乡村人口全部集中于农业生产,致使农业内卷化问题日益严重,亟须转变乡村全部人口从事农业之困局。同时伴随着国家农产品价格调整和商品流通渠道的疏通等政策的开展,农民已经具备了一定的经济积累,在乡村开展非农产业逐渐发展成不可逆之势。同时,由于当时我国城市经济积累还无法承接大量乡村人口的转移,因此就地非农化开始呈现。以浙江省萧山市(今杭州市萧山区)为例,从1978年至1990年,平均每年增加236家企业,平均每年增加1.87万从业人员,乡村非农化水平平均每年提高3.4个百分点。乡村非农化产业的激增,引起了乡村的物质空间、社会结构和文化构成的巨变,使得乡村逐渐由过去的"同质同构"演变为"异质异构"。此时,"农村"和"乡村"已经不能完全作为相互替代的对象。

2002年党的十六大报告指出,我国城乡二元经济结构还没有改变,地区差距扩大的趋势尚未扭转。"三农"问题已经成为当时社会不稳定的主要因素和制约经济发展的瓶颈,亟须调整工农、城乡关系。为此,工业反哺农业、城市支持农村的统筹城乡发展理念开始浮出水面。到2006年,我国人均GDP首次超过了 2 000 美元,按照西方学者钱纳里的经济发展阶段理论,我国已进入了工业化发展的中级阶段,意味着我国农业的生产方式开始由传统的小农经济向现代农业生产方式转变。我国城乡关系的调整,在一定程度上打破了城乡二元体制分隔之局,但此时依旧面临乡村人口向城市流动进一步加剧的问题,致使我国乡村逐渐开始出现中西部地区的空心村及东部沿海地区的聚集村,即我国乡村呈现分化之态。《乡村振兴战略规划(2018—2022年)》首次将乡村明确划分为四大类——"集聚提升类村庄""城郊融合类村庄""特色保护类村庄""搬迁撤并类村庄"。可见,乡村已经由最初的"异质异构"得到进一步升级,朝着差异性路径和多元化目标前进。此时,以农业为特征的"农村"一词已经无法承受"乡村"发展之重。

2) 乡村概念的确立

党的十九大报告提出乡村振兴战略,随后的 2018 年中央一号文件《中共中央 国务院关于实施乡村振兴战略的意见》指出乡村振兴战略要坚持城乡融合发展,反映了城乡相互依存的关系,促成了乡村概念的界定与城市息息相关。为此,本书"乡村"一词的概念界定选用 2018 年 9 月 26 日中共中央、国务院印发的《乡村振兴战略规划(2018—2022年)》中的概念,即"乡村是具有自然、社会、经济特征的地域综合体,兼具生产、生活、生态、文化等多重功能,与城镇互促互进、共生共存,共同构成人类活动的主要空间"。

为此,在乡村振兴视域下,"乡村"是立在"农村"发展肩膀上的新时代概念,寓意着一种更先进的社会主义劳动生产关系。随着全面推进乡村振兴战略的发展,我国城乡融合发展得到进一步深化,封闭落后的传统农村终将转变为现代化的乡村,"愚、贫、弱、私"的农民终将甩掉被鄙视的身份标签,成为劳动力市场的一种职业选择方式,乡村终将变成承载着浓郁美丽乡愁的重要载体。

2.1.2 乡村体育的概念界定

1) 乡村体育概念的动态性

张小林、胡晓亮等认为乡村是一个一直在发展的、不断被修正的概念,呈现动态性。因此,"乡村体育"作为"乡村"的种概念,同样也显现出动态性特征。毕竟二者在概念上为种属关系,甚至可以戏称为"乡村"一咳嗽,"乡村体育"可能随之就是一场感冒。倘若"乡村体育"的内涵枝繁叶茂,何尝不是促成了"乡村"内涵的绿树成荫?本书"乡村"的概念是置于乡村振兴战略的背景下,因而"乡村体育"的概念也需要立于乡村振兴战略的背景。一旦乡村振兴战略的内涵发生了变化,"乡村"及"乡村体育"的概念也将随之变迁。

2) 乡村体育概念的重要性

"乡村兴则国家兴,乡村衰则国家衰",因而"民族要振兴,乡村必发展"。基于此,2017年党的十九大将乡村振兴战略上升为国家重大发展战略。而乡村体育之于乡村振兴战略之重,在于乡村体育是乡村经济发展的重要扩容,谓之"立业之兴";乡村体育是扎根于乡村社会文化生活的产物,谓之"生活之源";乡村体育是乡村社会的民生事业,谓之"民生之本";乡村体育是乡村地区全民健身的重要抓手,谓之"幸福之根"。为此,亟须厘清乡村体育的概念,以便助力全面推进乡村振兴。

3) 乡村体育概念的平等性

我国社会发展面临着"人民日益增长的美好生活需要和不平衡不充分发展之间的矛盾"。在城乡群众体育领域,我国也面临着城乡体育发展的不平衡不充分问题,尤其是不同地区间乡村体育发展的不平衡,如我国的东部沿海乡村发展态势相对较好,而西部地区则较差。同样,乡村体育的发展还面临着发展不充分的问题,尤其在广大的村落地区,面临着体育发展项目单一、运动锻炼人员少、社会体育指导人员奇缺等问题。造成城乡体育发展不平衡不充分的矛盾,原因在于我国长期沿用的厚"城"薄"乡"的发展思路,形成了顽固性的城乡二元社会结构格局,造成了城市体育和乡村体育发展地位的不平等。在乡村振兴视域下,城乡体育融合发展路径的提出,旨在打破城乡二元社会结构,打通城乡体育生产要素自由流通的渠道。此时,乡村体育的内核推动力——特有的自然和人文资源优势得到了前所未有的重视,乡村体育与城市体育呈现互促互进、共生共荣的状态。

4) 乡村体育概念的种属性

我国的竞技体育系统是国家统筹下的举国体制和市场经济的复合体,在我国的社会发展中曾起到举足轻重的作用,如中国女排的精神一度成为社会主义现代化建设的重要精神支柱,时至今日中国女排依旧是中国竞技体育的模范力量。但自从2008年北京奥运会的"华山论剑"一役,我国的竞技体育一举夺得天下魁首之位,以致中国各界人士大有"一日看尽长安花"之感。故,待后奥运时期,我国竞技体育事业逐渐繁华褪尽,我国体育事业发展开始洗尽铅华,回归体育的本质属性。而乡村体育则是在乡村振兴战略背景下,在我国乡村地区开展的全民健身和全面健康发展的体育活动。乡村体育是体育回归健康本质属性的又一佐证,是嵌入体育强国发展战略的重要一环,是唤醒乡村活力的强力内核驱动,理应属于全民健身的发展范畴。

5) 乡村体育的概念界定

乡村体育是随着乡村振兴战略的提出而真正地浮出水面,乡村体育是立于农村体育基础上的踵事增华,是城市体育平等的发展伙伴,是乡村振兴的重要推手。只有凿通城乡体育二元发展之墙,促使乡村体育和城市体育发挥各自的优势,形成互促互进、共生共荣的格局,才能实现乡村体育的碑厉奋发。但鉴于目前城乡体制性二元和市场性二元结构的怙顽不悛,乡村体育的发展绝不能径情直遂,需要通盘考量,最终乡村体育方可如日方升。所以,乡村振兴之于"乡村体育"名称的提法用于学术研究更符合当下乡村社会发展的状况。

综上所述,乡村体育作为乡村振兴战略的重要组成部分,是指在我国乡村地区广泛开展的,以城乡体育融合发展为路径,以推动乡村全民健身事业发展为宗旨,与城镇体育互促互进、共生共荣的一系列体育活动的总称。但我们必须清醒地认识到,乡村体育概念的界定并不是一劳永逸的,仅仅只是乡村社会历史发展长河中的阶段性产物。随着乡村生产力的进一步发展,乡村体育的概念将会得到更丰富的发展。

2.1.3 城市的概念界定

在我国古代,"城"和"市"最初是两个不同的概念。在古代,"城"是指城邑四周的墙垣,一般分为两种,里面的叫城,外面的叫郭,主要是用来防御外敌。如《墨子·七患》中曰"城者,所以自守也",《吴越春秋》中载:"筑城以卫君,造郭以守民。"足见城是指古代时期的军事和政治中心。"市"是指做买卖的地方,即进行商品交换的场所。如《孟子·公孙丑》中云,"古之为市也,以其所有易其所无者,有司者治之耳";《周易·系辞下》中曰,"日中为市,致天下之民,聚天下之货,交易而退,各得其所";《周礼·地官·司市》中载:"大市日昃而市,百族为主;朝市朝时而市,商贾为主;夕市夕时而市,贩夫贩妇为主。"中国古代的城市起源于新石器晚期,此时已出现城堡,如龙山文化、新密古城、安徽含山凌家滩。一般认为古代的城市起源于农村,如《史记·五帝本纪》中云:"一年而所居成聚,二年成邑,三年成都。"

在现代社会,城市的含义更为广泛。在《现代汉语词典》(第7版)中,城市是指"人口集中、工商业发达、居民以非农业人口为主的地区,通常是周围的政治、经济、文化中心"。《统计上划分城乡的规定》以我国现行的行政区划为依据,将我国地理区域划分为城镇和乡村。城镇包括城市和镇,城市是指经国务院批准设市建制的城市市区,包括设区市的市区和不设区市的市区;镇是指经批准设立的建制镇的镇区,包括县及县以上(不含市)人民政府、行政公署所在的建制镇的镇区和其他建制镇的镇区。可见,中国的城市(镇)是行政管理的产物,而非经济发展的结果,更非一种经济形态。

在本研究中,城乡体育融合发展中的"城"是相对于"乡"而言的城镇,具体是指县城,具体包括县级市、县、自治县、自治旗和乡村人口占50%以上的人民政府、行政公署所在地的建制镇。

2.1.4 城乡体育融合发展的概念界定

新中国成立以来,城乡关系一直在适时调整完善。从城乡二元体制建立与巩固到城乡统筹发展、城乡发展一体化及城乡融合发展,城乡关系经历了多重的改变。2018年中共中央、国务院印发的《乡村振兴战略规划(2018—2022年)》提出"顺应城乡融合发展趋势,重塑城乡关系",同时又将"传承和发展民族民间传统体育,广泛开展形式多样的农民群众性体育活动"纳入规划,城乡体育融合发展之势应运而生。

在《现代汉语词典》(第7版)中,"融合"意为"几种不同的事物合成一体"。城乡体育融合则是打通城乡体育要素自由流通的通道,实现城乡优势体育资源的互融互通,从而实现城乡体育高质量的"差异化"发展,而非"差距化"或"一样化"发展。在《现代汉语词典》(第7版)中,"发展"则是指"事物由小到大,由简单到复杂,由低级到高级的变化",既有量的变化,又有质的变化。城乡体育融合发展也是一个发展过程,呼应了我国体育发展"三步走"的战略,即到2020年建立与全面建成小康社会相适应的体育发展新机制,到2035年实现与基本实现现代化相适应的体育发展新格局,到2050年全面建成社会主义现代化体育强国。

为此,本研究的城乡体育融合发展是指充分发挥市场配置和政府调控之力,打破城乡体育人才、组织、资金、设施、文化、科技及赛事等资源与要素自由流通的障碍,实现城乡优势体育资源与要素互融互通,逐步推动城乡体育共同实现高质量发展,从而助推乡村振兴战略和新型城镇化发展。

2.2 基础理论

2.2.1 城乡发展理论

1) 城乡非均衡发展理论

(1) 刘易斯二元结构理论:刘易斯二元结构理论认为发展中国家会存在现代工业化部门及传统农业部门。通常传统农业部门的边际效率低下,会造成大量过剩劳动力。随着工业部门的发展,大量过剩劳动力会被现代工业部门吸收,从而推动现代工业部门的扩张,将再次吸收传统农业部门的过剩劳动力,直至过剩劳动力被完全吸收,使得工业部门和传统农业部门的收入相当,最终形成工业化和农业都得到发展的局面。此后,刘易斯二元结构理论得到拉尼斯和费景汉进一步的继承和发展,但纠正了刘易斯不重视农业在工业中的增长作用,忽视了农业是因为劳动生产率的提高才形成的劳动人口的转移的问题。他们将工业和农业转换细分为三个阶段:劳动力无限供给、农业剩余转移变少、农业商业化。农业往往不是被动地为工业提供劳动力,而是为工业部门的扩大提供必需的劳动产品。

(2) 佩鲁的"增长极理论":法国经济学家弗朗索瓦·佩鲁提出了"增长极理论",他认为如果要实现经济的增长,必须树立一个或者数个增长中心,形成向周边部门或者地区的辐射效应。因此,国家要实现最终的均衡发展,城市就可以作为国家的金融、贸易发展和服务中心,吸引农村要素流向城市,在城市的规模得到发展后,形成扩散效应带动周边农村地区的发展。

(3)弗里德曼"核心边缘理论":弗里德曼认为任何一个空间都由核心区和边缘区组成。核心区具备了较强的创新能力,一般是指城市地区,该区域工业发达、资本集中、人口集中、经济发展较快。而边缘区一般是指农村地区,该区域经济较为落后。在这个空间里,核心区得到了发展,然后形成区域辐射,带动边缘区的发展。因此城市在发展中处于主导地位,而农村则属于从属地位。

(4)"农业优先发展的理论":施特尔和泰勒指出应该选择以农业为发展中心,在一个区域内,以内部资源为基础,建立劳动密集、小规模的发展空间,旨在满足农村民众的基本需求,减少农村的贫苦。弗里德曼和道格拉斯认为城市不是一个简单的增长极,而是非农业和行政管理的主要场所,应将地方的特有文化增持到经济发展中,实现农村和城市的串联,最终实现农村的全面发展。朗迪勒里指出实施"次级城市发展战略"推动乡村复兴,发挥中小城市对农村的辐射作用,同时也可以承接大城市的分流。

(5)"城乡非均衡发展理论":指出了政府将资金等要素投入城市,使得城市得到了过度发展,但是由于农村要素单向流入城市,而城市并没有如期回馈农村,城市和农村生产力和经济发展明显两极化,造成城乡二元结构的差距进一步加大。为此,过分强调工业的重要性,是城乡发展二元结构的成因。

为此,城乡非均衡发展理论为发挥城市优势体育资源的辐射优势,推动更多城市体育资源要素流向乡村且实现良性汇聚,以及第七章中的推动城乡人才、设施、赛事、资金、组织等体育资源要素实现合理配置提供了理论指导。

2)城乡一体化发展理论

(1)著名的霍华德"田园城市理论":19世纪末期的英国社会活动家霍华德在《明日:一条通向真正改革的和平道路》中提出"田园城市"。霍华德指出田园城市应该包括城市和乡村两个区域,且乡村依偎在城市的四周,为城市居民提供新鲜的农产品。田园城市的规模应有一定的限制,以方便城乡居民亲近自然。此外,田园城市的土地归集体所有,使用土地需要缴纳土地租金,于是土地租金成为城市的收入来源。

(2) 赖特的"广亩城市理论":1932年美国建筑师赖特在《宽阔的田地》中提出广亩城市的最初设想。赖特认为现代大城市不适合人类居住,不利于城市居民的意愿表达,代表着一种反民主的机制。而居民真正的生活应该是分散的、低密度的,且每户应有一英亩土地供自己种植蔬菜和食物,实现居民的生活、就业及居住相结合的城市形态,被称为广亩城市。

(3) 麦基的"Desktop"理论:1989年加拿大学者麦基在对亚洲城乡经济等方面的研究基础上,提出了"Desktop"这一概念。"Desktop"是指在同一区域中同时具备了城市和乡村两个产物,且在同一区域中城市和乡村的概念模糊。麦基认为城乡相互促进及一体化发展的模式能推动城市化的发展。

城乡一体化是通过城乡之间生产要素的自由流动和城市对乡村的辐射带动,逐步缩小城乡经济发展水平的差距,进而使城市和乡村形成一个相互渗透、相互融合、高度依赖、共同繁荣的整体系统的过程。为此,城乡一体化理论为第八章中以构建城乡体育设施建设、布局及管护等为主要内容的城乡体育设施一体化发展保障机制提供理论支撑。

3) 马克思主义城乡融合理论

马克思、恩格斯处于资本主义社会城乡关系变化的时代,十分注重对城乡关系的研究,马克思曾在1847年的《哲学的贫困》中指出,"城乡关系一改变,整个社会也跟着改变"。同时,消除城乡差距和对立也是马克思、恩格斯社会主义思想的重要内容之一。

马克思、恩格斯认为城乡的分离源于社会的分工,在《德意志意识形态》中指出"某一民族内部的分工,首先引起工商业劳动和农业劳动的分离,从而也引起城乡的分离和城乡利益的对立"。马克思在《资本论》中又指出"一切发达的、以商品交换为中介的分工的基础,都是城乡的分离。可以说,社会的全部经济史都概括为这种对立的运动"。"城乡之间的对立是随着野蛮向文明的过渡、部落制度向国家的过渡、地方局限性向民族的过渡而开始的,它贯穿着全部文明的历史并一直延续到现在。"

马克思、恩格斯认为城乡分离是生产力发展到一定阶段的必然产物,是人类历史的进步。但随着生产力的进一步发展,城乡分离必然成为限制社会发展的障碍,从而完成历史使命后,消失在历史的长河中。当生产力突破"城乡对立"发展,城乡关系将逐渐由"城乡协调"走向"城乡融合"。"城乡对立破坏了工农间必然的适应和相互依存关系,因此随着资本主义转化为更高级形态,这种对立将会消失。"1847年,恩格斯指出"城市和乡村对立的消灭不仅是可能的,它已经成为工业生产本身的直接必需,而且已经成为农业生产和公共卫生事业的必需。只有通过城市和乡村的融合,现在的空气、水和土地的污染才能排除,只有通过这种融合,才能使目前城市中病弱的大众把粪便用于促进植物生长,而不是任其引起疾病"。

马克思对城乡关系的描述是立于对资本主义城乡社会问题的历史认识,从生产力决定生产关系,生产关系反作用于生产力的基础上提出的,揭示了社会进步是生产力的革新所引起的社会生产关系的变革,揭示了城乡关系发展的本质,指出了城乡关系将由"城乡对立"走向"城乡协调",从而最终走向"城乡融合"的发展过程,为剖析第六章中城乡体育融合发展内在机理及第七章中推动城乡体育科技要素实现合理配置奠定理论指导。

2.2.2 马克思主义平等交换理论

马克思政治经济学对平等交换的分析是以劳动价值为基础,指出了资本主义私人占有制的经济生产关系,揭示了市场平等交换的背后是资本家无偿占有工人剩余价值的本质。但在社会主义市场经济条件下,资本家无偿占有工人阶级剩余价值的条件已经不复存在,平等交换的结果体现为通过按劳分配的原则获得自身的劳动价值。为此,从商品交换关系的分析来看,马克思关于平等交换理论的分析对研究社会主义市场经济条件下城乡要素交换问题具有极强的启示意义。

马克思在《资本论》中提出商品交换是商品所有者自由意志的体现,不存在任何的暴力和强制行为。"(商品交换)一方必须得他方同意……必须互相承认私有者的权利。这种权利关系……是在契约的形式上——是一种意志关系"。在商品交换过程中,商品应遵循同样的价值标准。"商品是天生的平等主义者,犬儒主义者,它随时准备以它的灵魂和肉体,和别种比马利登还丑的商品相交换。"商品交换的结果是商品所有者得到的是商品的等价价值。"货币这个结晶,是交换过程的必然的结果。在这过程中,各种劳动生产物实际被视为相等,实际转化为商品……劳动生产物越是转化为商品,这一特殊商品,也就越是转化为货币。"为此,马克思平等交换理论指出了在商品交换过程中,应遵循交换主体平等,交换过程平等及交换结果平等。

虽然我国还处于城乡融合发展的初级阶段,但城乡要素交换基本上已经实现了自由流通。为此,马克思主义平等交换理论遵循"主体平等","交换过程平等"及"交换结果平等"有助于指导城乡体育要素自由流通逐渐转为城乡要素体育平等交换的实践,从而为第七章的推动城乡资金、人才、产业等体育要素实现合理配置,第八章的城乡体育要素合理流动保障机制及第九章的城乡体育融合发展基本路径提供理论支撑。

2.2.3 社会流动理论

社会流动是指人们在社会关系空间中从一个地位向另一个地位的移动。社会关系空间和地理空间关系密切相连,所以,一般把地理空间的流动也归为社会流动。因此,社会流动既包括社会阶层的变迁,又包括人们在地理空间的变迁,促成了社会结构的调整是通过社会流动实现的。

根据流动的方向,社会流动可分为水平流动和垂直流动。水平流动是指社会垂直分化阶层内部的位置转移,如第一产业向第三产业转移;垂直流动是指人们在一个分层结构层面中的不同阶层之间的流动,如外出务工人员返乡成为高素质农民。

在社会流动研究中的一个重要方面是对影响人们获取职业地位的条件的研究。因为在现代社会中,职业地位直接决定了人们的收入、声望和权力,是个人社会地位综合的象征。而影响人们获得职业地位的条件分为个人条件和社会条件。其中,个人条件分为先赋条件和自获条件;影响人们获得职业地位的社会条件主要是制度条件和文化条件,具体表现为就业制度和就业声望观。

社会流动理论揭示了城乡人口流动的动态变迁过程,诠释了乡村体育参与群体为城乡居民,明确了城乡体育融合发展的现实价值和发展走向,亦为解决乡村体育人才发展短板难题,推动城市体育人才下乡,实现第七章中的推动城乡体育人才要素合理配置的具体实践提供了理论指导。

2.2.4 文化自觉、文化自信理论

我国著名社会学家费孝通先生在北京大学社会学人类学研究所高级研讨班提到:"文化自觉是生活在一定文化中的人对其文化有'自知之明',明白它的来历、形成过程、所具的特色和它发展的趋向,不带任何'文化回归'的意思,不是要'复旧',同时也不主张'全盘西化'或'全盘他化'。自知之明是为了加强对文化转型的自主能力,取得决定适应新环境、新时代文化选择的自主地位。"费孝通先生还进一步提出:"文化自觉是一个艰巨的过程,首先要认识自己的文化,理解所接触的多种文化,才有条件在这个已经形成中的多元文化的世界里确立自己的位置,经过自主的适应,和其他文化一起,取长补短,共同建立一个共同认可的基本秩序和一套各种文化能和平共处、各抒所长、联手发展的共处原则。"费孝通先生最后用"各美其美,美人之美,美美与共,天下大同"概括文化自觉的历程。因此,文化自觉应包括对文化的自我觉醒、自我反思及理性审视,应对自我文化具有自知之明,了解自我文化的长处及不足,也能够清楚地认识其他文化,能够协调好本土文化与外来文化之间的关系。

自觉的十八大以来,习近平总书记曾在多个场合提及文化自信,传递出他的文化理念及文化观。2014年2月24日中央政治局第十三次集体学习中,习近平总书记提出要"增强文化自信和价值观自信"。随后的两年时间里,习近平又对文化自信有过多次论述,比如"增强文化自觉和文化自信,是坚定道路自信、理论自信、制度自信的题中应有之义""中国有坚定的道路自信、理论自信、制度自信,其本质是建立在5 000多年文明传承基础上的文化自信"。2016年5月和6月,习近平又连续两次对文化自信加以强调,指出"我们要坚定中国特色社会主义道路自信、理论自信、制度自信,说到底是要坚定文化自信";要引导党员特别是领导干部"坚定中国特色社会主义道路自信、理论自信、制度自信、文化自信"。习近平总书记在庆祝中国共产党成立95周年大会的讲话上,对文化自信特别加以阐释,指出"文化自信,是更基础、更广泛、更深厚的自信"。党的十九大报告又明确了中国特色社会主义事业应"坚定道路自信、理论自信、制度自信、文化自信"。

文化自信是主体对自身文化的认同、肯定和坚守。文化自觉是文化自信

的前提,文化自信是建立在文化自觉的基础上的。没有深刻的文化自觉,就不可能有坚定的文化自信。中国人民的文化自信是在文化自觉的过程中逐渐建立起来的,是对中华文化的高度认同和充分肯定。为此,文化自觉、文化自信理论始终贯穿于城乡体育文化要素的互动过程当中,为正确认识乡村体育的文化优势,推动城乡体育文化互补互促,指导第七章中的城乡体育文化要素实现合理配置、第八章中的乡村体育多元化保障机制及第九章中的构建城乡体育文化共生共荣提供理论支撑。

2.2.5 两山理论

2005 年 8 月 15 日,时任浙江省委书记的习近平同志在浙江省安吉县余村考察时提出了"绿水青山就是金山银山"。2013 年 9 月 7 日,习近平总书记在哈萨克斯坦纳扎尔巴耶夫大学发表演讲并回答学生们提出的问题,在谈到环境保护问题时指出:"我们既要绿水青山,也要金山银山。宁要绿水青山,不要金山银山,而且绿水青山就是金山银山。"随后"树立和践行绿水青山就是金山银山的理念"被写进党的十九大报告,"增强绿水青山就是金山银山的意识"载入《中国共产党章程》。至此,"绿水青山就是金山银山"的"两山理论"成为可持续发展道路的理论化扩展,是习近平生态文明思想体系的核心内容。

"两山"理论继承了马克思主义历史观。从历史观来看,人类文明史是一部人与自然、生态与文明的关系史。在原始文明阶段,人类主要靠采集果实、渔猎为生,顺从自然、敬畏自然;在农业文明阶段,人们春种秋收,男耕女织,抱守"绿水青山"奋力争取"金山银山"。在工业文明社会,人类只顾"金山银山",战天斗地侵害侵占"绿水青山",人与自然矛盾丛生。进入新时代,"绿水青山就是金山银山",保护生态环境就是保护生产力,改善生态环境就是发展生产力。生态文明是工业文明发展到一定阶段的产物,是人类社会发展的必然。"两山"理论实际上指明了人与自然的关系从矛盾冲突走向和谐统一的文明走向,为第六章中的剖析城乡体育融合发展的内在机理及第九章中的城乡体育融合发展路径的构建提供重要理论支撑。

3 我国城乡体育发展历程回溯

3.1 齐驱并进：城乡体育兼顾发展（1949—1958 年）

3.1.1 城乡体育兼顾发展的历史背景

新中国成立前，我国是以农业为主的传统农业国家，农民占全国总人口的绝大多数。中国共产党依照中国国情，依托广大农民大众，走出了农村包围城市、武装夺取政权的革命发展道路。但随着新民主主义革命的胜利，城乡关系发展到了新的历史节点，亟须重塑城乡发展关系，以期推动国家经济建设的恢复与发展。1949 年 3 月，毛泽东主席在中共七届二中全会中详尽阐述了新中国成立后城乡关系发展的变迁，指出乡村包围城市的工作方式的时期已经完结，需要"从现在起，开始了由城市到乡村并由城市领导乡村的时期。党的工作重心由乡村移到了城市"，但"城乡必须兼顾，必须使城市工作和乡村工作，使工人和农民，使工业和农业，紧密地联系起来"。可见，毛主席首次对"城乡兼顾发展"的阐释为新中国城乡经济建设指明了前进方向。

1949 年 9 月 29 日，中国人民政治协商会议第一届全体会议通过《中国人民政治协商会议共同纲领》，在第二十六条明确提出了中国经济建设的政策方针为"公私兼顾、劳资两利、城乡互助、内外交流"。可见，城乡兼顾发展已经内化为"城乡互助"，标志着城乡兼顾发展理念指导国家经济建设的实际落地。

随着 1949—1953 年国民经济已经得到全面恢复与初步发展，我国迎来政治、经济和社会秩序的全面稳定，为大规模开展经济建设提供了珍贵的历史机遇。1953 年 1 月 1 日《人民日报》发表题为《迎接一九五三年的伟大任务》的社论,提出我国"开始执行国家建设的第一个五年计划":一是集中主要力量加快城市工业建设;二是发展部分集体所有制的农业生产合作社,建立对农业和手工业社会主义改造。可见,"一五"计划践行了城乡兼顾发展理念,促成了城乡经济的齐驱并进。到"一五"计划结束,我国城乡经济发展水平同时并举,城乡居民生活水平同步提升:1957年第一产业增加值为430.0亿元,比1952年增加87.1亿元;第二产业增加值为316.6亿元,比1952年增加175.5亿元,且第一产业增长值在国民经济中的比重降低至40.1%,第二产业增长值在国民经济中的比重提高为29.6%(见图3-1)。此外,在人民生活领域,1957年全国职工的平均工资达到637元,比1952年增长42.8%,农民的收入比1952年增加近30%。"一五"计划在推动城乡经济齐驱并进的同时,亦为城乡体育指明了兼顾发展之路。

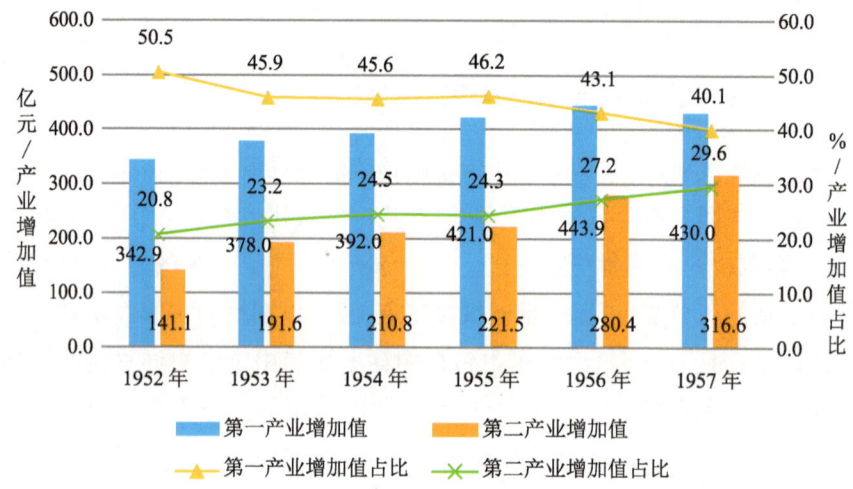

图3-1 1952—1957年第一、二产业在国民经济中的增加值及占比

从中共七届二中全会毛泽东主席首次提出城乡关系兼顾发展,到城乡兼顾发展指导"一五"计划完成,我国经济建设逐步形成以城市和农村、工业和农业齐驱并进、兼顾发展的格局(见图3-2)。经济基础决定上层建筑,作为上层建筑的城乡体育事业亦步入城乡兼顾发展之路。

3.1.2 城乡体育兼顾发展的基本特征

1) 体育服务对象城乡兼顾

1949年9月28日《中国人民政治协商会议共同纲领》第五章第四十八条

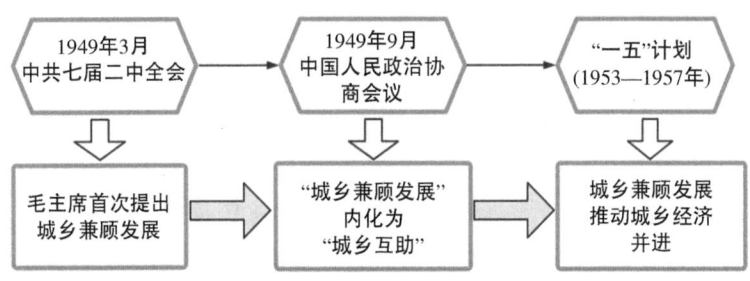

图 3-2　我国城乡兼顾发展的衍化历程

明确规定"提倡国民体育"。这里的"国民"是指全体中国人民,由中国工人阶级、农民阶级、小资产阶级、民族资产阶级及其他爱国民主分子组成。"国民体育"的提出,明确了我国体育服务的对象是覆盖城乡的全体中国人民,践行了毛泽东主席"为人民服务"的思想。同年10月27日,朱德副主席在中华全国体育总会成立筹备会上指出,"过去的体育是和广大人民群众脱离的。现在我们的体育事业,一定要为人民服务"。1950年7月1日,我国第一个全国性体育杂志《新体育》创刊,朱德副主席为《新体育》题词"提倡国民体育"。在《新体育》的第1期,青年团中央书记冯文彬及著名体育家马约翰分别发文对旧中国体育为少数人服务进行了批判,不约而同地指出新中国体育应为人民服务。随后在体育界开展了对为少数人服务的旧体育思想的批判,掀起了全国群众体育活动开展的高潮。

1954年1月16日,贺龙在《1953年体育工作总结报告》中提出,新中国体育"以服务于人民健康、经济建设和国防建设"为目的,与资产阶级体育有着本质的区别,而"体育工作必须积极地为国家的总路线服务",归根结底就是"体育为人民服务"。

2) 体育管理体系城乡覆盖

新中国在成立之初就面临着如何继承和发扬革命根据地的优良体育传统,及时改造旧社会的体育,初步建立起为人民服务的社会主义体育事业的问题。基于此,在新中国成立之初,我国体育管理事业便形成了由共青团中央军事体育部主管领导,教育部、中华全国体育总会等部门协作配合的体育管理模式。1952年8月21日,团中央军事体育部部长、全国体育总会秘书长荣高棠向党中央提出关于加强新中国体育领导机构的建议;同年9月6日,教育部长马叙伦又把相似的建议呈报给政务院。

1952年11月15日,中央人民政府委员会第19次会议决定成立"中央人民政府体育运动委员会",任命贺龙为第一届中央人民政府体育运动委员会主任;1953年全国县以上政府也逐步设立了各级体育运动委员会,接受上级体委及当地政府的领导。自中央体委成立以来,一个由体委统一领导、各部门具体实施,分工合作、高度集中的体育管理体制逐步建立,形成了国家办(体委)、部门办(各行业系统)、单位办(机关、企业、厂矿、学校、村)相结合的组织实施系统(见图3-3)。其中,部分农村民间体育组织在城乡体育兼顾发展阶段曾大放异彩,如1955年梅县强民体育会组成的足球队,参加全国足球锦标赛并战胜了6支省级队,荣获中南赛区的冠军,震动了全国足坛。

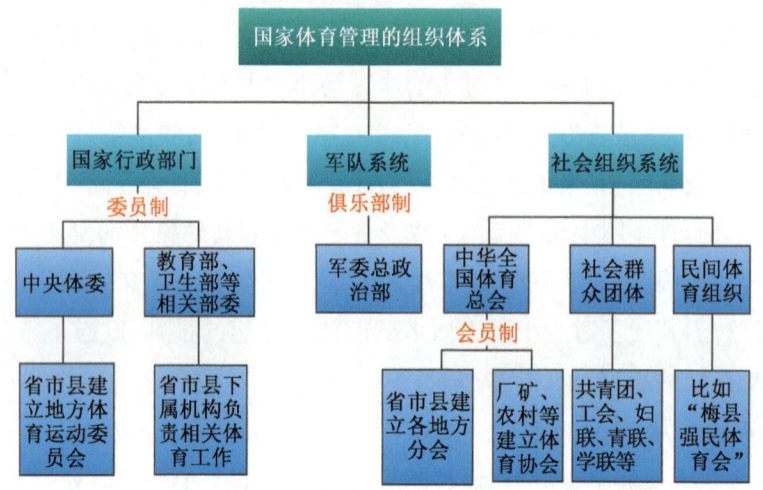

图3-3 城乡兼顾发展时期国家体育管理组织体系

3) 体育活动开展城乡同步

随着新中国经济的恢复与发展,特别是"一五"计划的成功实施,我国城乡经济建设成果丰硕,为体育的发展带来人、财和物的重要物质支撑,从而推动了城乡体育活动兼顾开展。

在城市地区,职工体育活动发展红火。到1951年"东北各城市工会主持的体育组织就有体育小组1712个,组员17817人,当年第一季度组织小型比赛3401次";"到1954年底已建成体育场地10271个,相比新中国成立前提升

2倍"。在农村地区,农民体育活动掀起开展高潮。据不完全统计,当时已建立"县级体委436个,配备专职体育干部554个;青年团也在261个县级团委中配备了268名专职体育干部,建立30 505个体育协会,发展会员915 150人"。"在河北省,1952年建立县体育协会组织的约占50%,以农村常见的打拳、摔跤等为体育开展项目,后逐渐扩展篮球、排球、田径等项目。怀安县尖台寨、博野县赵段庄等成为全国农村开展体育活动的典型单位。在唐山专区,河北体总分会联合团地委和文教科组织学生假期深入农村宣传和组织体育活动。直到1957年底,河北省农村经常参加体育活动的人占农业人口的1%左右。"此外,1956年6月国家体委和共青团中央在北京召开"全国农村体育工作会议,肯定了农村中的民兵训练,及利用农闲时节开展体育运动的做法",推动了农村民兵训练活动的广泛和持续开展,在一定程度也活跃了农村体育的文化氛围。

4) 体育人口流动城乡互通

新中国成立初期,在亟须恢复和建设城乡经济的前提下,国家采取扩大和鼓励城乡交流的政策,促进了城乡体育人口的交流。一方面,"上山下乡"运动促进城市体育人口下沉。1953年12月《人民日报》发表的社论《组织高小毕业生参加农业生产劳动》,标志着城市知识青年上山下乡运动的开端。1954年创作出版的宣传画《毕业了,参加农业生产去!》,号召城市青年知识分子到农村参加农业生产劳动。1955年9月毛泽东主席在《中国农村的社会主义高潮》中提出:"一切可以到农村中去工作的这样的知识分子,应当高兴地到那里去。农村是一个广阔的天地,在那里是可以大有作为的。"1957年10月颁布的《一九五六年到一九六七年全国农业发展纲要(修正草案)》提出城市青年应积极响应国家的号召,下乡上山去参加农业生产;重申"城市的中、小学毕业的青年,除了能够在城市升学、就业的以外,应当积极响应国家的号召,下乡上山去参加农业生产,参加社会主义农业建设的伟大事业"。为了更好地迎接城市知识青年的下乡参与社会主义改造建设,农村纷纷为知青建设体育场地,举办体育活动,甚至将知青的体育竞赛日安排在乡镇的集市开展,为农村体育带来了蓬勃的运动活力,同时亦推动了城乡体育人口的交流。另一方面,城乡物质交流为农村体育人口进城创造便利。1951年2月中央财经委员会将扩大城乡物质交流作为首要解决的任务;同年5月中央贸易部部长叶季壮再次强调了城乡物质交流是当年贸易和财经工作的中心任务。国家对城乡物质交流的政策鼓励,保证了城乡人口社会流动渠道的通畅,仅1954—1956年农村迁移人口就达到了7 700万,为农村体育人口进城创造了极为宽松的社会氛围。比如1955年湖南省怀化市溆浦县有7个区召开了全区运动大会,辖区的农民纷纷组队从偏远的农村来城市参加体育比赛,甚至因为当时参赛农民数量太多,领导不得不动员部分农民放弃参加体育比赛。

3.2 体制固化:城乡体育分离发展(1958—1978年)

3.2.1 城乡体育分离发展的历史成因

在"一五"计划取得巨大成功后,国家经济建设愈发倾向于全面提升工业发展水平,但当时城市的工业基础相当薄弱,迫使农业和农村不得不为城市工业发展提供必要的原始积累。基于此,我国开始实施人民公社、统购统销及户籍管理等制度,目的亦在于从政策制度层面为城市工业发展提供支撑。但人民公社制度加剧了城市与工业对农村和农业的汲取,实质上体现的是对农民财产的剥夺,给农村生产力带来灾难性的破坏,衍生了城乡二元结构的发展格局;粮食统购统销制度的核心制度是安排促进农业剩余以"剪刀差"的方式持续性、大规模地向工业转移,从而加剧了城乡二元结构的固化;户籍管理制度在限制城乡人口自由流动的同时,亦催生了"城市人"与"农村人"的城乡身份差异,从而在体制上巩固了城乡二元结构(见图3-4)。

图3-4 城乡体育分离固化的体制性因素

3.2.2 城乡体育分离发展的阶段特征

1) 城乡体育人口自由流动渠道关闭

(1) 人民公社制度关闭了城乡体育人口自由流动的阀门：随着1958年人民公社制度登上历史舞台，农村人民公社开启了军事化组织管理，生产劳动单元的编排采用团、营、连等军事化单位，导致农民必须参加公社统一组织的集体性体育运动和生产劳动，如1958年国家体委党组在《关于体育运动十年规划的报告》的批语中指出"在组织了人民公社的地方，体育运动应在人民公社的统一安排下，结合劳动生产"。上述农村体育在人民公社的统一安排下开展的状况，造成农民个体自由体育活动的权利被严格限制，城乡体育人口自由流动的阀门被关闭。

(2) 票证制度拧紧了城乡体育人口自由流动的阀门：1958年粮食统购统销制度被国家所强化，衍生了严格的票证管理制度，规定了外出人员需持本单位证明才能到粮食部门换取一定数额的全国粮票，不然无法解决外出的吃饭问题。可见，票证管理制度在束缚城乡人口自由交流的同时，也使城乡体育人口自由流动的阀门亦被牢牢拧紧。

(3) 户籍管理制度筑起了城乡体育人口自由流动的高墙：为减轻城市的经济压力，国家实施了严格的户籍管理制度，严格限制了城乡人口的自由迁徙，在城乡之间筑起身份差异之政策藩篱。此外，户籍管理制度和票证制度相衔接，造成城乡体育要素自由交流的断绝，亦导致城乡体育人口自由流动的凝滞。

2) 城乡体育活动交流基本被隔绝

(1) 1959—1961年，三年困难导致城乡体育活动萎靡：自1959年起，我国农业开始连年遭受自然灾害，农民生活困苦不堪。虽然当时颁布了在农村大搞群众体育运动的政策文件，但在农业大跃进的形势下，当时农民已经吃不饱肚子，实际上在绝大多数农村地区已不可能再组织体育活动。1959年下半年，我国农业的自然灾害开始波及城市地区的粮食供应，造成城市民众的生活困苦，国民经济举步维艰。为此，国家体委提出根据实际情况适当控制群众体育发展规模的要求，但1960年初《中央批转国家体委党组关于一九六〇年的全国体育工作会议情况的报告》中依然提出"充分利用工前、工后、工间、节日、假日和深入车间、田间、工地开展活动;在组织竞赛上按照生产班次、相同的休假日来进行"。但是许多地方已经无力再举办群众性体育活动,导致城乡体育活动交流被迫熔断。

(2) 1962—1966年,经济的短暂恢复推动城乡体育活动兼顾开展:随着中央"调整、巩固、充实、提高"的"八字方针"得到贯彻,我国的国民经济开始出现好转。1962年全国体育工作会议明确了1963年起加强群众体育工作,开启了以学校为工作重点,兼顾厂矿、企业、机关以及农村,实现以点带面、逐步恢复、扩散性发展。1962年农村体育在人民公社制度的引领下,主要开展"劳动前操或工间操、投手榴弹、中长跑、单双杠、跳高、跳远、举重等现代体育项目,以及民间各地固有的体育活动"。1964年《中央批转国家体委党组关于一九六四年的全国体育工作会议的报告》指出"1963年一些生产、生活好的农村,体育活动也比较活跃",并号召继续在农村开展农村体育运动和民兵训练相结合的活动,得到广泛响应。到1966年,学校、农村体育群众体育活动得到了极快的发展,并逐渐形成热潮。

(3) 1966—1977年,城乡体育活动交流基本被隔绝:1966年8月中共八届十一中全会通过《中国共产党中央委员会关于无产阶级文化大革命的决定》,提出开展"清政治、清思想、清组织、清经济"的社会主义教育运动,标志着历经十年"文化大革命"浩劫的开端。在十年的"文革"浩劫中,虽然农村体育相较城市的冲击较轻,但农村体育却被赋予了更多的政治意义,如"用穷棒子精神办体育",利用政治压力"为路线斗争服务",严重偏离农民自愿原则,农村体育在很大程度上流于形式。因此,农村体育不可避免地成为"文革"中政治活动的附庸,组织管理形式呈现运动式、革命化的无序发展状态。1966年底"文化大革命"开始席卷整个农村地区,大量民间的传统体育项目被批判为"四旧",且农村体育活动无人组织,导致农村体育组织处于停摆状态。1969年由于农村体育组织相较城市的冲击较轻,部分农村地区基层领导机构开始恢复,农村地区开始自发地开展体育活动。1973年后,"四人帮"将农村体育活动作为政治宣传的工具,并大搞形式主义,把组建文艺和体育表演队作为衡量是否全面"学习大寨"的硬指标。由此,全国多数农村都设立了体育专门领导机构,促成了农村体育组织的畸形兴旺。

3 我国城乡体育发展历程回溯

在城乡体育分离固化发展阶段,1963—1965 年的城乡社会主义教育运动掀起了城市知识青年的上山下乡高潮,推动了城市体育人才流入乡村。此外,"文革"时期,国家也曾组织专业运动员到农村地区开展体育表演赛,一定程度上推动了城乡体育的交流,但是上述城乡体育交流仅仅出于为政治服务的行政指令,并没有从根本上改变城乡体育分离发展的状态。

3.3 政策解绑:城乡体育调整(1978—2002 年)

3.3.1 城乡体育调整的历史背景

1978 年 12 月,中共中央召开了十一届三中全会,启动了中国式改革开放的发展大幕。为此,以十一届三中全会为标志,我国开启了解放思想与实事求是的真理大讨论,推动了国家的发展重心从以阶级斗争为纲向以经济建设为中心的转移,拉开了我国农村改革的新历程。随着农村管理体制的进一步深化,农村经济亦得到了快速提升:1978—1984 年间的平均粮食产量为 34 736.2 万吨,比 1977 年的粮食产量提高了 6 463.7 万吨,增长率为 18.61%,1996 年人均粮食产量首次超过 400 公斤的人均国际粮食安全标准线(见图 3-5)。此外,乡镇企业的异军崛起逐步形成农民离土不离乡的发展格局,甚至带动部分地区农

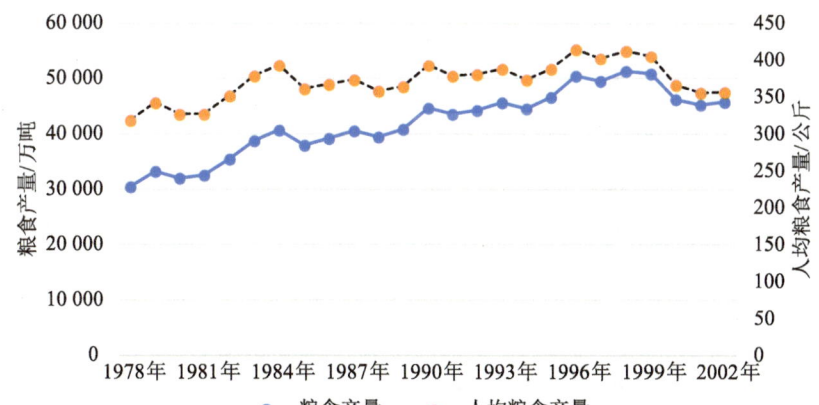

图 3-5　1978—2002 年全国粮食产量及人均粮食产量

民收入高于城市居民(见图3-6)。此时,城乡紧张的二元关系得到极大的修整,亦带动体育活动在城乡之间红火开展。

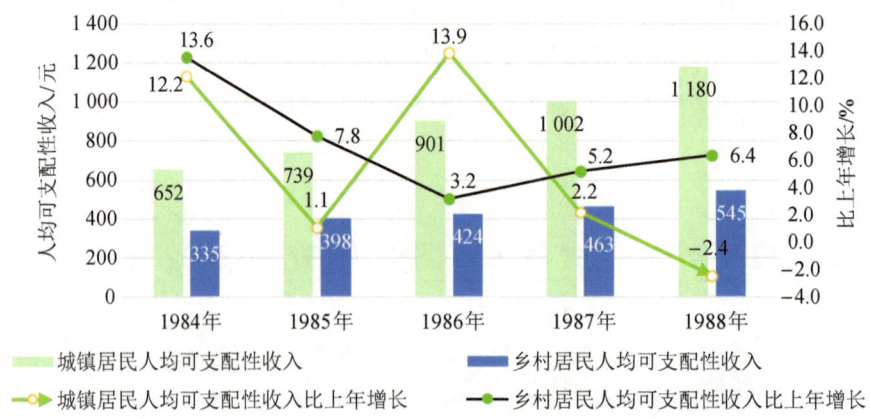

图3-6　1984—1988年城乡居民人均可支配收入及比上年增长

但随着1992年党的十四大报告明确了我国经济体制改革的目标是建立社会主义市场经济体制,围绕社会主义市场经济体制的建立,要抓紧制定总体规划,有计划、有步骤地进行相应的体制改革和政策调整。1993年十四届三中全会通过了《中共中央关于建立社会主义市场经济体制若干问题的决定》,标志着我国经济体制改革进入社会主义市场经济体制建设的全新阶段。市场经济机制开始发挥资源配置之力,促使城市对乡村的生产要素流动形成了巨大的虹吸效应,城乡之间重新竖立起一座市场隔离之墙,致使我国城乡二元结构再次固化,亦导致我国城乡体育步入二元发展格局(见图3-7)。

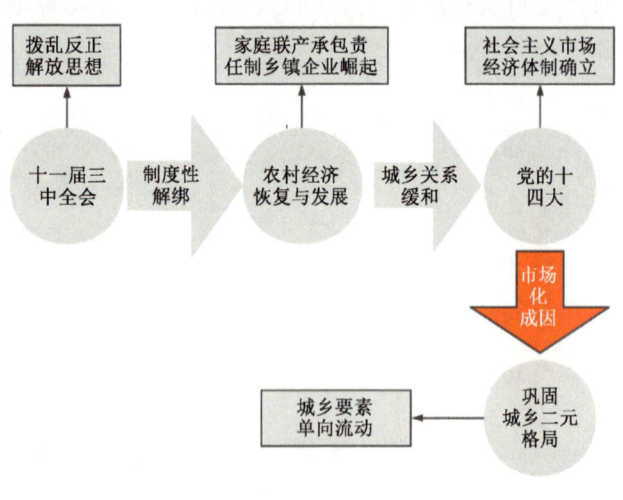

图3-7　城乡关系调整的发展历程

3.3.2 城乡体育调整的发展特征

1) 国家政策调整助推城乡体育管理机构恢复健全

在"文革"长达十年的持续冲击下,城乡各级体育部门面临工作无序、机构破碎等现实难题。随着1978年党的十一届三中全会的召开,党中央进行了拨乱反正及解放思想,把党的工作重心从阶级斗争为纲转移到社会主义现代化建设,为城乡体育部门的恢复健全提供了现实的政策解绑。1979年2月,国家体委召开全国体育工作会议,贯彻落实党的十一届三中全会精神,主要讨论了体育工作重心由服务于阶级斗争回归到服务人民大众的本质属性,并宣读了党中央批准撤销"五·一二"对体育系统的命令,为受打击、迫害及株连的荣高棠、李达、刘仁等同志彻底平反,恢复名誉,为城乡体育管理机构恢复注入政策信心。于是,全国县以上的体委开始健全体育管理结构工作,并纳入各级革委会行政编制管理。基层体育组织亦根据条件配备专职或兼职干部,充分发挥中央和地方两方面的积极性。

2) 农村管理体制改革推动城乡体育缓和

(1) 农村管理体制改革推动城乡体育人口自由流动渠道通畅:1978—1983年,家庭联产承包责任制经过不断的修正和完善,最终作为成型的管理制度在全国农村推广开来。家庭联产承包责任制作为"自上而下"及"自下而上"相结合的政策制度,深受政府和农民的极力拥护,从而有助于推动农村实现全面变革。家庭联产承包制的全面推行,推动了人民公社制度、票证管理制度政策退出历史舞台,再加上户籍管理制度的逐渐解绑,阻碍城乡体育人口自由交流的政策性通道被打通。在国家城乡政策的解绑下,1987年美国电影《霹雳舞》进入中国市场,在中国城乡之间掀起了霹雳舞热,时尚青年纷纷追求"戴着蛤蟆镜、留着爆炸头、穿着喇叭裤、扛着录音机"的时髦装扮,甚至农村火热的展演市场还吸引了众多的城市霹雳舞者下乡走穴表演。

(2) 农村管理体制改革带动农村体育恢复发展:1978年1月22日至30日在北京召开了全国体育工作会议,会议对"四人帮"运动进行了拨乱反正,要求农村群众体育工作应该和生产劳动相结合,提倡开展具有民族特色和地方特色的项目及民间体育活动,标志着农村体育工作开始了全面恢复和振兴。1983年10月21日国家体委《关于进一步开创体育新局面的请示》指出,"六五"计划后的三年,农村体育要适应已经开创的农业新局面,从实际出发,区别对待,分类指导,充分利用文化馆和青年之家开展活动。1985年全国开展了"争创体育先进县"的评比工作,推动了农村体育的全面发展。在1985年和1986年全国有1 031个县举办了各种农民体育比赛,其中有415个县举办了综合性农民运动会;1986年全国乡镇共举办体育比赛51万多次,运动员多达910万;1988年全国举办的乡镇级体育竞赛达6万多次。1990年国家体委推出了"亿万农民健身活动",取得了不错的效果。

3) 体育管理体制改革促进城乡体育社会化进程

1980年1月全国体育工作会议提出应对当时管体育与办体育不分的行政领导体制进行调整,标志着社会办体育改革萌芽的进发。1981年4月全国体委《关于省、自治区、直辖市体委主任会议的几个问题的报告》中指出,推动体育体制改革应从局部试点,逐步健全和发挥体育总会及各项协会的作用。1983年10月国务院批转国家体委《关于进一步开创体育新局面的请示》,明确了"社会力量办体育应有新的较大突破"。1984年中共中央印发的《关于进一步发展体育运动的通知》提出"克服体育过分集中于国家办的弊病,放手发动全社会办体育",标志着我国开启了群众体育调整和改革的步伐,旨在改变以往国家集中办群众体育的模式,提升体育社会化程度。到20世纪90年代,行业体协已由1982年的2个发展到14个体协和7个体协筹备组,全国基层体协达到4 000多个,全国职工体育组织机构达10万余个,全国工会系统专职体育干部达2万余人。最终促成了我国群众体育由国家办体育逐渐转变为国家管体育,并逐渐赋予行业体协、体育组织、企业、个人等社会组织办体育的权力,推进了城乡体育社会化的进程。

4) 市场经济发展诱导城乡体育滑入市场化二元

(1) 农村体育人口流失严重:随着1992年党的十四大报告明确了我国经济体制改革的目标的确立,农村人口向城市转移的趋势明显加快,导致农村传统稳定的社会结构受到严重冲击,农民已无暇关心农村体育活动。此外,农民工在城市劳动力市场面临歧视问题,只能以廉价劳动力的形式支援城市化建设,造成城乡居民收入差距急剧拉大,抑制了农民工个人体育需求的提升。

(2) 城乡体育经费投入失衡:1994年分税制改革实施后,地方政府财税的收入占比由1993年的78%降至44.3%,在市场经济追求更大的投入与产出效率比的加持下,地方政府的财政资金只好优先向城市基本公共体育服务倾斜。而当时农村基本公共体育服务的经费,大部分还需要依靠经济负担沉重的农民承担,必然造成城乡基本公共体育服务投入的二元差序格局。其中,在第四次全国体育场地普查中,乡(镇)村体育场地占全国体育场地总数为10.68%,到第五次全国体育场地普查则下降为8.18%。

3.4 整体推进:城乡体育统筹发展(2002—2012年)

3.4.1 城乡体育统筹发展的背景回溯

随着我国社会主义市场经济的飞速发展,2001年我国人均GDP产值达到8 717元,农业与非农产业对GDP的贡献率大约为4.6%和95.4%,农业与非农产业的就业人数比例达到1∶1,常住人口城镇化率达到37.66%,说明非农产业当时已经成为我国经济的主导产业,"工业反哺农业,城市支持农村"的时机已经成熟。此外,我国城乡居民人均可支配收入差距持续扩大,尤其是农民普遍增收困难,导致差距由1983年的1.82倍扩大为2001年的2.84倍。但鉴于我国60%以上的人口还居住在农村,全面缩小城乡差距特别是缩小城乡经济发展差距刻不容缓。

2002年1月中央农村工作会议明确了新阶段增加农民收入的指导思想是"多予少取放活",并率先提出"统筹城乡经济社会发展,发挥城市对农村的带动作用";同年11月党的十六大报告再次提出"统筹城乡经济发展";2004年中共十六届四中全会胡锦涛主席提出"两个趋向"的重要论断,即"在工业化初始阶段,农业支持工业、为工业提供积累是带有普遍性的趋向;但在工业化达到相当程度以后,工业反哺农业、城市支持农村,实现工业与农业、城市与农村协调发展,也是带有普遍性的趋向";2005年10月,党的十六届五中全会明确提出"建立以工促农、以城带乡的长效机制",积极推进城乡统筹发展,建设"生产发展、生活宽裕、乡风文明、村容整洁、管理民主"的社会主义新农村。可见,从2002年中央农村工作会议到2005年党的十六届五中全会,党和国家一直致力于通过实施"工业反哺农业,城市支持农村"的城乡统筹发展来全面缩小城乡差距,从而为城乡体育统筹发展指明了前进方向(见图3-8)。

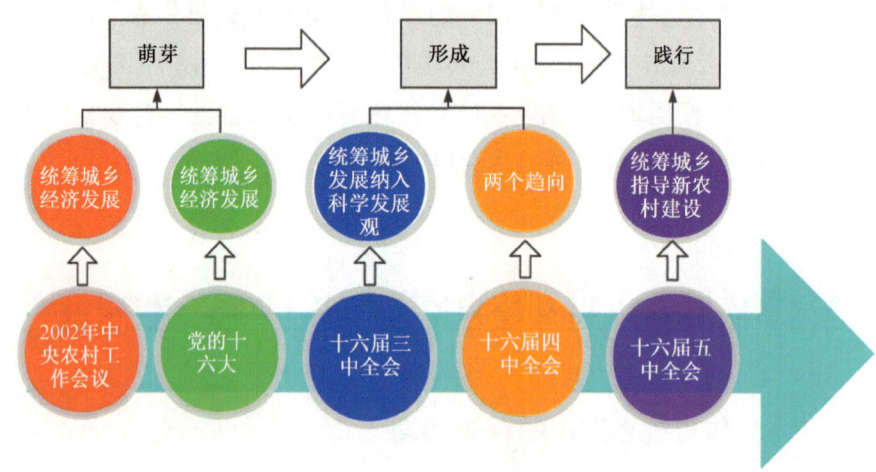

图 3-8　我国城乡统筹发展的衍化历程

3.4.2　城乡体育统筹发展的典型特征

1) 城市体育回哺农村的机制形成

城乡体育统筹发展阶段,我国党和政府十分关注农村体育的发展,颁布了一系列的保障政策和制度,开启了城市体育回哺农村的步伐。如 2002 年 3 月国务院《政府工作报告》提出"加强体育设施建设";2002 年 4 月国家体育总局、农业部发布的《农村体育工作暂行规定》第五条明确提出"农村体育应当纳入当地国民经济和社会发展整体规划,纳入社会主义精神文明建设和小康建设内容";2003 年 10 月党的十六届三中全会明确指出国家新增教育、卫生、文化公共事业支出主要用于农村,奠定了农村体育的优先发展地位;2003 年 12 月,国家体育总局在全国群体工作会议上正式宣布将 2004 年定为"农村体育年";2004 年全国"体育三下乡"仪式启动,在全国开展以体育场地设施、体育健身指导与体育科普知识为内容的"体育三下乡"活动;2006 年 3 月 1 日国家体育总局颁布的《关于实施农民体育健身工程的意见》指出"加大扶持力度,推动农村体育场地设施建设……强化政府对农村的体育公共服务,扩大公共财政覆盖农村的范围"。

"十一五"期间,全国投入农民体育健身工程的资金达 118.3 亿元,推动了农村公共体育场地设施数量猛增。其中,中央投入资金12.4亿元;地方财政投入资金60.6亿元(各省级政府投入19.4亿元,地、市政府投入7.8亿元,县级政府投入33.4亿元);社会资金投入45.3亿元。而这些经费运用于场地设施的达到93.7亿元,用于器材、器械的为24.7亿元(见图3-9)。总共建设了231 306个农民体育健身工程,其中国家规划约10万个,地方自建约13.1万个;新增体育场地面积2.3亿平方米,受惠人数3.3亿人。到2013年底,在第六次全国体育场地普查中,农村体育场地数量已经激增至67.97万个,占全国体育场地总数的41.39%(见图3-10)。可见,在城乡体育统筹发展阶段,随着

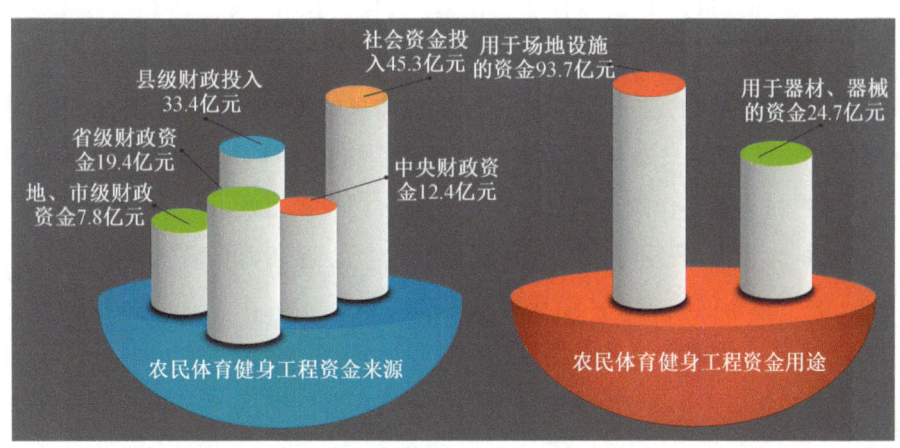

图3-9 "十一五"时期农民体育健身工程资金来源及用途一览表

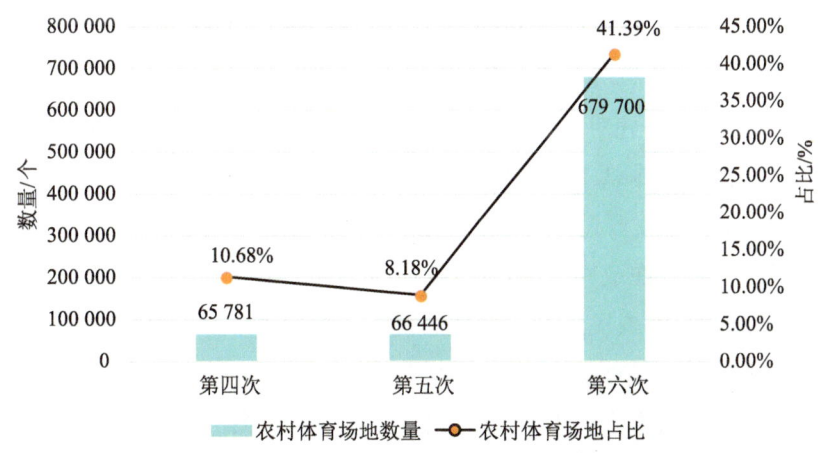

图3-10 第四、五、六次全国体育场地普查中农村体育场地数量及占比

城市体育回哺农村的体制形成,城市体育回哺农村的硬件成果颇丰。

2) 城市体育回哺农村体育往纵深延伸

从改革开放一直到20世纪末,我国农村体育一直是以县城为重点和龙头带动农村体育发展。但随着市场经济的发展,乡镇政府驻地的区域逐渐形成了政治、人口、经济、交通等高度集中的中心,乡镇体育在农村体育的影响力随之逐渐增强。为此,我国农村体育的发展重心开始以乡镇为重点实现转移。2000年12月15日国家体育总局印发的《2001—2010年体育改革与发展纲要》指出"农村体育以乡镇为重点";2002年7月22日,《中共中央、国务院关于进一步加强和改进新时期体育工作的意见》再次强调"农村体育以乡镇为重点"。

随着乡镇体育的进一步发展,我国农村体育的发展重心开始向村庄延伸。2006年3月1日国家体育总局颁布的《关于实施农民体育健身工程的意见》指出"我国农村体育工作的重点已从县逐步转移到乡镇,现在已经具备延伸到村庄的条件"。可见,我国城市体育回哺农村的重心逐渐由乡镇转移到了村庄,推动了城市体育回哺农村往纵深方向前进。

3) 农民工体育发展受到关注

在城乡统筹发展阶段,我国城乡人口呈现由乡到城的单向流动格局,导致城市地区的农村人口急剧集中,大量农民工在城市劳动力要素市场的地位薄弱,促使农民工处于城市公共体育服务的边缘,与市民共享城市公共体育服务的权利不能保障,直接影响到农民工群体的社会融合,背离了社会公平正义的伦理价值观,不利于社会主义精神文明和物质文明建设。

基于此,社会各界对农民工的体育权利给予了广泛关注。在社会组织层面,2005年中华全国总工会推出《2004年中国工会维护职工合法权益蓝皮书》,指出已有3 500万进城务工人员加入了工会组织,农民工的社会权利得到了一定的保障。在政府层面,2006年1月《国务院关于解决农民工问题的若干意见》明确提出将农民工纳入属地的城市公共服务体系。在媒体领域,2006年中央电视台解读了首份民工财富蓝皮书并指出:在消费结构上,2006年我国农民工文化娱乐支出极少,仅占6.9%(见图3-11);在生活休闲方式上,棋牌和体育活动仅占10.0%(见图3-12)。

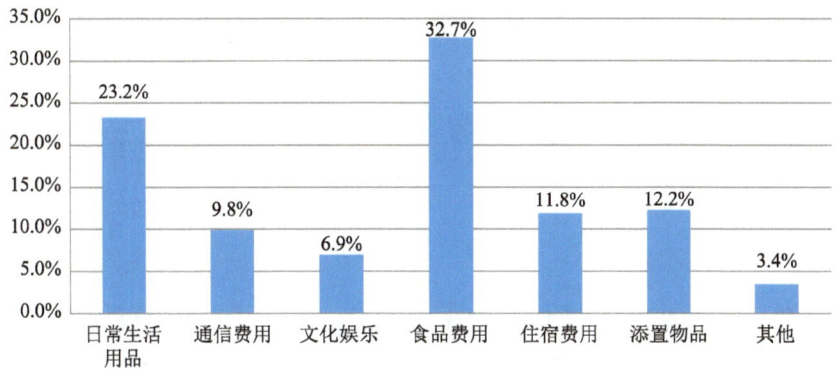

图 3-11 2006 年农民工日常支出结构

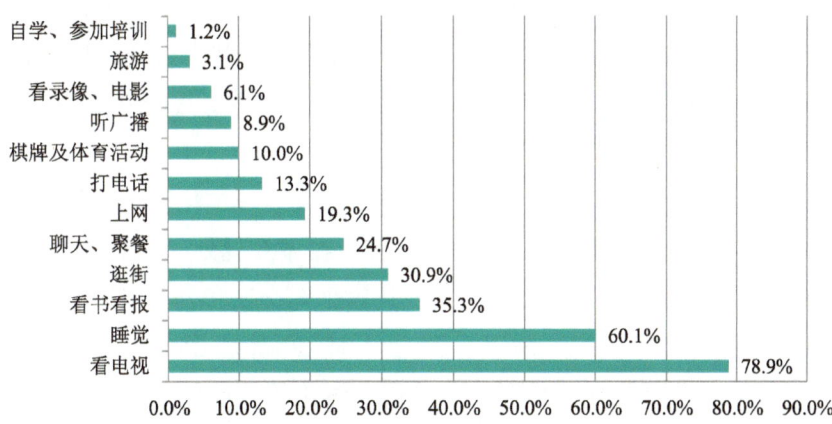

图 3-12 2006 年我国农民工业余生活休闲方式

3.4.3 城乡体育统筹发展的历史局限

在城乡体育统筹发展阶段,城乡体育要素开始呈现双向流动格局,城乡体育巨大的差距得以弥补,城乡体育关系得到加强。"以工促农、以城带乡"的城乡体育统筹机制推动了"体育三下乡"等典型案例,但携带了以效率为特征的城市工业文化,将城市体育的种子植入农村土壤,结果农村体育并没有达到预期的繁花锦茂,还造成农村公共体育服务的不足与浪费并存的窘境。此外,在城乡体育统筹发展阶段,乡村体育虽然摆脱了"农业支持工业,农村支持城市"的发展格局,但乡村体育原本太过薄弱的发展基础,与城市体育的发展地位呈现严重不对称,城乡公共体育服务均等化进程依然任重道远。

3.5 完善发展：城乡体育发展一体化（2012—2017 年）

3.5.1 城乡体育发展一体化的背景回溯

随着城乡统筹发展的推进，2012 年我国农村居民人均可支配收入为 8 389 元，比上年增长 10.7%，且增速大于同期城镇居民，城乡人均可支配收入差距由 2007 年的 3.14 倍下降为 2012 年的 2.88 倍，农民恩格尔系数由 2002 年的 44.9% 降低为 2012 年的 35.9%。可见，我国农民收入和消费水平实现了大幅度提升，农村贫困人口生存和温饱问题基本得到解决，城乡经济层面的差距在逐步缩小，但在城乡公共服务质量等方面还存在着显著的城乡差异。

2012 年党的十八大报告正式提出推动城乡发展一体化策略，指出城乡发展一体化是解决"三农"问题的根本途径，着力在城乡规划、基础设施、公共服务等方面推进城乡发展一体化，促进城乡要素平等交换和公共资源均衡配置，形成"以工促农、以城带乡、工农互惠、城乡一体"的新型工农、城乡关系；2013 年 1 月中央一号文件再次明确了城乡发展一体化的重要任务在于"改进农村公共服务机制，积极推进城乡公共资源均衡配置"；同年 11 月中国共产党第十八届中央委员会第三次全体会议对健全城乡一体化发展的体制机制作出部署，指出"必须健全体制机制，形成以工促农、以城带乡、工农互惠、城乡一体的新型工农城乡关系"。为此，党的十八大之后，我国开启了以城乡基本公共服务标准统一、制度并轨为重要内容的改革大幕，推动了城乡发展一体化进程，亦为我国城乡体育发展一体化指明了历史方向，我国城乡公共体育服务均等化进程浮现晨光。

3.5.2 城乡体育发展一体化的发展特征

1）城市体育持续回哺农村

在城乡体育统筹期间，虽然农村体育的硬件设施建设实现了突破性的进展，但城乡体育的差距依然较大。为此，在城乡体育发展一体化期间，城市体育回哺农村依然是着力于缩小城乡差距。2011年4月,国家体育总局颁布《体育事业发展"十二五"规划》提出了"十二五"时期城市体育回哺农村的发展目标,即"全民健身设施、全民健身组织、全民健身指导队伍和志愿服务队伍等方面的数量与质量显著提高,全民健身服务业发展壮大……城乡、区域群众体育发展差距进一步缩小"。根据财政部中央财政转移支付与预算数据,2012—2014年中央财政对文化体育与传媒的专项转移支付的平均执行数为283.55亿元,比2011年执行数增加59.39亿元,增长20.94%,主要用于改善农村和城市基层公共文化体育设施等。在城乡体育发展一体化期间,我国各地城市体育回哺农村的成果显著。如北京市城乡体育发展一体化阶段,全民健身工程、国民体质监测、专兼职体育管理、体育经费资源4个指标得分均小于1,尤其中心城区与远郊区(县)人均体育活动经费投入比值仅为0.35(见表3-1),说明北京市远郊区县得到的扶持力度较大。

表3-1 北京市城乡体育发展一体化部分指标得分排名一览表

基本指标	操作化定义	中心城区	远郊区(县)	比值
全民健身工程	全民健身工程平均数量	361.88个	383.50个	0.94
国民体质监测	每万人拥有国民体质监测站数量	0.17个	0.19个	0.89
专、兼职体育管理	专、兼职体育管理人员平均数量	135.50人	173.00人	0.78
体育经费资源	人均体育活动经费投入	3.67元	10.56元	0.35

2)城乡基本公共体育服务均等化建设全面启程

(1)城乡公共体育服务制度接轨:城乡体育发展一体化是立足于城乡体育统筹发展的基础上,从缩小城乡体育差距到完善发展城乡一体化的全民健身公共服务体系,从而形成了城乡体育发展一体化最显著的特征——城乡公共体育服务制度接轨。从2011年的《全民健身计划(2011—2015年)》到2016年的《"健康中国2030"规划纲要》,国家体育相关政策明确指向推动城乡公共体育服务制度接轨(见表3-2)。

表 3-2　城乡体育一体化的政策支持轨迹

时间	文件名称	目标任务
2011 年 2 月	《全民健身计划（2011—2015 年）》	将发展农村体育纳入当地全面建设小康社会和社会主义新农村建设规划,统筹城乡发展全民健身事业,促进城乡体育资源和体育服务均衡配置,逐步建成城乡一体化的全民健身公共服务体系
2011 年 4 月	《体育事业发展"十二五"规划》	完善以全民健身设施建设、组织建设、活动开展健身指导、科学评估等为主要内容的全民健身公共服务体系
2011 年 4 月	《体育产业"十二五"规划》	面向社会、服务群众,合理规划和布局体育场设施
2012 年 7 月	《"十二五"公共体育设施建设规划》	加快建设覆盖城乡的体育基本公共服务网络,建立健全体育公共服务设施良性运营机制
2014 年 10 月	《国务院关于加快发展体育产业促进体育消费的若干意见》	全民健身上升为国家战略
2016 年 10 月	《"健康中国 2030"规划纲要》	完善全民健身公共服务体系;统筹建设全民健身公共设施,推行公共体育设施免费或低收费开放、加强全民健身组织网络建设

(2) 城乡体育标准化建设起步:2012 年 8 月,国家标准化管理委员会、国家发展和改革委员会、教育部等关于印发《社会管理和公共服务标准化工作"十二五"行动纲要》的通知,指出"重点加强全民健身标准化工作,初步建立体育社会管理和公共服务标准体系"。此时,我国体育标准化建设还仅仅立足于城市体育,并没有制定适宜农村体育的标准体系。随着城乡发展一体化的推进,2015 年 1 月《国家基本公共文化服务指导标准(2015—2020 年)》将城乡基本服务项目的文体活动及体育设施等内容纳入统一指导标准,标准开始适用于农村体育建设,标志着我国城乡体育标准化建设的开端。

3) 城乡体育产业市场互惠雏形建立

在城乡体育一体化发展阶段,城乡关系迥异于城乡体育统筹发展阶段"以工促农、以城带乡"的城乡体育关系,而是转变为"以工促农、以城带乡、工农互惠、城乡一体"的新型城乡体育关系。其中,在城乡体育产业市场互动层面,农村体育运动产业市场的觉醒,促成了城乡体育产业市场互惠之势。2011

年 4 月国家体育总局印发《体育产业"十二五"规划》的通知,提出"充分利用江河湖海、山地、沙漠、草原、冰雪等独特的自然资源优势,与体育项目相结合",标志着体育产业市场由城市独行改向城乡体育产业协调发展;提出"以体育旅游、体育会展为重点,推动体育产业与相关产业的复合经营",为农村体育产业融合发展提供了历史契机。2014 年 10 月《国务院关于加快发展体育产业促进体育消费的若干意见》提出"支持中西部地区充分利用江河湖海、山地、沙漠、草原、冰雪等独特的自然资源优势,发展区域特色体育产业",明确了农村体育产业的先天优势。为此,在城乡体育发展一体化阶段,城乡体育产业市场互惠雏形的建立,带动了我国体育产业规模、结构及融合模式的全面升级(见图 3-13)。

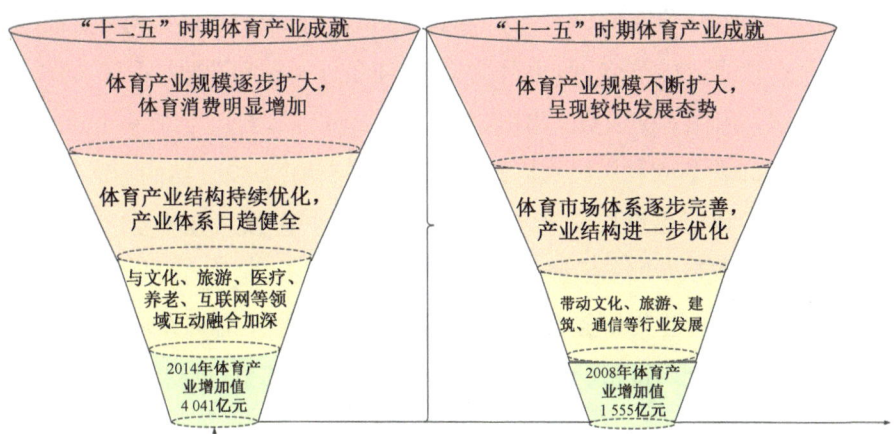

图 3-13 "十一五"及"十二五"时期体育产业的成就对比

3.5.3 城乡体育发展一体化的历史局限

在城乡体育发展一体化阶段,城乡体育的差距持续缩小、城乡基本公共体育服务制度并轨等等,促使城乡体育均等化发展水平提升。但城乡体育一体化发展是建立在"以工促农、以城带乡、工农互惠、城乡一体"的城乡关系上,依然是致力于持续发挥城市体育对农村体育的单向辐射带动作用,导致农村体育依旧处于被动发展的局面,且农村体育的发展优势依然没有得到充分认识,极易造成城乡体育发展"一样化"的弊端。为此,城乡体育发展一体化并没有从本质上提升农村体育的发展地位,二者依然处于不对等的城乡二元发展格局中。

3.6 全面深化:城乡体育融合发展(2017年至今)

3.6.1 城乡体育融合发展的现实背景

随着城乡发展一体化的推进,我国农业农村发展取得了历史性成就,农村居民生活水平得到了持续性提升。其中农村居民人均可支配性收入由 2012 年的 8 389 元,上升为 2017 年的 13 432 元,增长了 60.11%;农村居民人均可支配工资性收入由 2012 年的 3 123 元,上升为 2017 年的 5 498 元,增长了 76.05%(见图 3-14);农村居民人均消费支出由 2012 年的 6 667 元,上升为 2017 年的 10 955 元,增长了 64.32%;农村居民人均文化教育娱乐支出由 2012 年的 667 元,上升为 2017 年的 1 171 元,增长了 75.56%(见图 3-15)。但横亘在城乡之间的二元结构依然存在,城乡发展不平衡不充分的问题依然突出,尤其乡村地区的矛盾最为尖锐。诸如,农业生产伴随着高亏损、高补贴、高污染及对资源环境的严重破坏,其中农药及化肥均被超量使用,且使用量均为历史峰值(见图 3-16);新型职

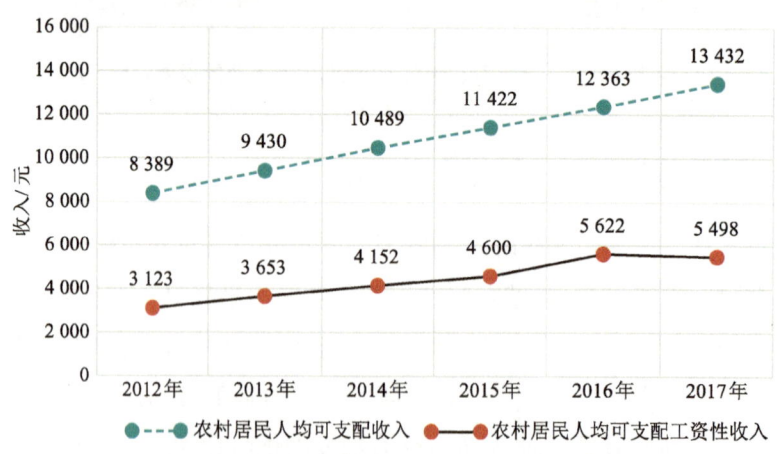

图 3-14 2012—2017 年农村居民相关收入数据

3 我国城乡体育发展历程回溯

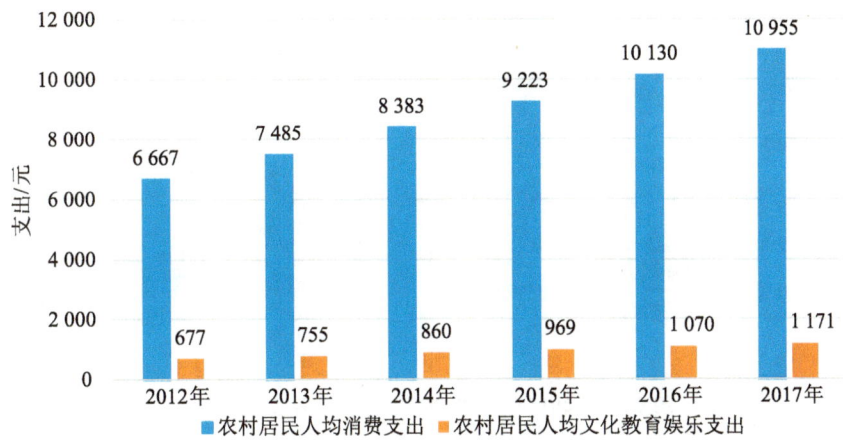

图 3-15　2012—2017 年农村居民相关消费数据

图 3-16　2012—2017 年农药及化肥使用量

业农民队伍以初中文化程度为主,受教育程度整体偏低(见图 3-17);城乡之间要素合理流动机制亟待健全,其中社会资本下乡困难重重、城乡人才单向流动趋势明显、城乡土地要素市场未统一;农村基础设施和民生领域历史欠账较多;等等。

71

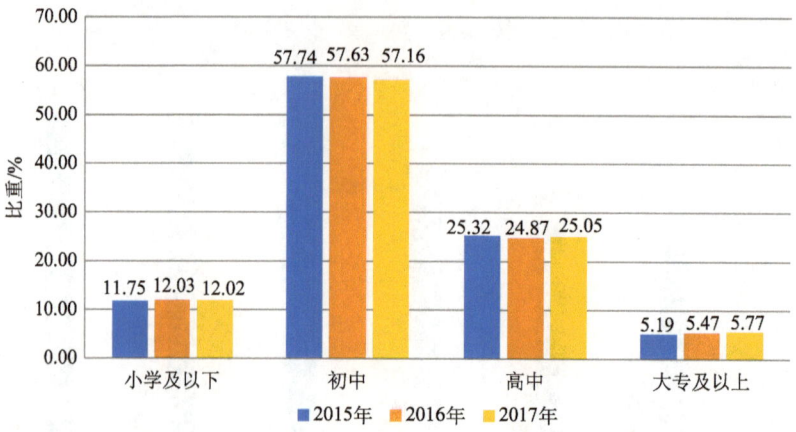

图 3-17　2015—2017 年新型职业农民文化程度

党的十九大之后,党和政府依据新的社会矛盾,开启了乡村振兴战略与新型城镇化同步发展的历史征程,旨在推动城乡关系步入"工农互促、城乡互补、全面融合、共同繁荣"的城乡融合发展阶段。可见,城乡融合发展改变了以往城乡之间的单向促进、单向带动的城乡关系,重塑了城乡之间双向促进、双向互补的融合关系,是破解城乡发展失衡问题的根本出路,亦为城乡体育融合发展明确了发展走向。

3.6.2　城乡体育融合发展的现实特征

1) 城乡体育呈互促、互补之势

(1) 乡村缓解城市体育的分流:2022 年我国城镇常住人口达到 92 071 万人,城镇化率达到 65.22%,但 2022 年末全国共有体育场地 422.7 万个,体育场地面积 37.0 亿平方米,人均体育场地面积仅为 2.62 平方米,仍然远低于 2019 年美国人均体育场地面积 16 平方米、日本人均体育场地面积 19 平方米等发达国家的人均水平。农业转移人口市民化是国家的长期政策导向,未来城市公共体育服务拥挤的现状将长期存在。随着国家政策导向优先支持乡村体育设施建设,乡村体育场地设施建设的面积和种类激增。到 2020 年全国行政村已经实现"农民体育健身工程"全覆盖,且在"十四五"发展时期"加快补齐 5 000 个以上乡镇(街道)全民健身场地器材,完善行政村健身设施并逐步向具备条件的自然村延伸"。加之,随着城乡交通网的完善,城市近郊乡村的体育场地承担了城市体育的分流,吸引着居住在附近的外来务工人员或者城市居民前来分享乡村体育场地设施的福利。

(2) 乡村成为塑造体育乡愁及运动休闲之所:乡村作为中国传统体育文化的传承载体,乡村民族、民俗、民间体育活动丰富,促使乡村体育饱含着浓厚的乡愁气息。在乡村地区,结合传统节假日举办的民族、民俗、民间等体育赛事,吸引着城市居民的下乡,丰富了城市居民的乡愁记忆。此外,乡村体育拥有丰厚的户外运动自然资源,极易与其他产业形成融合发展之势,从而满足城市居民高层次的体育休闲需求。据《中国冰雪旅游发展报告(2022)》显示,2021—2022全国冰雪季冰雪旅游热门区县乡镇目的地前十名中,东北地区乡村占据4席之多,分别为黑龙江雪乡、黑龙江亚布力、黑龙江漠河、内蒙古阿尔山,其中黑龙江雪乡位列旅游热度榜第一名。可见,东北地区的乡村已成为城市居民追求冰雪休闲运动的理想之所。

2) 城乡体育现全面融合、共同繁荣之局

(1) 体育让外来务工人员生活更美好:《中华人民共和国2022年国民经济和社会发展统计公报》指出,2022年我国农民工总量已经达到29 562万人,约为全国城镇人口总数的1/3。如何保障外来务工人员与城镇居民依法平等共享城市优质公共体育服务,已成为城乡公共体育服务均等化的主要努力方向之一。当前,国家的相关政策已明确规定外来务工人员的公共体育服务保障的责任,归属为所在城市承担,且已有研究发现"外来务工人员参与体育活动,对他们融入城市生活产生了积极的促进作用"。可见,体育更容易拉近外来务工人员与城市的心理距离,减少社会排斥影响,加速外来务工人员在城市的社会融合。

(2) 体育促进乡村居民生活方式现代化:现代化是指一个国家的成员利用现代的科学技术全面改造本国国民生存的物质条件和精神条件的过程,其中人是现代化的主体,是现代化活动的实际承担者,要完成现代化,必须依赖高素质的人来完成,而人的价值观念与行为方式也在现代化进程中不断演化。我国是实行社会主义制度的国家,始终奉行坚持以人民为中心,要求把增进人民福祉、促进人的全面发展、朝着共同富裕方向稳步前进作为经济社会发展的出发点和落脚点。为此,我国建设社会主义现代化强国的本质是促进人民大众的现代化。城市现代体育作为世界现代化发展进程的璀璨明珠,通过各种传播渠道传入乡村,从而弥补乡村居民用现代体育指导科学健身知识的不足,并使其学会凭借现代体育有规律地参与科学健身,从而在潜移默化中推动乡村居民实现体育生活方式现代化,亦为加速乡村居民的现代化进程发挥体育助力的作用。

4 我国城乡体育融合发展状况调研

4.1 我国城乡体育融合发展的现状调查

4.1.1 调查对象的人口社会学信息

人口学特征涵盖空间、年龄、性别、文化、职业、收入、生育率等指标。基于此,本研究将村民调查问卷中的人口社会学特征暂定为空间(地区与省份)、性别、年龄、学历、职业及收入等项(见表4-1),而将专家调查问卷中的人口社会学特征定为空间(地区与省份)、工作区域、职业性质等指标(见表4-2),以便展开相应的调查研究。

我国乡村居民样本的人口社会学特征:空间方面,村民样本人数占比多寡排序中,东部地区最多,为31.5%(广东省12.0%、江苏省9.8%、浙江省9.7%);中部地区为29.5%(安徽省10.5%、湖南省9.6%、河南省9.5%),西部地区为29.0%(重庆市9.8%、贵州省9.7%、陕西省9.5%),东北地区为9.9%(黑龙江省为9.9%)。可见,调查总样本兼顾了我国区域及省份的实际情况,提高了调查研究的科学性。性别方面,男性略多于女性,分别为50.2%和49.8%。年龄结构方面,以中青年为主,并兼顾青少年和老年群体,主要集中于19~30周岁及31~45周岁人群。学历涵盖各个学历层次,以"初中"及"高中或中专"文化程度为主,二者占比之和为52.7%,"大专"及"研究生"文化程度略少。职业主要集中为农民(种地)及外出务工人员,二者占比之和高达56.6%。年收入分布较为平均,其中村民收入5 000~9 999元的占比最高,为

16.1%,100 000元以上占比最少,为9.9%。

我国乡村体育管理专家样本的人口社会学特征:空间方面,乡村体育管理专家样本人数占比多寡排序中,中部地区最多,为30.6%(湖南省11.5%、安徽省9.7%、河南省9.4%),东部地区为28.9%(江苏省10.2%、广东省9.3%、浙江省9.4%),西部地区为28.9%(重庆市10.6%、贵州省9.4%、陕西省8.9%),东北地区为11.5%(黑龙江省为11.5%)。此外,乡村体育管理专家样本问卷还兼顾了职业和工作区域。职业性质方面,兼职占比为71.9%,专职占比为28.1%,符合乡村体育管理工作的实际情况;工作区域层面,在村委会任职占比为35.7%,在乡镇政府任职占比为28.1%,在县城(区)体育部门任职占比为36.2%。还有,本科占比达到41.3%,研究生占比为1.3%,具备了较高的乡村体育认知水平。

乡村居民及乡村体育管理专家的人口社会学变量的调查,更多地反映乡村居民及乡村体育管理专家的社会属性,揭示不同层次视角对城乡体育融合发展的进展认知、满意度评价认知及限制因素认知等,为后续分析城乡体育要素融合发展奠定基础。

表4-1 村民调查样本情况汇总

指标	内容	样本量/人	比例/%
区域	东北地区	356	9.9
	东部地区	1 134	31.5
	中部地区	1 062	29.5
	西部地区	1 043	29.0
年龄	18周岁及以下	294	8.2
	19~30周岁	1 056	29.4
	31~45周岁	1 211	33.7
	46~59周岁	637	17.7
	60~69周岁	297	8.3
	70周岁及以上	100	2.8
学历	小学及以下	493	13.7
	初中	1 128	31.4

(续表)

指标	内容	样本量/人	比例/%
学历	高中或中专	764	21.3
	大专	369	10.3
	本科	759	21.1
	研究生	82	2.3
性别	男性	1 805	50.5
	女性	1 790	49.8
收入	5 000 元以下	459	12.8
	5 000~9 999 元	578	16.1
	10 000~14 999 元	506	14.1
	15 000~19 999 元	360	10.0
	20 000~29 999 元	375	10.4
	30 000~49 999 元	506	14.1
	50 000~99 999 元	454	12.6
	100 000 元以上	357	9.9
职业	乡镇干部	105	2.9
	村干部	310	8.6
	农民(种地)	1 168	32.5
	外出务工人员	865	24.1
	半工半农人员	514	14.3
	个体工商户	455	12.7
	教师	165	4.6
	其他	13	0.4

表 4-2 专家调查样本情况汇总

指标	内容	样本量/人	比例/%
地理区域	东北地区	27	11.5
	东部地区	68	28.9
	中部地区	72	30.6
	西部地区	68	28.9

(续表)

指标	内容	样本量/人	比例/%
工作区域	村委	84	35.7
	乡镇	66	28.1
	县城(区)	85	36.2
学历	小学及以下	8	3.4
	初中	27	11.5
	高中或中专	43	18.3
	大专	57	24.3
	本科	97	41.3
	研究生	3	1.3
职业性质	专职	66	28.1
	兼职	169	71.9

4.1.2 乡村居民参与体育活动的基本特征

1) 乡村居民参与体育活动的时间特征

乡村居民参与体育活动的时间特征呈现了乡村居民的体育活动偏好。体育运动频次方面,"不固定,偶尔参加"占比最多,为 38.2%,而"从不参加体育运动"占比达到 20.4%,说明乡村体育人口较少,承接城市体育要素下乡存在发展短板;运动时长方面,参与体育运动的乡村居民以"30~60 分钟"占比最多,为 40.0%,但"少于 30 分钟"的占比为 22.0%,加之上述从不参与体育运动的乡村居民,两类人群已接近总人口的一半,不利于构建高水平的乡村全民健身公共服务体系;运动时段方面,从一天来看,上午最少,为 9.0%,主要集中在傍晚和晚上,和乡村居民白天工作、晚上休闲的正常作息时间吻合;在周时段中,"周末多于平时"占比 27.3%;在季节时段中,"农忙和农闲无明显差别"占比高达 41.6%。说明乡村人口不再仅仅是束缚在土地上的"传统小农",而是在一定程度上具备了与城市产业工人同等共享有规律的周末休闲时光的条件,从而为推动城乡体育要素实现良好互动夯实基础。

2) 乡村居民参与体育活动的项目特征

乡村居民参与体育活动的项目主要以简单易行为主,其中"散步或走跑"项目占比最高,为50.0%,其次"篮球""羽毛球""广场舞"及"乒乓球"等项目在乡村地区比较普遍,分别占比21.3%、19.3%、16.2%及15.2%。其中,"篮球""羽毛球"与"乒乓球"等项目在乡村地区的普遍开展,得益于近年来政府体育部门大力推动体育设施下乡,而乡村广场舞项目的红火,则得益于网络时代自媒体平台的发展,实现了城乡之间爆炸式传播。

3) 乡村居民体育培训及体育信息获取渠道特征

乡村居民体育培训及体育信息获取渠道体现了网络时代典型特征:乡村居民对于体育培训渠道的选择,主要集中于"手机网络平台"及"体育电视节目",占比分别为36.7%及15.2%。但在乡村体育参与人群中,"从没培训"的占比高达20.5%,说明乡村体育培训工作依然任重道远;乡村居民对于体育信息获取渠道的选择,亦集中于"手机APP""体育电视节目"及"电脑网络",分别为47.5%、37.8%及37.4%。可见,网络已经成为当代乡村居民体育培训及体育信息获取的重要渠道。

4) 乡村居民前往县城参与体育活动的基本特征

乡村居民前往县城参与体育活动的现实状况调研:在体育参与频次方面,主要集中于"从不参与"(40.2%)及"一年有几次"(20.3%),说明乡村居民对于前往县城参加体育活动还存在着极大的障碍;在体育参与原因方面,乡村居民选择占比前两位的分别为"参与组织活动"(18.0%)及"参加体育比赛"(15.8%),说明了体育活动及比赛已经成为城乡体育人口互动的重要载体;在体育组织及体育比赛层面,虽然"自发体育组织"(16.7%)和"个人或兴趣团伙"(16.6%)占比靠前,说明县域民间草根组织和草根体育比赛的发展较为迅速,但乡村居民选择"没有加入体育组织"(13.1%)和"没有参与体育比赛"(11.3%)的占比依然较大。足见城乡体育组织及比赛要素融合的现状依然不容乐观。

乡村居民前往县城参与体育活动的限制因素:"经济条件限制"及"交通不便"排在前两位,分别为15.0%及13.1%,说明提高乡村居民的收入及增强城乡交通便利有助于促进城乡居民体育行为的社会互动。在另一类乡村居民中,即从不去县城参与体育活动的村民选择的限制因素中,"没时间"及"缺乏组织引导"占比较高,为后续推动此类乡村居民参与城乡体育行为互动的实践路径提供了参考。

4.1.3 乡村居民参与城乡体育融合发展的差异分析

1) 乡村居民参与城乡体育融合发展的性别差异

(1) 乡村居民接受体育培训的性别差异分析:据调研,乡村居民通过"手机APP""体育宣传栏""体育电视节目""报纸或宣传册""体育培训""电脑网络""和县城朋友聊天"等渠道接受体育培训均呈现性别差异不显著的特征。

(2) 体育信息获取渠道的性别差异分析:在乡村居民获取信息渠道中,选择"体育电视节目"的男性占39.9%,女性占35.8%,呈现显著性差异,但未达到非常显著性差异水平;选择"其他"的男性占8.3%,女性占13.2%,呈现非常显著性差异;此外,"手机APP""体育宣传栏""报纸或宣传册""体育培训""电脑网络""和县城朋友聊天"等选择均呈现性别差异不显著特征。

(3) 乡村居民到县城参加体育活动状况的性别差异:据调研,在体育活动频次层面存在非常显著性的差异。其中,"有,一周几次"占比最低,男性为6.6%,女性为8.9%,男女性别占比差2.3%;其次为"有,一个月几次",男性为11.9%,女性为8.5%,性别占比差距为3.4%;之后为"有,一年几次",男性为20.3%,女性为20.2%,性别占比差较小,仅为0.1%;"从不去县城参加"占比最高,男性为38.8%,女性为41.6%,性别占比差为2.8%。

在体育活动原因层面,"参加组织活动"占比最高,女性比男性高2.8%,呈现显著性差异,但未达到非常显著性差异水平;其次为"参加体育比赛",但男女占比差距仅为1.6%,差异不显著;"其他"排名第三,男女性别占比差距达到2.8%,呈现非常显著性差异。"参加体育培训""寻找体育指导""场地优于乡村"等选项占比均较低。

在体育组织的性别差异层面,除"其他"外,乡村居民选择"自发体育组织""单项体育协会""企业体育组织""没有加入体育组织"等选项均呈现性别差异不显著特征。

在参与体育比赛的性别差异层面,"单项体育协会组织的体育比赛"男女性别差为2.4%,呈现显著性差异;"其他"性别占比差高达4.6%,存在非常显著性差异。而乡村居民到县城参与"企业组织的体育比赛""个人或兴趣团伙组织的体育比赛"及"没有参加体育比赛",男女性别均呈现差异不显著特征。

在乡村居民到县城参与体育活动限制因素层面,除"其他"呈现非常显著性差异之外,"经济条件限制""交通不便""受到歧视""找不到体育场地""找不到体育组织"及"难以融入体育组织"等选项均不存在显著性差异。

2)乡村居民参与城乡体育融合发展的年龄差异

(1)乡村居民接受体育培训渠道的年龄差异:"手机网络平台"及"体育电视节目"占比较大,且呈现非常显著性差异。其中,通过"手机网络平台"接受体育培训的占比最大,其中"19~30周岁"占比47.2%,"31~45周岁"占比38.6%,"18周岁及以下"占比38.4%,而其余年龄段均低于25%,最大占比差达24.4%,说明45周岁及以下的乡村居民更愿意借助手机接受体育培训;通过"体育电视节目"接受体育培训的,"19~30周岁"占比18.9%,"31~45周岁"占比16.9%,"70周岁及以上"占比15.2%,"18周岁及以下"占比14.6%,相对较接近,与其余年龄段最大占比差达9.5%。可见,乡村体育培训不仅需要增强线上渠道,同时还需兼顾年长者群体。

(2)乡村居民获取体育信息渠道的年龄差异:除"体育培训渠道"选择占比较小且比较均衡,年龄段差异不显著之外,其余选项的年龄段均呈现非常显著性差异。其中,通过"手机APP"获取体育信息,"19~30周岁"的乡村居民最擅长,达到64.8%,其次为"31~45周岁",达51.3%,再次为"18周岁及以下",占48.3%,之后占比与年龄段增长成反比;通过"体育电视节目"获取体育信息的,"19~30周岁"占比最高,为47.4%,其次为"18周岁及以下",占41.2%,之后为"31~45周岁",占37.1%;通过"体育宣传栏"获取体育信息的,"19~30周岁",占比为25.6%;通过"报纸或宣传册"的占比较小,其中"19~30周岁"占比最高(12.7%);通过"电脑网络"的,依旧是45周岁以下的乡村居民最为活跃;通过"和县城朋友聊天","19~30周岁"占比最高(13.9%);通过"县级政府体育宣传"的,"46~59周岁"占比最大(13.0%);"从未获取体育信息"的占比较小,其中"60~69周岁"占比最高,仅为8.1%。由此可见,45周岁以下的乡村居民群体获取体育信息的能力最强。

(3) 乡村居民到县城参加体育活动状况的年龄差异：在体育活动频次层面，不同年龄段的乡村居民存在非常显著性差异。其中，频次为"有，一周几次"的，占比排名前两位为"18周岁及以下"（15.3%）和"19～30周岁"（10.2%）；频次为"有，一个月几次"的，占比排名前两位为"19～30周岁"（15.0%）及"18周岁及以下"（11.6%），其余占比均低于10%；"有，一年几次"的占比略高，其中"70周岁及以上"占比最高（26.8%），其次为"19～30周岁"（22.6%）及"18周岁及以下"（20.5%）；"从不去县城参加"的占比最高，其中"31～45周岁"达到48.1%。可见，在乡村居民到县城参与体育活动并不理想的前提下，30周岁以下的乡村居民去县城参与体育活动的频次略高。

(4) 乡村居民到县城参加体育活动原因的年龄差异：除"其他"呈现显著性差异外，不同年龄乡村居民到县城参加体育活动原因均呈现非常显著性差异，且各选项中"18周岁及以下"及"19～30周岁"与其他年龄段占比差距较大。可见，30周岁以下的乡村居民更愿意前往县城参与体育活动。

(5) 乡村居民到县城加入体育组织类别的年龄差异：除"其他"外，各项选择排名前列的依然是"19～30周岁"及"18周岁及以下"，与年龄增长成反比。可见，30周岁及以下乡村居民到县城参与体育组织相对较为活跃，且加入"自发体育组织"占比略高，说明城乡体育草根组织的发展比较旺盛。

(6) 乡村居民到县城加入体育比赛类别的年龄差异：各选项均存在非常显著性差异。加入"自发体育组织"的，排名前列为"19～30周岁"，占比19.9%，"46～59周岁"及"18周岁及以下"占比差均超16.0%；加入"单项体育协会"的，"18周岁及以下"占比20.4%，"19～30周岁"占比16.5%，其余占比差均超过5%；加入"企业体育组织"的，"18周岁及以下"占比最高，为13.3%，其余占比均低于8%；加入"其他"的，"18周岁及以下"最高，为13.9%，与其他最大占比差超过8%；"没有加入体育组织"的，"18周岁及以下"最高，为17%，与其他最大占比差超过10%。可见，30周岁以下乡村居民参与正式组织或自发组织的体育比赛的积极性更强。

(7) 乡村居民到县城参与体育活动限制因素的年龄差异：限制因素为"经济条件限制"和"交通不便"的占比较大，其余选项占比均较小。其中，限制因素为"经济条件限制"的，"60～69周岁"排名前列，与其他年龄段最大占比差值超过 10%,存在非常显著性差异;限制因素为"交通不便"的,"19～30 周岁"占比最高,为 18.0%,与其他最大占比差超 7%,亦存在非常显著性差异,为因地制宜解除不同年龄段村民参与城乡体育活动的限制提供现实参考。

3) 乡村居民参与城乡体育融合发展的学历差异

(1) 乡村居民接受体育培训的学历差异:"手机网络平台""县体育局培训""自费请教练""体育电视节目""乡镇文化站培训"及"其他"等接受体育培训,呈现非常显著性差异。通过"手机网络平台"占比最高,其中"本科"学历占比为 51.8%,"研究生"学历占比为 50%,但"小学及以下"学历仅占 20.2%;其次为通过"体育电视节目",其中"研究生"学历占比最高,为 31.7%,"本科"学历排名次席,为 25%,与其他占比差距均超过 15%。此外,通过"求助县城体育达人"及"村文明实践站培训"的选择占比较小,存在显著差异,但尚未达到非常显著性差异,且本科学历以上文化程度人员占比较高。而"从没培训"各学历段选择较为均衡,相互之间差距亦较小,故差异不显著。可见,本科以上层次的乡村居民获得体育培训的机会更高。

(2) 乡村居民获取体育信息渠道的学历差异:除"体育培训"及"报纸或宣传册"外,其余均呈现非常显著性差异。其中,大专以上层次的乡村居民选择"手机 APP""体育电视节目"及"电脑网络"等获取体育信息占比较高。此外,"从未获取体育信息"的,"小学及以下"学历占比最高,仅为 9.5%。可见,不同学历乡村居民获取体育信息,其学历越高,越善于获取体育信息。

(3) 乡村居民到县城参加体育活动状况的学历差异:体育活动频次层面,不同学历乡村居民去县城参与体育活动的频次并不理想。频次为"有,一周几次"的,"研究生"学历占比最高,为 15.9%,"本科"学历占比 10.9%,紧随其后,其余均不足 10%;频次为"有,一个月几次"的,"研究生"依然占比最高,为 23.2%,"本科"学历占比 14.0%,"大专"学历占比为 11.1%,"高中或中专"为 10.3%,其余均不足 10%;频次为"有,一年几次"的,"本科"学历占比最高 (28.1%),之后为"研究生"(26.8%)、"高中或中专"(26.4%)、"大专"(20.9%)、初中(13.7%)、"小学"(12%)。可见,到县城参与体育活动的乡村居民中,学历越高的去县城参与体育活动的频次就越高。

(4) 乡村居民到县城参加体育活动原因的学历差异:除其他外,不同学历乡村居民到县城参加体育活动的原因均存在非常显著性差异。其中,原因为"参加组织活动"的,"研究生"及"本科"学历占比最高且接近,分别为31.7%及31.4%,与排名靠后的"初中"及"小学及以下"学历占比差距超20%;原因为"参加体育比赛"的,"研究生"学历占比最高,为34.1%,"本科"学历占比25.0%,排第二,"初中"及"小学及以下"学历占比依然最低;原因为"寻找体育指导"的,"研究生"和"本科"学历占比依然靠前,但均不足10%;原因为"场地优于乡村"的,"研究生"学历占比最高,为17.1%,第二名"本科"学历占比为11.9%;原因为"在县城居住或工作"的,依然是"研究生"学历占比最高,为17.1%,第二名"本科"学历占比为11.8%。可见,参与组织活动及体育比赛是本科以上层次的乡村居民前往县城参与体育活动的重要原因。

(5)乡村居民到县城加入体育组织类别的学历差异:除"没有加入体育组织"的占比较均衡,差异不显著之外,其余选项均呈现非常显著性差异。其中,加入县城"自发体育组织"的,"研究生"占比最高(37.8%),"本科"位居次席(25.8%),其余与最高相差均超20%;加入"单项体育协会"的,依然是"研究生"(22.0%)与"本科"(17.7%)占比排名前两位;加入县城"企业体育组织"的,"研究生"学历占比19.5%,第二名"本科"学历占比11.1%,其余与最高相差均超10%;加入县城"其他"体育组织的,"研究生"学历占比14.6%,第二位"本科"学历占比10.1%,与其他学历段差均超5%。可见,本科以上学历的乡村居民加入体育组织的积极性更高。

(6)乡村居民到县城加入体育比赛类别的学历差异:除"其他"和"没有参加体育比赛"选择较为均衡,差异不显著外,其余均呈现非常显著性差异。其中,参加"企业组织的体育比赛"的,"研究生"和"本科"占比排名前列,"初中"及小学及以下"学历占比最少,且最大差距约20%;参加"单项体育协会组织的体育比赛"的,"研究生"(26.8%)和"本科"(20.6%)学历占比排名前两位,"初中"及"小学及以下"依然排名最后,但与"研究生"占比差超15%;参加"个人或兴趣团伙组织的体育比赛"的,"研究生"(30.5%)和"本科"(27.4%)学历占比排名前列,"初中"及"小学及以下"与"研究生"占比差超20%。可见,乡村居民到县城加入体育比赛的积极性与学历成正比,倾向于参与"个人或兴趣团伙组织的体育比赛"。

(7) 乡村居民到县城参与体育活动限制因素的学历差异:"经济条件限制"和"找不到体育场地"依然呈现学历分层,即"研究生"和"本科"占比较高,"高中或中专"与"大专"占比接近且占比处于中间位置,"初中"及"小学及以下"占比最小;限制因素为"交通不便"的,"研究生"学历占比为28.0%,"本科"学历占比为19.9%,与其余均差超10%;限制因素为"受到歧视"和"找不到体育组织"的,均占比较小,但最大占比差超过10%;限制因素为"难以融入体育组织"的占比均不足10%,但最大占比超5%;限制因素为"其他"的,"研究生"学历占比20.7%,"高中或中专"学历占比14.8%,"大专"学历占比14.4%,"初中"学历占比10.5%,"小学及以下"学历占比5.7%,与"研究生"学历占比差达到15.0%。本科以上层次人员到县城参与体育活动依然面临"经济条件限制""找不到体育场地"及"交通不便"的现实制约。可见,乡村居民到县城参与体育活动限制因素,均呈现非常显著性差异。

4)乡村居民参与城乡体育融合发展的职业差异

(1)乡村居民接受体育培训渠道的职业差异:选择"求助县城体育达人"及"村文明实践站培训"的占比均不高,排名前三的皆为"乡镇干部""村干部"及"教师",最大占比差不足5%,呈现显著性差异,但未达到非常显著性差异;选择"其他"的,"乡镇干部"18.1%最高,但各项占比较均衡,故职业差异不显著。

除上述三项选择外,其余选项均呈现非常显著性差异:选择"手机网络平台"的,"教师"占比53.3%,与"个体工商户""半工半农"及"乡镇干部"占比差均超10%,与余下各选项占比差均超15%,占比差距明显;选择"县体育局培训"的,"乡镇干部"占比差30.5%,"其他"职业、"村干部"及"教师"与其相较占比差均超10%,其余占比差均超20%;选择"自费请教练"的,占比较小,仅"乡镇干部"占比10.5%,其余均低于5%;选择"体育电视节目"的,"其他"职业占比38.5%,第二名"教师"占比29.1%,二者相差9.4%,余下相差均超15%;选择"乡镇文化站培训"的,"乡镇干部"占比19.0%,"其他"职业占比15.4%,"村干部"占比13.9%,其余与"乡镇干部"占比差均超10%;"从没培训"的,"外出打工者"占比25.7%,"个体工商户"占比21.1%,"农民(种地)"占比19.5%,"半工半农"占比19.3%,"乡镇干部"占比18.1%,"教师"占比

17.6%,"村干部"占比14.2%,最后为"其他"职业,占比7.7%,与"外出打工者"占比相差15.0%以上。

可见,"教师"主要通过"手机网络平台"和"体育电视节目"接受培训,"乡镇干部"和"村干部"更容易获取"县体育局培训"和"村文明实践站培训",而农民参与体育培训的积极性还不理想。

(2)乡村居民获取体育信息渠道的职业差异:除"从未获取体育信息"不存在显著差异外,其余选项均呈现非常显著性差异。其中,选择"手机APP"的,"教师"占比69.1%,"个体工商户"占比58.5%,"其他"职业占比53.8%,"乡镇干部"占比52.4%,"村干部"占比51.9%,"半工半农"占比49.2%,"外出打工者"占比48.9%,"农民(种地)"占比36.7%,最大占比差超30%;选择"体育电视节目"的,"乡镇干部"占比53.3%,与"教师"(51.5%)及"村干部"(51.0%)相接近,但与余下选项占比差均超20%;选择"体育宣传栏"的,"乡镇干部"占比32.4%,与"教师"占比(30.9%)接近,但与"村干部"(26.5%)占比差为5.9%,与其他均拉大到10%以上;选择"报纸或宣传册"的,"教师"占比18.8%,与"乡镇干部"占比18.1%接近,"外出打工者"(16.7%)及"村干部"(15.5%)占比较为接近,但与其余选项占比差持续拉大到10%以上;选择"体育培训"的,"其他"职业占比15.4%,"教师"占比11.5%,"乡镇干部"占比9.5%,其余职业占比均较小,最大占比差超10%;选择"电脑网络"的,"村干部"占比62.3%,与"教师"(57.6%)占比差为4.7%,与"乡镇干部"(47.6%)及"个体工商户"(47.5%)占比差约15%,与其余选项占比差均超30%;选择"和县城朋友聊天"的,"教师"(23.6%)及"其他"职业(23.1%)占比较高,与其他选项占比差持续扩大,最大占比差超15%;选择"县级政府体育宣传"的,"乡镇干部"占比21.0%,与"村干部"(13.9%)、"半工半农"(10.9%)及"教师"(10.3%)占比差均超7%,与余下占比差均超10%;选择"其他"的,"半工半农"(16.5%)、"其他"职业(15.4%)、"乡镇干部"(15.2%)及"村干部"(14.5%)占比接近,但与余下占比差均超5%以上。可见,"乡镇干部""教师""村干部"及"个体工商户"等更善于通过各种渠道获取体育信息。

(3)乡村居民到县城参加体育活动状况的职业差异:在体育频次层面,皆呈现非常显著性差异。其中,频次为"有,一周几次"的职业,排名前三为"其他""乡镇干部"及"半工半农";频次为"有,一个月几次"的职业,排名前三为"村干部""教师"及"乡镇干部";频次为"有,一年几次"的职业,排名前列为"乡镇干部""教师"及"村干部";"从不去县城参加"的,排名前列为"外出打工者""个体工商户"及"半工半农"。可见,乡镇干部、村干部及教师等到县城参与体育活动频次相对较高。

(4)乡村居民到县城参加体育活动原因的职业差异:在体育活动原因层面,存在非常显著的差异。其中,原因为"参加体育比赛"的占比最高,前三名为"乡镇干部"(43.8%)、"教师"(35.2%)、"其他"职业(30.8%),与其余选项最大占比差超30%;其次为"参加组织活动",其中"乡镇干部"占比37.1%,"教师"占比35.2%,"村干部"占比29.4%,与其余选项最大占比差超20%,故职业存在非常显著性差异;之后为"参加体育培训",排在前列的为"乡镇干部"(20.0%)、"教师"(19.4%)及"村干部"(18.4%),与其余选项最大占比差超13.8%;而原因为"寻找体育指导""场地优于乡村""在县城居住或工作"及"其他"的,各职业占比均较小,且占比差较大。可见,乡镇干部、村干部及教师等职业主要通过"参加体育比赛""参加组织活动"及"参加体育培训"到县城参与体育活动。

(5)乡村居民到县城加入体育组织类别的职业差异:不同职业乡村居民加入县城加入体育组织的类别皆呈现非常显著性差异。其中,选择"自发体育组织"的,"乡镇干部"占36.2%,"教师"占33.3%,"村干部"占24.5%,"半工半农"占19.6%,"个体工商户"占17.8%,"农民(种地)"占13.5%,"外出打工者"占10.3%,占比差距明显;选择"单项体育协会"的,"其他"职业占38.5%,"乡镇干部"占34.3%,"村干部"占26.5%,"教师"23.6%,"半工半农"占13.8%,"个体工商户"占12.8%,"农民(种地)"占8.8%及"外出打工者"占7.3%,占比差距持续拉大;选择"企业体育组织"的,"乡镇干部"占19.0%,"教师"占16.4%,"村干部"占13.2%,"个体工商户"占11.0%,"半工半农"占8.0%,"其他"职业占7.7%,而"外出打工者"及"农民(种地)"分别占4.3%及4.2%,最大占比差距达到14.8%;选择"其他"体育组织的,"乡镇干部"占16.2%,"其他"职业占15.4%,"半工半农"占14.4%,而其余职业占比均低于10%,且最大占比差距超过10%;选择"没有加入体育组织"的,"其他"职业占

38.5%;"乡镇干部"占 20.0%,"半工半农"占 17.5%,"个体工商户"占 15.4%,"教师"占 15.2%,"外出打工者"占 11.6%,"村干部"占 11.0%,"农民（种地）"占 10.9%,最大占比差距超过 25%。可见,乡镇干部、村干部及教师等职业更倾向于选择加入县城的"自发体育组织"及"单项体育协会"。

（6）乡村居民到县城加入体育比赛类别的职业差异：选择"没有参加体育比赛"的,"其他"职业占 23.1%,"半工半农"占 15.2%,"个体工商户"占 14.1%,"农民（种地）"占 10.4%,"教师"占 10.3%,"外出打工者"占 9.8%,"村干部"占 8.4%,仅"其他"职业占比较大,其余职业占比皆较为接近,故存在显著性差异,但未达到非常显著性差异;选择"企业组织的体育比赛"的,"乡镇干部"占 27.6%,"教师"占 24.8%,"村干部"占 17.7%,"其他"职业占 15.4%,"个体工商户"占 12.3%,"半工半农"占 10.7%,"农民（种地）"及"外出打工者"同为 7.4%,最大占比差距超过 20%,呈现非常显著性差异;选择"单项体育协会组织的体育比赛"的,"乡镇干部"占 37.1%,"教师"占 32.7%,"村干部"占 26.5%,"个体工商户"占 14.7%,其余选项均低于 10%,最大占比差距已超过 25%,呈现非常显著性差异;选择"个人或兴趣团伙组织的体育比赛"的,"乡镇干部"占 36.2%,"教师"占 30.9%,"其他"职业占 30.8%,"村干部"占 25.5%,"半工半农"占 22.4%,"个体工商户"占 18.0%,"外出打工者"占 12.0%,"农民（种地）"占 10.5%,最大占比差已超 25%左右,呈现非常显著性差异;选择"其他"组织的体育比赛的,"半工半农"占 18.5%,"其他"职业占 15.4%,"乡镇干部"占 12.4%,"村干部"占 11.0%,"个体工商户"占 9.7%,"农民（种地）"占 7.8%,"外出打工者"占 7.3%,"教师"占 6.1%,最大占比差已超过 10%,呈现非常显著性差异。可见,乡镇干部、村干部及教师等职业更倾向于选择参加县城的"个人或兴趣团伙"及"单项体育协会"组织的体育比赛。

（7）乡村居民到县城参与体育活动限制因素的职业差异：不同职业乡村居民到县城参与体育活动的限制因素呈现非常显著性差异。其中,选择"经济条件限制"的,前三位分别为"乡镇干部"（占 28.6%）、"其他"职业（占 23.1%）、"教师"（占 20.0%）,后三位分别为"农民（种地）"（占 13.1%）、"个体工商户"（占 12.5%）及"外出打工者"（占 11.9%）,最大占比差距超过 15%;选择"交通不便"

的,"乡镇干部"占26.7%,"教师"占25.5%,"其他"职业占23.1%,居于前列,但与后两位"农民(种地)"(占9.9%)及"外出打工者"(占9.2%)最大占比差距已经超15%;选择"其他"原因占比稍低,"其他"职业占23.1%,与"半工半农"占19.3%接近,其余占比均在10%左右,最大占比差距已超10%;选择"找不到体育场地"的占比亦较小,"教师"占22.4%,"乡镇干部"占15.2%,"个体工商户"占10.8%,其余占比均不足10%,最大占比差距已超10%;选择"受到歧视"和"难以融入体育组织"的占比相对较小,且最大占比差均价超10%。

5) 乡村居民参与城乡体育融合发展的收入差异

(1) 乡村居民接受体育培训渠道的收入差异:选择"手机网络平台"的占比最大,年收入"10万元及以上"的占43.1%,"0.5万~1万元"的占40.3%,"5万~10万元"的占38.5%,"1.5万~2万元"的占36.4%,"3万~5万元"占35.0%,"1万~1.5万元"占35.0%,"2万~3万元"占34.9%,"0.5万元以下"占30.9%,最大占比差距已超过10%,故呈现非常显著性差异。而选择"县体育局培训""求助县城体育达人""自费请教练"的占比相对较小,且亦呈现非常显著性差异;选择"体育电视节目"的占比较大,最高为"5万~10万元",占20.0%,最低为"2万~3万元",占9.3%,虽然二者占比差约10%,但其余选项比较均等,故收入差异不显著;选择"乡镇文化站培训""村文明实践站培训"及"其他"渠道的占比均较小,且各选项占比数值较均衡,故亦呈现差异不显著特征;选择"从没培训"的,年收入"5万~10万元"的占26.7%,"1.5万~2万元"占24.2%,"10万元及以上"占23.5%,"2万~3万元"占22.9%,"3万~5万元"占20.4%,"1万~1.5万元"占20.0%,"0.5万元以下"占15.7%,"0.5万~1万元"占14.5%,最大占比差已超过10%,故呈现非常显著性差异。可见,虽然乡村居民大多选择通过"手机网络平台"及"体育电视节目"接受体育培训,但与收入多寡的正相关并不突出。

(2) 乡村居民获取体育信息渠道的收入差异:选择"手机APP""电脑网络"及"体育电视节目"的占比较高,且呈现非常显著性差异。其中,选择"手机APP"的,年收入"10万元及以上"的占63.9%,"5万~10万元"占53.7%,"2万~3万元"占52.5%,"1.5万~2万元"占46.9%,"3万~5万元"占48.6%,"1万~1.5万元"占42.9%,"0.5万~1万元"占39.0%,最大占比差距已超过20%;选择"电脑网络"的,年收入"10万元及以上"占55.5%,"5万~10万元"占52.5%,"3万~5万元"占44.3%,"2万~3万元"占36.3%,"1.5万~2万元"占35.2%,"1万~1.5万元"占29.1%,"0.5万~1万元"占27.3%,"0.5万元以下"占26.1%,最大占比差距亦超过20%;选择"体育电视节目"的,年收入"2万~3万元"的占45.3%,"1.5万~2万元"占45.0%,"5万~9万元"占41.4%,"10万元及以上"占41.2%,"3万~5万元"占37.0%,"0.5万~1万元"占35.1%,"1万~1.5万元"占35.0%,"0.5万元以下"占27.5%,最大占比差距超过15%。可见,从乡村居民获取体育信息的主要渠道来看,增加乡村居民收入对增强其体育信息获取能力具有直接帮助。

（3）乡村居民到县城参加体育活动特征的收入差异:不同收入的乡村居民到县城参加体育活动的体育频次,皆呈现非常显著性差异。选择"从不去县城参加"的占比最高,其中"0.5万元以下"占51.0%,且与其他收入的乡村居民的占比差距较大;其次为选择"有,一年几次"的,其中"5万~10万元"占26.5%,为最高,且与其他收入的乡村居民的占比差距明显;再次为选择"有,一个月几次"的,其中"10万元及以上"占16.1%,为最高,且与其他收入的乡村居民的占比差距亦较为显著;最小为选择"有,一周几次"的,"10万元及以上"占11.8%,其余选项均低于10%,且占比差距显著。可见,收入越高的乡村居民去县城参与体育活动的频次也相应较高,故收入高低与乡村居民到县城参与体育活动的频次存在正相关的关系。

（4）乡村居民到县城参加体育活动原因的收入差异:选择"参加组织活动""参加体育比赛"作为到县城参加体育活动的原因占比相对较大,而其余选项占比均较小。其中,选择"参加组织活动"的,年收入"0.5万~1万元"的占21.3%,"10万元及以上"占20.4%,其余选项占比均接近20%,占比较为均衡,故差异不显著;而选择"参加体育比赛"的,"0.5万~1万元"占22.0%,"3万~5万元"占17.4%,"10万元及以上"占16.2%,"1.5万~2万元"占15.0%,"5万~10万元"占14.5%,"1万~1.5万元"占14.4%,"0.5万元以下"占13.1%,"2万~3万元"占11.2%,最大占比差距已超过10%,故呈现非常显著性差异。

（5）乡村居民到县城加入体育组织类别的收入差异:选择"自发体育组

织"的,年收入"5万~10万元"的占21.5%,"3万~5万元"占18.1%,"10万元及以上"占17.1%,"1万~1.5万元"占16.6%,"2万~3万元"占16.0%,"1.5万~2万元"占15.6%,"0.5万~1万元"占15.0%,"0.5万元以下"占12.8%,呈现显著性差异,但未达到非常显著性差异;选择"单项体育协会"的,年收入"10万元及以上"的占21.5%,"5万~10万元"占14.8%,"1万~1.5万元"占11.8%,"3万~5万元"占11.5%,"0.5万元以下"占10.9%,"1.5万~2万元"占10.6%,"2万~3万元"占9.5%,"0.5万~1万元"占7.5%,最大占比差距已超过10%,故呈现非常显著性差异;选择"企业体育组织"的,年收入"10万元及以上"的占12.8%,其余选项随收入降低占比持续减少,但占比均在10%左右,故差异不显著。此外,选择"没有加入体育组织"的,年收入"0.5万元以下"占15.2%,为最高,其余选项随收入降低占比持续减少,最低为"10万元及以上",占8.5%,最大占比差距为6.7%,呈现非常显著性差异。可见,提高乡村居民收入对推动其前往县城加入体育组织亦有正向帮助。

(6) 乡村居民到县城加入体育比赛类别的收入差异:选择参加"企业组织的体育比赛"的,年收入"5万~10万元"的占15.4%,"1万~1.5万元"占12.3%,"10万元及以上"占12.0%,"3万~5万元"占10.3%,"2万~3万元"占9.6%,"0.5万~1万元"占9.5%,"0.5万元以下"占8.3%,"1.5万~2万元"占6.9%,最大占比差距为8.5%,呈现非常显著性差异;选择参加"单项体育协会组织的体育比赛"的,占比前三位为"5万~10万元"(占16.6%)、"10万元及以上"(占14.8%)及"3万~5万元"(占13.2%),且选项的最大占比差在5%左右,故呈现显著性差异,但未达到非常显著性差异;选择参加"个人或兴趣团伙组织的体育比赛"的,前三位为"10万元及以上"(占20.3%)、"5万~10万元"(占18.5%)及"3万~5万元"(占18.2%),后三名为"0.5万~1万元"(占15.7%)、"1.5万~2万元"(占14.8%)、"0.5万元以下"(占10.7%),最大占比差距已超过5%,存在非常显著性差异;选择"其他"的占比均较小,呈现显著性差异,但未达到非常显著性差异;选择"没有参加体育比赛"的,各项占比较均衡,皆略超10%,且呈现收入越高,占比数值越低的特征。

(7) 乡村居民到县城参与体育活动限制因素的收入差异:选择"经济条件限制"的和选择"交通不便"的占比较高,均呈现非常显著性差异。其中,选择"经济条件限制"的,占比排名前三位的为"0.5万~1万元"(占22.3%)、"0.5万元以下"(占16.3%)及"1.5万~2万元"(占16.2%),占比排名后三位的为"3万~5万元"(占12.3%)、"5万~10万元"(占11.0%)及"10万元及以上"(占10.6%),最大占比差距已超过10%,呈现非常显著性差异,且与年收入呈现反向相关;选择"交通不便"的,占比排名前三位的为"1.5万~2万元"(占19.0%)、"1.5万~2万元"(占15.2%)及"0.5万元以下"(占13.3%),占比排名后三位的为"3万~5万元"(占10.7%)、"5万~10万元"(占9.9%)及"10万元及以上"(占9.8%),最大占比差距达到9.2%,呈现非常显著性差异,且与收入亦存在反向关系。此外,其余选项占比均较小,仅选择"找不到体育组织"的,"10万元及以上"占比最高,仅为10.9%,其余选项占比均在10%以下。故增加乡村居民收入能有效缓解其到县城参与体育活动的限制,从而为城乡体育融合发展提供参考。

6) 乡村居民参与城乡体育融合发展的地区差异

(1) 乡村居民参与体育培训渠道的地区差异:不同地区乡村居民参与体育培训的渠道均呈现非常显著性差异。其中,选择"手机网络平台"的各地区占比皆超过30%,其中东部地区领先中部地区5%,领先东北及西部地区超10%;选择"县体育局培训"的,东部地区占12.1%,西部地区占10.9%,东北地区占10.1%,三者占比较为接近,但与中部地区占比差皆超过7%;选择"村文明实践站培训"的,东部地区占11.9%,而其余地区占比均不足6%;选择"自费请教练"的占比较小,东部地区占5.3%,最高,其余地区占比均不足3%;选择"体育电视节目"的,东部地区占22.7%,与其他地区最大占比差距超15%;选择"乡镇文化站培训"的,东部地区占9.3%,西部地区占8.5%,但其余地区占比均不足5%;选择"求助县城体育达人"的,东部地区占7.4%,与其余地区最大占比差超5%;选择"其他"的,东北地区占28.4%,与其他地区最大占比差超20%;选择"从没培训"的,中部地区占23.2%,东部地区占22.3%,但与其他地区最大占比差已超10%。可见,不同地区的乡村体育培训工作还需持续发力。

(2) 乡村居民获取体育信息渠道的地区差异:不同地区乡村居民获取体育信息的渠道皆呈非常显著性地区差异。其中,选择"手机APP"的,东部地区占 62.8%,与其他地区占比差均超 20%,甚至超过东北地区 40% 以上;选择"体育电视节目"的,东部地区占 49.9%,中部地区占 41.1%,与西部及东北地区占比差距均超过 15%;选择"体育宣传栏"的,东部地区占 29.2%,与其余地区占比差距均在 10% 以上;选择"电脑网络"的,东部地区占 52.2%,中部地区占 44.4%,与其他地区最大占比差距超过 20%;选择"其他"的,东北地区占 30.1%,而东部地区、中部地区及西部地区占比均不足 10%。可见,相较于其他区域,东部地区乡村居民获取体育信息的自主性更强。

（3）乡村居民前往县城参与体育活动状况的地区差异：在体育频次层面,选择"从没去县城"的参与体育活动占比最高,中部地区和东部地区占比接近,而东北地区和西部地区接近;其次为选择"有,一年几次"的,而选择"有,一周几次"的及选择"有,一月几次"的占比相对较低。可见,在体育频次层面存在地区间非常显著性差异,说明各区域推动乡村居民进城参与体育运动依然任重道远。

（4）乡村居民前往县城参与体育活动原因的地区差异：不同地区乡村居民前往县城参加体育活动的原因,皆呈非常显著性地区差异。其中,选择"参加组织活动"的,东部地区占 28.4%,东北地区占 18.8%,中部地区占 12.9%,西部地区占 11.7%;选择"参加体育比赛"的,东部地区占 20.7%,东北地区占 20.2%,西部地区占 15.1%,中部地区占 9.7%;选择"参加体育培训"的,东部地区占 12.8%,东北地区占 9.3%,西部地区占 8.1%,中部地区占 7.0%;选择"寻找体育指导"的,东部地区占 6.5%,中部地区占 3.3%,西部地区占 2.7%,东北地区占 1.4%;选择县城体育"场地优于乡村"的,东部地区占 9.3%,西部地区占 6.2%,中部地区占 5.0%,东北地区占 0.8%;选择"在县城居住或工作"的,东部地区占 10.1%,西部地区占 6.7%,中部地区占 5.3%,东北地区占 1.1%。可见,相较于其他区域,东部地区乡村居民参与县城体育活动的自主性更强。

（5）村民前往县城参与体育活动限制因素的地区差异：选择"经济条件限制"的,地区东部地区占 18.7%,东北地区占 18.0%,中部地区占 13.9%,西部地区占 11.0%,最大占比差距达到 7.7%,呈非常显著性差异;选择"交通不便"的,东部地区占 17.2%,西部地区占 13.2%,东北地区占 11.5%,中部地区占 9.0%,最大占比差距为 8.2%,存在非常显著性差异;选择"受到歧视"的,中部地区占 7.3%,东部地区占 3.7%,西部地区占 3.7%,东北地区占 2.0%,最大占比差距超过 5%,存在非常显著性差异;选择"找不到体育场地"的,东部地区占 13.9%,中部地区占 5.8%,西部地区占 5.3%,东北地区占 2.8%,最大占比差距超过 10%,存在非常显著性差异;选择"找不到体育组织"的,东部地区占 10.5%,东北地区占 9.0%,西部地区占 9.3%,中部地区占 6.3%,最大占比差距为 4.2%,存在显著性差异,但未达到非常显著性差异;选择"难以融入体育组织"的,西部地区占 7.8%,东部地区占 6.6%,中部地区占 5.2%,东北地区占 4.2%,占比较为均衡,地区间差异不显著;选择"其他"的,东北地区占 32.3%,东部地区占 12.6%,中部地区占 10.3%,西部地区占 5.1%,最大占比差距已超过 15%,存在非常显著性差异。

4.1.4 城乡体育要素配置的现状调查

1)体育设施要素城乡融合状况

调研中发现,乡村居民对体育场地设施来源的认知明显不足,比如体育设施来源的选择中,乡村居民往往认为体育设施是村委会负责的,自然就是村委会购买的;同样在调研中发现,很多村民甚至包括部分村干部皆认为体育设施是村干部从乡镇文化站领来的,自然将体育设施的来源全部归功于乡镇政府,致使村民问卷中乡村体育设施来源排名前两位的是"村委会购买"及"乡镇政府发放"。此外,乡村体育设施来源中选择"村民或乡镇企业捐赠"的占 17.1%,选择"县城居民或企业捐赠"的占 7.9%,说明社会捐赠渠道在乡村体育中已经逐步形成一定规模。

体育健身设施电子地图方面,选择"不知道"的村民高达 54.0%,选择"没有"的村民也达到 20.4%,说明城乡体育健身设施电子地图建设和宣传工作不容乐观,依然任道远。

体育设施类别方面,选择"篮球架"的占 67.7%,选择"乒乓球台"的占 58.7%,与各级政府推动以篮球架及乒乓球台等为主的体育设施下乡的现实情况相符。此外,二代健身路径及健身舱也已经在部分乡村地区出现,说明我国各级政府正持续努力推动乡村体育场地设施的普及与升级。

2）体育人才要素城乡流动状况

（1）外聘专家指导"十四五"体育发展规划的编制层面：选择"有，外聘专家制定"的仅占12.31%，说明外聘体育专家指导乡村体育发展实践的局面还未广泛铺开。此外，邀请体育专家指导本级体育工作的限制因素中，选择"缺乏联络平台"的占26.79%，选择"担心请不起"的占20.5%，选择"担心效果不明显"的占18.37%，说明体育专家智力下乡的渠道尚未真正畅通。

（2）本地在外体育专业人才建言乡村体育工作层面：选择"需要，但没有此类人才"的占比高达46%，说明乡村体育管理者们还是对本地在外体育专业人才为家乡体育发展建言献策存在期盼，但选择"征求过，但效果不佳"的占比为17.9%，选择"暂时不需要"的占比为16.2%，选择"征求过，有实际效果"的仅占8.1%，说明在外本地体育专业人才建言献策乡村体育发展的渠道依旧障碍重重。

（3）乡村体育组织领头人调研：乡村居民对体育组织领头人的认知不高，选择"不知道"的占比高达39.7%；选择"没有体育组织"的占14.7%，说明乡村体育组织的扶持和引领还需要全社会的持续发力；但乡村体育组织领导人的背景中选择"有过外出务工经历的村民""挂职的村官或志愿者""由城返乡的退休人员"及"乡村体育教师或乡镇干部"的排名前列，说明乡村体育组织领头人的背景中已经具备了一定的城市元素。

3）体育比赛要素城乡融合状况

县级体育部门向乡村输送比赛项目涉及综合性运动会和各单项体育竞赛，排名前列的分别为"篮球赛"（占52.7%）、"羽毛球赛"（占24.7%）及"综合性运动会"（占22.5%），说明县级体育部门对推动体育比赛下乡已经做出了重要努力。但选择"没有"的占比依然高达16.6%，说明后续扩大体育比赛下乡的覆盖规模还需政府体育部门的持续努力。

参与乡村体育比赛的县城体育组织类别中无论是体育社会组织，还是政府体育行政组织，亦包括企业或草根体育组织，占比较为均衡，说明借助乡村体育比赛的载体作用，可以吸引不同层次的城市体育组织下乡；乡村体育比赛经费的县城来源渠道，排名前列的主要为选择"县级政府拨款"，选择"县城个人或企业捐助"的及选择"县城人员报名费用"的，而选择"比赛广告收入"的排在末尾,说明乡村体育比赛的资金还依赖于政府和社会捐赠,而体育比赛本身缺乏资金自生能力,对于持续开展乡村体育比赛形成发展隐患。

参与乡村体育比赛的县城人员构成,主要集中于县城居民、县城本地务工人员、挂职村官或志愿者及由城返乡的离退休人员,说明上述人员是参与乡村体育的县城人员的主力军。

4)体育组织要素城乡流动状况

在体育行政组织层面,调研的关注点在全民健身领导小组成立状况:选择"成立全民健身领导小组"的占比52.3%;在体育社会组织层面,在目前县域各单项体育协会下乡发展会员难以普遍开展的前提下,主要调研对象为乡村体育指导员组织;在乡村体育指导员背景调查中,选择"由城返乡的退休人员"的占14.4%,选择"有过外出务工经历的村民"的占13.1%,选择"挂职的村官或志愿者"的占12.7%,选择"乡村体育教师或乡镇干部"的占11.0%,说明城市体育人才通过乡村体育导员下乡之途呈现基本畅通。但选择"不知道"的占比高达43.0%,加之选择"没有社会体育指导员"的占比为14.9%,亦指明了乡村体育指导员队伍建设之路依旧充满坎坷。

乡村新文明实践系统作为县级宣传部门直接管理的乡村志愿服务组织,通过统筹县域或更高层级城市的志愿服务资源为乡村基层提供公共服务,亦包括体育志愿服务。在调研中发现:选择"暂时没有体育志愿服务"的占54.2%,说明超过一半的乡村新文明实践站没有开展体育志愿服务;此外,选择"有,服务一般"的占为23.3%,"有,服务好"的占22.3%。可见,乡村新文明实践系统的体育志愿服务开展的情况并不理想,无法发挥其对促进城乡体育融合发展的提升。

5)体育培训要素城乡融合状况

县级体育部门向乡村供给的体育培训:在频率层面,选择"7~9次/年"的占比最高,为26%,但选择"1~3次/年"的占22.6%,选择"0次/年"的占18.3%,说明县级体育部门向乡村供给的体育培训频数不高;在培训对象层面,主要集中于服务本地居民,但体育培训已经覆盖了对外来务工人员的培训;在培训渠道层面,传统的线下体育培训超过一半,但线上培训也已经达到43%,其中主要以可线上回放为主,说明在新冠疫情的影响下,县级体育部门的体育培训逐渐与现代网络科技实现融合发展。

6）体育文化要素城乡融合状况

在体育文化宣传渠道层面，县级体育部门向乡村地区的体育文化宣传渠道中，排名前三位的是"宣传栏或宣传标语""传统媒体"及"网站或自媒体"，但选择"暂未举办过体育文化宣传"的仍占比16.6%，说明体育文化宣传工作还需继续加大工作力度，推动现代体育文化广泛传播到乡村角角落落，成为加速推动乡村居民现代化的重要力量。

在乡村传统体育项目挖掘和保护层面，选择"推广到学校""融入民俗节日或旅游""鼓励民间挖掘和保护""纳入体育发展规划"的占比较高。但，选择"暂未开展挖掘和保护工作"的依然高达17.4%，说明县级体育部门仍需持续加大乡村传统体育项目挖掘和保护工作的政策引导作用。此外，涉及乡村传统体育项目挖掘和保护的主要力量，集中于"政府体育部门""乡村体育教师""乡村有志之士"，说明乡村传统体育项目挖掘和保护的主要力量已经呈现城乡共存的多元状态。

7）体育产业要素城乡融合状况

乡村"体育＋"新业态生产主体的前三位分别为乡镇政府、县级政府及村委会，而城市企业、村合作社及其他占比相对较少；乡村"体育＋"新业态的客户群体主要以本地乡村常住居民为主，其次为城市居民和参加县域社会实践课的中小学生，这与客户群体以城市居民和中小学生为主体的预期存在极大差异；乡村"体育＋"新业态的资金来源中，政府财政拨款和村委会出资占据前两位，最少的为金融机构贷款，仅占2.1%。可见，乡村体育产业作为稀缺性资源，目前主要开发主体是政府和村委会，存在"裁判员和运动员"合体的监管体制缺陷。

8）城乡体育融合发展的法律保障

乡村体育管理者对《乡村振兴促进法》之于城乡体育融合发展的意义评价较高，其中选择为"城乡体育融合发展提供制度保障""为城乡体育融合发展明确应对原则"及"提升乡村体育发展地位"的占比皆超过了60%，甚至选择"为地方特色体育预留创新空间"的都高达53.2%；乡村体育管理者对落实《乡村振兴促进法》促进乡村体育发展的选项认可度较高，其中选择"落实乡村体育主体责任"的占比高达70.2%，选择"强化乡村居民主体地位"的占比66.0%，甚至选择"细化乡村体育评价体系"的亦高达59.1%;乡村体育管理者对《乡村振兴促进法》促进城乡体育融合发展的忧虑中,选择"法律执行中城乡体育'一刀切'"的占51.1%,选择"法律监督和评价易'定量化'"的43.4%,选择"法律刚性弱化"的占39.1%,选择"法律不足以扭转乡村体育的根本地位"的占38.3%,选择"法律执行成本高"的占36.2%,选择"其他"的占17.0%。

9) 城乡体育融合发展满意度评价及限制因素

（1）城乡体育要素融合发展满意度分析

① 城乡体育要素融合发展满意度汇总:乡村居民"非常不满意"的评价中,选择"由城到乡交通便利"的占12.2%,最多,选择"体育场地开放政策"的占8.3%,最少;乡村居民"不满意"的评价中,选择"县级财政支持"的占16.9%,最多,选择"体育场地开放政策"的占10.9%,最少;乡村居民"无所谓"的评价中,选择"体育赛事下乡次数"的占30.2%,最多,选择"'乡村体育+'开发"的占25.8%,最少;乡村居民"满意"的评价中,选择"体育场地开放政策"的占27.2%,最多,选择"体育宣传活动次数"的占21.3%,最少;乡村居民"非常满意"的评价中,选择"乡村'体育+'开发"的占28.6%,最多,选择"体育宣传活动质量"的占21.9%,最少（图4-1）。

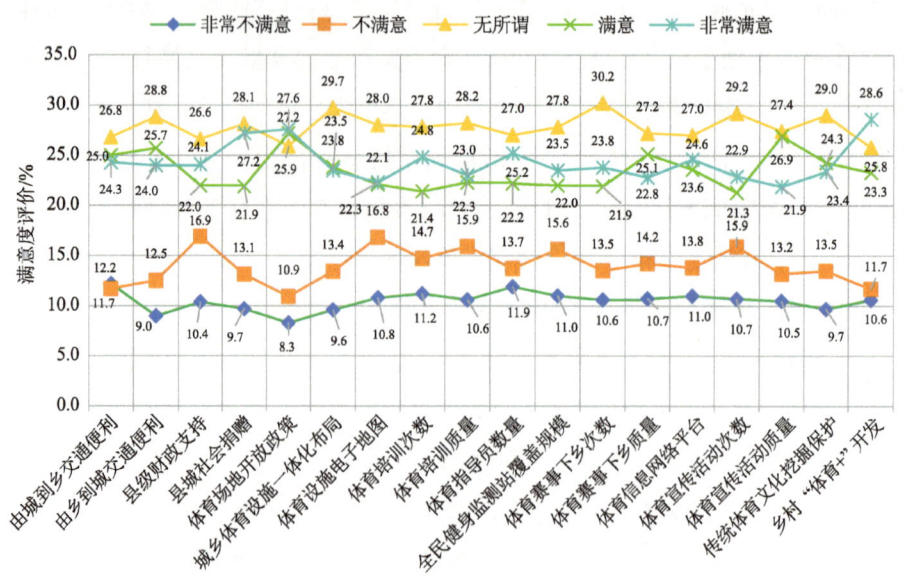

图4-1 城乡体育要素融合发展满意度评价汇总

② 城乡体育要素融合发展满意度赋值：采用5级评分对城乡体育要素融合发展满意度进行赋值评分，其中非常不满意1分，不满意2分，无所谓3分，满意4分，非常满意为5分。赋值评价结果显示：乡村居民对城乡体育要素融合发展满意度的评分，排在前三位的分别为"体育场地开放政策"(3.55分)、"乡村'体育+'开发"(3.47分)及"县城社会捐赠"(3.44分)；排在后三位的分别为"体育培训质量"(3.31分)、"全民健身监测站覆盖规模"(3.31分)及城乡"体育设施电子地图"(3.28分)(图4-2)。可见，城乡体育要素融合发展满意度评价赋值评分与上述评价汇总较为吻合。

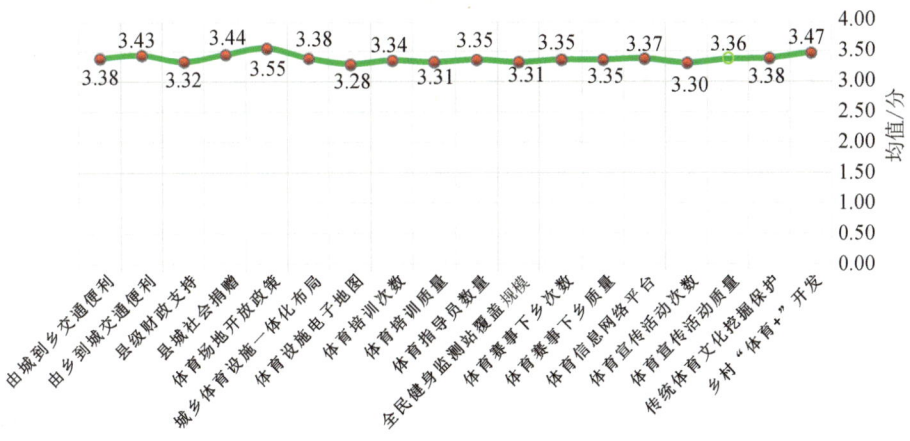

图4-2 城乡体育要素融合发展满意度评价得分

(2) 城乡体育要素融合发展限制因素

① 城乡体育要素融合发展限制因素汇总：乡村体育管理人员"非常不赞同"的评价中，选择"城乡交通网不便利"的占比最多，为12.3%，选择"县级体育财政扶持力度不够"的占比最少，为3.4%；乡村体育管理人员"不赞同"的评价中，选择"乡村体育比赛对县城居民吸引力弱"的占比最多，为17.4%，选择"体育科研人才与成果下乡不足"的占比最少，为5.5%；乡村体育管理人员"一般"的评价中，选择"体彩基金扶持力度弱"的占比最多，为35.3%，选择"乡村体育人口老龄化严重"的占比最少，为23.0%；乡村体育管理人员"赞同"的评价中，选择"乡村体育创新创业人才缺乏"的占比最多，为37.0%，选择"城乡交通网不便利"的占比最少，为21.7%；乡村体育管理人员"非常赞同"的评价中，

选择"乡镇政府或村委会扶持力度不够"的占比最多,为31.1%,选择"乡村体育比赛对县城居民吸引力弱"的占比最少,为13.2%(图4-3)。

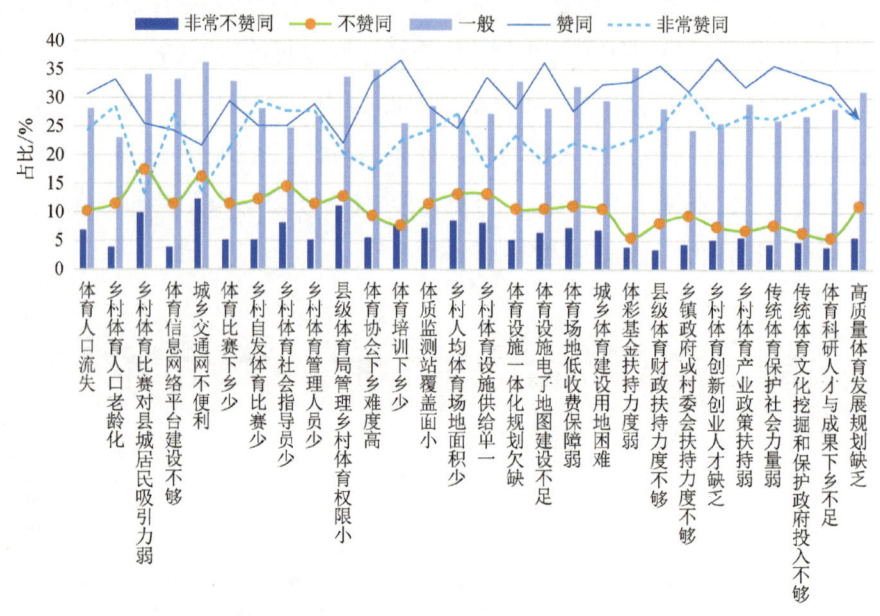

图4-3　城乡体育融合发展的限制因素汇总

② 城乡体育要素融合发展限制因素赋值：采用5级评分方法对城乡体育要素融合发展的限制因素进行赋值评分,非常不赞同1分,不赞同2分,一般3分,赞同4分,非常赞同为5分。赋值评价结果显示：乡村体育管理人员对于限制因素的评分,排在前三位的分别为"体育科研人才与成果下乡不足"(3.80分)、"乡镇政府或村委会扶持力度不够"(3.75分)及"传统体育文化挖掘和保护政府投入不够"(3.74分)；而选择排在后三位的分别为"县级体育局管理乡村体育权限小"(3.28分)、"乡村体育比赛对县城居民吸引力弱"(3.15分)及"城乡交通网不便利"(3.08分)(图4-4)。可见,城乡体育要素融合发展限制因素评价赋值评分与上述评价汇总基本上较为一致。

4.1.5　我国城乡体育要素配置的地区差异分析

1) 体育设施配置的地区差异

(1) 体育设施供给来源的地区差异分析：从社会捐助渠道来看,皆呈现

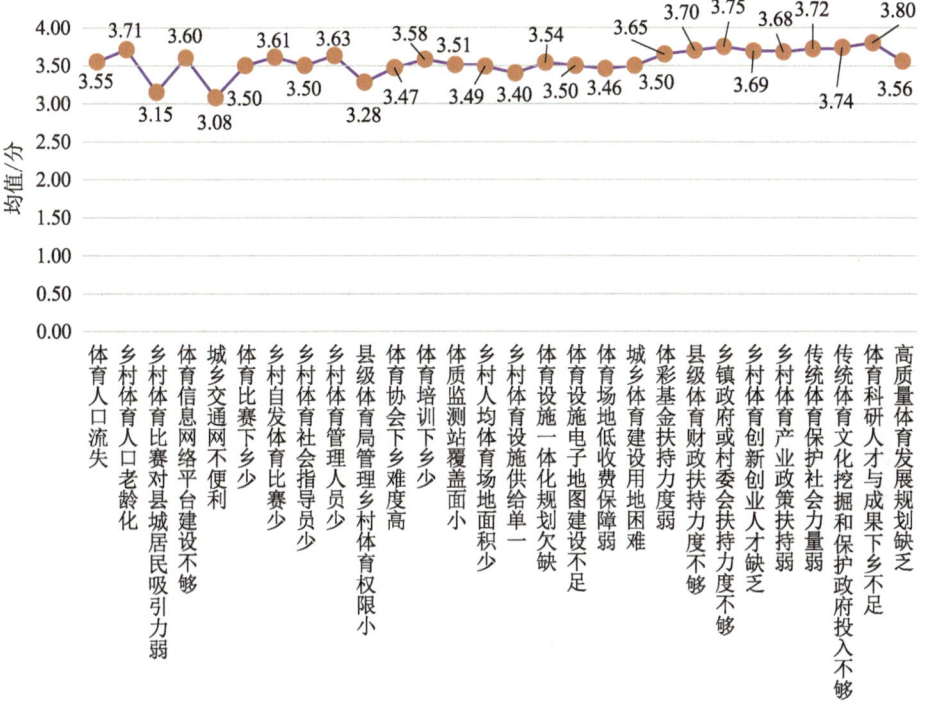

图 4-4 城乡体育融合发展的限制因素评价得分

非常显著性差异：选择"村民或乡镇企业捐赠"的，东部地区占 25.9%，西部地区占 16.0%，中部地区占 13.1%，东北地区占 3.7%；选择"县城居民或企业捐赠"的，东部地区占 11.3%，西部地区占 9.9%，中部地区占 4.3%，东北地区占 2.2%。

从县级政府输送渠道来看，不同区域乡村体育设施要素供给来源亦呈现非常显著性差异：选择"县体育局发放"的，东北地区占 23.0%，东部地区占 19.5%，西部地区占 15.4%，中部地区占 4.3%；选择"体彩基金捐赠"渠道的，东部地区占 16.3%，中部地区占 8.0%，东北地区占 7.0%，西部地区占 7.0%。从乡村自给渠道来看，不同区域乡村体育设施要素供给来源同样呈现非常显著性差异：选择"村委会购买"的，东部地区占 41.9%，中部地区占 41.7%，西部地区占 39.9%，东北地区占 21.6%；选择"乡镇政府发放"渠道的，西部地区占 41.6%，东部地区占 41.2%，中部地区占 39.6%，东北地区占 24.7%。

可见,从体育设施供给来源看,县级政府和体彩基金依然是乡村体育设施供给的主要来源,尤其东北地区依赖性更高,长此以往会造成民众需求与政府供给的错位。此外,东部地区相较其他区域,社会捐赠和自给渠道最为活跃,从而为东部地区城乡体育融合发展奠定了坚实的物质基础。

（2）乡村体育设施种类的地区差异分析：据调研,县级体育部门供给乡村体育设施种类中,东部地区集中供给篮球架、乒乓球台和一代健身路径,中部地区主要供给篮球架、乒乓球台、广场舞音响和单双杠,西部地区则主要为篮球架、乒乓球台和单双杠,东北地区为篮球架、广场舞音响和单双杠。足见,政府体育设施供给的地区差异性并不突出,且政府的投入更倾向于兜底乡村基本公共体育服务场地建设,很难进一步满足乡村居民多元化的体育场的需求。

（3）体育设施建造遇到困境的地区差异：选择"公共用地困难"的,东部地区占73.5%,东北地区占59.3%,中部地区占43.1%,西部地区占35.3%,存在非常显著性地区差异;选择"村委会没钱建配套高标准场地"的,东部地区、中部地区与西部地区占比均超过50%,东北地区占比亦达到22.2%,存在显著性差异,但未达到非常显著性差异;选择"缺人绘制体育场标线"的,东部地区占比相对最少,东北地区、中部地区及西部地区占比接近30%,地区差异不显著;选择"周边村民抵制"的,中部地区与西部地区占比较为接近,而东部地区和东北地区皆选择没有,存在地区显著性差异;选择"设施统一配送,部分不适合基层"的,不同地区占比较均衡,地区差异不显著性;选择"其他"的,东北地区占比最高,为37.0%,而西部地区占比仅为4.4%,呈现非常显著性差异;选择"没有困难"的,不同地区占比较均衡,地区差异不显著。

（4）城乡体育健身设施电子地图建设的地区差异：选择"有,查询方便"的,东部地区占比超20%,而其他地区占比均不足10%;选择"有,查询不方便"及"没有"的两项占比之和,西部地区占比最高,超50%,东部地区占比最少,但亦达到26.1%;选择"不知道"的,东北地区和中部地区占比皆超过60%,东部地区占比接近50%,西部地区占比也超过40%。可见,虽然城乡体育电子地图建设东部地区略好,但呈现地区间非常显著性差异,说明城乡体育电子地图的建设依然存在极大不足。

(5) 城乡体育设施共享困境的地区差异分析:选择"乡村体育场地和设施单一"的,东部地区占比高达 82.4%,西部地区占比略超 60%,中部地区占比略超 50%,最低的东北地区占比也达到 44%,呈现非常显著性差异;选择"部分乡村体育场地和设施达不到运动要求"的,地区间差异不显著,但占比均超过四成,映衬出对乡村体育设施质量的忧虑;选择"部分体育设施不开放"的,区域差异不显著,映衬出城乡体育场地设施低收费保障的政策执行度较高;选择"县域体育健身设施电子地图缺乏或使用不便利"的,西部地区占比为 30.9%,其余地区占比均接近 10%,呈现地区间显著性差异,但未达到非常显著性差异;选择"其他"的,东部地区占比 30%,东北地区及中部地区占比皆超过 20%,而西部地区占比为 10.3%,地区间呈现非常显著性差异;选择"体育设施维护困难"的,东部地区占比接近 60%,东北地区占比接近 50%,而中部地区和西部地区占比皆不足 40%,呈现地区间显著性差异,但未达到非常显著性差异。

2) 体育人才配置的地区差异

(1) 外聘体育专家状况及限制因素的地区差异分析:关于是否外聘体育专家编制"十四五"全民健身发展规划,存在显著性地区差异,且选择"有,自己制定"的占比最高。其中,东北地区占比最高达 81.5%,其次为东部地区,之后为中部地区,而西部地区占比排名末席;选择"有,外聘专家制定"的,西部地区占比最高,为 20.6%,东部地区占比位列次席,中部地区占比紧接其后,占比最后一名为东北地区;选择"没有"的,中部地区和西部地区占比最高,东部地区占比排名第三,而东北地区占比最少,为 14.8%。说明体育专家指导乡村体育发展规划之途道阻且长。

在外聘体育专家指导本级体育工作的限制因素中,选择"缺乏联络平台""担心请不起""担心请不来"及"担心领导不支持"的,差异不显著;选择"不需要指导"的及选择"担心效果不明显"的,呈现显著性差异;而选择"其他"的,呈现非常显著性差异。另外,东北地区比较集中选择"缺乏联络平台",东部地区和中部地区集中选择"缺乏联络平台"及"担心请不起",西部地区侧重选择"缺乏联络平台"及"担心效果不明显"。可见,体育专家的下乡渠道建设尚不通畅。

(2) 本地在外体育专业人才使用状况的地区差异分析:各地区集中于选

择"需要,但没有此类人才",且西部地区和东北地区占比稍高,而东部地区和中部地区比例接近但略小;选择"本级工作暂时不需要"的,东部地区和中部地区占比略高,西部地区和东北地区占比略小;选择"征求过,但效果不佳"的,东部地区和中部地区占比超 20%,之后为中部地区,而东北地区占比最小,为 3.7%;选择"征求过,有实际效果"的,东北地区占比超 20%,中部地区占比最少,为 2.8%。由上可见,本地在外体育专业人才的意见征求渠道并不畅通。

(3) 乡村体育组织领头人背景的地区差异分析:各项均呈现地区间非常显著性差异。选择"有过外出务工经历的村民"的,西部地区占比最高,为 20.4%,与东北地区和东部地区占比差接近 5%,与中部地区占比差超过 10%;选择"由城返乡的退休人员"的,东北地区和西部地区占比最高,且占比数超中部地区 10%以上;选择"没有外出务工经历的村民"的,东北地区占比最高,为 13.5%,中部地区占比最少,为 5.0%;选择"挂职的村官或志愿者"的,东部地区占为 20.4%,西部地区占 17.1%,占比数均超东北地区和中部地区 10%;选择"城市居住,工作在村里的人员"的,东北地区和东部地区占比均超 10%,但中部地区仅占 4.2%;选择"乡村体育教师或乡镇干部"的,东部地区和西部地区占比均超过 10%,但东北地区和中部地区占比均不足 6%;选择"其他"的,东北地区占 21.3%,西部地区仅占 1.9%;选择"不知道"的,中部地区占 46.2%,东北地区占 40%,西部地区占 37.8%,东北地区占 28.9%。

3) 体育比赛配置的地区差异分析

(1) 参与乡村体育比赛的县城体育组织类别的地区差异:选择"县城企业"的,东部地区占 17.3%,东北地区和西部地区稍落后,约占 6%,但与中部地区占比相差约 10%,呈现非常显著性差异;选择"单项体育协会"的,西部地区和东部地区占比较接近,领先东北地区约 4%,但领先中部地区超 10%,呈现非常显著性差异;选择"县体育局或其他政府部门"的,东部地区占 19.8%,西部地区占 12.3%,东北地区和西部地区占比均不足 10%,呈现非常显著性差异;选择县城"自发体育组织"的,东部地区和东北地区占比均超 17%,二者均领先西部地区约 4%,皆领先中部地区约 9%,呈现非常显著性差异;选择"其他"的,东北地区占 18.3%,东部地区和中部地区占比皆在 10%左右,而西部地区仅占 6%,呈现非常显著性差异;选择"没有县城的体育组织"的,东北地区占 7.3%,虽然约为占比最小的西部地区的两倍,但由于总体样本数量占比较少,故呈现显著性差异,但未达到非常显著性差异;选择"不知道"的占比相对较高,中部地区、东部地区及东北地区占比均超过 35%,领先西部地区约 10%,呈现非常显著性差异。

(2) 乡村体育比赛的县城经费来源的地区差异:各选项均呈现地区间非常显著性差异。选择"县城人员报名费用"的,东部地区和西部地区占比皆超 10%,中部地区占比 5%,东北地区仅占 1.8%;选择"县级政府拨款"的,东部地区和西部地区皆占 20%左右,与东北地区和中部地区占比相差超过 10%;选择"体彩基金"的,东部地区和西部地区占比皆接近 10%,均领先东北地区和中部地区约 5%;选择"县城个人或企业捐助"的,东部地区占 22.5%,均超东北地区、西部地区及中部地区 10%以上;选择"其他"的,东北地区占 22.2%,东部地区占 9.8%,中部地区占 9.6%,西部地区仅占 5.1%;选择"不知道"的,中部地区、东部地区及东北地区占比皆超 40%,与西部地区占比差超 10%。可见,政府及社会捐助成为东部地区乡村体育比赛的县城经费的重要来源;西部地区的乡村体育比赛的县城经费来源严重依赖于政府;而东北地区及中部地区的乡村体育比赛的县城经费来源渠道,政府及社会渠道皆需进一步努力补足。

(3) 参与乡村体育比赛的县城人员构成的地区差异分析:除选择"没有县城参赛人员"各区域占比相对较低,西部地区最高仅为 5.8%,其余均相差不到 2%,差异不显著之外,其余各项均呈现地区间非常显著性差异。选择"县城务工的本地居民"的,东部地区占 20.5%,东北地区及西部地区均占 12.5%,中部地区占 8.4%;选择"县城定居的本地居民"的,东部地区占 25.1%,领先东北地区 5%以上,超西部地区 9%,超中部地区 15%;选择"由城返乡的退休人员"的,东部地区占 14.7%,虽然领先西部地区和东北地区不足 5%,但是领先中部地区约 10%;选择"县城务工的外地居民"的,东部地区占 10.6%,与东北及西部地区占比相差约 5%,超中部地区 7.1%;选择"挂职的村官或志愿者"的,东部与西部地区皆占 15%,均超东北地区和中部地区占比 5%;选择"除上述之外的县城居民"的,东部地区占 6.0%,西部地区占 4.2%,东北地区占 2.0%,中部地区占 1.7%;选择"其他"的,东北地区占 19.7%,而西部地区占 1.8%;选择"不知道"的,中部地区占 45.0%,与西部地区占比相差约 15%。

(4)县级体育部门向乡村输送体育比赛项目的地区差异:选择"排球赛"的,东北地区占40.7%,中部地区占15.3%,西部地区占2.9%,而东部地区占0.0%,呈现非常显著性差异;选择"舞蹈比赛"的,东北地区占比超过60%,东部和中部地区占比约25%,西部地区仅占16.2%,呈现非常显著性差异;选择"足球赛"的,虽东北地区占29.6%,领先西部地区和东部地区约10%,西部地区仅占5.9%,但由于东北地区总体样本量较少,故呈现地区显著性差异,但未达到非常显著性差异;而选择"综合性运动会""篮球赛""羽毛球赛""网球赛""门球赛""游泳比赛""登山或跑步比赛"及"其他"等项目的,地区间差异均不显著。可见,除少数体育比赛项目外,县级政府体育部门输送体育比赛的地区差异并不显著。

4)体育组织配置的地区差异分析

(1)体育行政组织的地区差异:在全民健身领导小组成立层面,选择"有"的,东北地区占比最高,为77.8%,东部和西部地区与其占比相差约25%,中部地区与其占比相差超过30%,呈现地区非常显著性差异。

(2)乡村体育指导员背景的地区差异:各选择皆呈现地区间区域非常显著差异。选择"有过外出务工经历的村民"的,东北地区、西部地区和东部地区占比接近15%,但中部地区仅占8.3%;选择"由城返乡的退休人员"的,西部地区占21.8%,东北地区占18.0%,东部地区占14.1%,而中部地区仅占6.3%;选择"挂职的村官或志愿者"的,东部地区和西部地区占比接近,东北地区和中部地区占比接近,但区域之间最大占比差距达到10%;选择"城市居住,工作在村里的人员"的,东北地区占比领先东部地区2.1%,超过西部地区8.8%,高于中部地区11.31%;选择"乡村体育教师或乡镇干部"的,东部地区占15.9%,而中部地区仅占4.8%;选择"没有外出务工经历的村民"的占比较低,东部地区、东北地区及西部地区占比皆在10%左右,中部地区占比不足5%。可见,乡村社会体育指导员的城市背景元素已经突显。但选择"没有社会体育指导员"的,中部地区占比最高,为20.5%,再加上选择"不知道"的,中部地区占比高达54.1%,从侧面印证当前乡村体育指导员队伍建设工作在各地区乡村体育中的影响力式微。

(3)体育志愿服务组织的地区差异:乡村新文明实践站的体育志愿服务开展存在地区间非常显著性差异。其中,选择"有,服务好"的,东部地区占

34.0%,领先东北地区约5%,超中部地区和西部地区15%以上;选择"有,服务一般"的,东北地区和西部地区占比接近,东部地区和中部地区占比相同,但地区间最大占比差距超过10%;选择"暂时没有体育志愿服务"的,中部地区和西部地区占比接近60%,东北地区占39.6%。可见,乡村新文明实践站开展体育志愿服务还需要体育部门和政府其他部门共同开展深度合作。

5) 体育培训配置的地区差异

(1) 县级体育部门向乡村供给体育培训频次的地区差异:各选项均呈现地区间非常显著性差异。其中,在所有占比超过20%的选项中,东北地区主要集中于选择"7~9次/年""4~6次/年"及"1~3次/年",东部地区主要集中于选择"7~9次/年",中部地区集中于选择"7~9次/年"及"0次/年",西部地区主要集中于选择"4~6次/年""1~3次/年"及"0次/年"。可见,县级体育部门向乡村供给体育培训的工作,东北地区相对较好,其次为东部地区,之后为中部地区,而西部地区县级体育部门体育培训下乡的工作相较最为薄弱。

(2) 县级体育部门向乡村供给体育培训的对象的地区差异:选择"本地户籍常住居民"的占比较大,且东北地区和东部地区占比均超75%,与西部地区和中部地区占比差均超过20%,呈现非常显著性差异;选择"本地外出务工人员"的,西部地区占19.4%,最高,其余各区域占比均等,差异不显著;选择"外来务工人员"的,东北地区占25.9%,最高,其余占比均超20%,差异不显著;选择"其他"的,中部地区占19.4%,东北地区占14.8%,东北地区和西部地区皆占4.4%,呈现非常显著性差异。

6) 体育文化配置的地区差异

(1) 体育文化宣传渠道的地区差异分析:选择"传统媒体"的,东部地区和东北地区占比均超过60%,西部地区占比接近50%,但中部地区占比还不足40%,呈现区域间非常显著性差异;选择"网站或自媒体"及"宣传栏或宣传标语"的,皆是东部地区占比最高,但各区域占比较为均等,区域间差异不显著;选择"专项体育活动宣传"的,东北地区占40.7%,最高,而西部地区仅占11.8%,呈现非常显著性差异;选择"其他"的,东部地区和西部地区占比最高,与中部地区占比相差达15%,呈现非常显著性差异;选择"暂未举办过体育文化宣传"的占比较低,且各区域选择比较平均,区域间差异不显著。

（2）乡村传统体育文化挖掘和保护措施的地区差异：除选择"融入民俗节日或旅游"的，东部地区占52.9%，最高，西部地区占27%，最低，存在区域间非常显著性差异外，其余区域间差异均不显著。选择"推广到学校"的，东部地区占51.5%，最高；选择"纳入体育发展规划"的，中部地区占36.1%，最高；选择"鼓励民间挖掘和保护"的，东部地区和西部地区占比最高，皆为33.8%；选择"其他"的，东北地区占33.3%，最高；选择"暂未开展挖掘和保护工作"的，东北地区占比最高，为5%，且上述区域间占比较为均等。

（3）乡村传统体育文化挖掘和保护主要力量的地区差异：选择"乡村有志之士"及"其他"的，皆呈现非常显著性差异。其中，选择"乡村有志之士"的，东部地区占64.7%，最高，与西部地区占比差距达到30%以上。而余下的选项均占比较均衡，区域间差异不显著。选择"政府体育部门"的占比最高，且区域间占比较为均衡，东部地区占52.9%，最高。可见，政府组织依然是乡村体育文化挖掘和保护的主要力量。

7）体育产业配置的地区差异

（1）乡村"体育+"新业态生产主体的地区差异：选择"县级政府"的，东部地区占48.5%，最高，且与余下区域占比较接近，地区间差异不显著；选择"乡镇政府"的，东部地区占66.2%，西部地区占54.4%，东北地区占37.0%，中部地区占34.7%，存在地区间非常显著性差异；选择"村委会"的，东部地区占33.8%，最高，且区域占比均衡，区域差异不显著；选择"城市企业"的，东部地区占17.6%，最高，区域占比均衡，区域差异不显著；选择"村合作社"的，各项占比亦较低，东部地区占15.3%，最高，区域差异不显著；选择"其他"的，中部地区占22.2%，最高，东部地区仅占1.5%，地区间呈现非常显著性差异。

（2）乡村"体育+"新业态资金来源的地区差异：乡村自有资金渠道中，选择"村民入股"与"村合作社出资"的，区域占比较均衡，地区间差异不显著；而选择"村委会出资"的，东部地区和西部地区占比均超40%，且均超过东北地区和中部地区20%，存在非常显著性差异。政府筹资渠道中，选择"政府财政拨款"的，东部地区占58.8%，西部地区占45.6%，东北地区占43.3%，中部地区占31.2%，呈现地区间非常显著性差异；选择"发放政府债券"的占比接近且较少，西部地区占9.7%，最高，区域间差异不显著；选择"企业融资"的，东部地区占 22.1%,最高,且地区占比接近,区域间差异不显著;选择"金融机构贷款"的占比接近且较少,东北地区占 3.7%,最高,区域间差异不显著。

(3) 乡村"体育+"新业态客户群体的地区差异:选择"本地乡村常住居民"的,区域占比接近,其中东北地区、东部地区及西部地区均超过六成,地区间差异不显著;选择"本地城市常住居民"的,占比略低且较接近,区域间差异不显著;选择"外地体育爱好者"的,东部地区占 41.2%,与中部地区占比相差约 20%,故呈现地区间非常显著性差异;选择"参加县域社会实践课的中小学生"的,东北地区占 18.5%,最高,但地区间占比较为均衡,差异不显著;选择"其他"的,中部地区和东北地区占比接近,皆超过西部地区 20%以上,故呈现地区间非常显著性差异。可见,不同区域乡村"体育+"新业态的客户呈现本地乡村居民大于本地城市居民的特征,但共同忽略了参加县域社会实践课的中小学生这一庞大的客户群体。

(4) 乡村"体育+"新业态融合的地区差异:东北地区主要选择"舞蹈"及"户外露营",东部地区的选择集中于"舞龙或舞狮""体育游戏"及"舞蹈",中部地区则主要选择"舞蹈",西部地区则集中于选择"体育游戏"及"舞蹈",各项均呈现地区非常显著性差异。此外,选择"没有"的,中部地区占 50.8%,西部地区占 32.8%,东北地区占 24.7%,东部地区占 28.2%,说明呈现区域间非常显著性差异的同时,乡村"体育+"新业态的开发工作还需全社会共同凝心聚智。

(5) 乡村"体育+"新业态吸引城市人员参与的地区差异:选择"有,很多"的,东部地区占 22.2%,而中部地区仅占 7.8%,二者相差约 14%;选择"有,偶尔参与"的,东部地区和西部地区占比接近,但领先中部地区约 15%;选择"没有"的,东北地区占比超东部地区及中部地区各自占比的 10%以上,各项均呈现地区间非常显著性差异。可见,现阶段乡村"体育+"新业态对城市人员的吸引力度并不如预期的强烈。

8) 城乡体育融合发展满意度评价及限制因素的地区差异

(1) 城乡体育融合发展满意度评价的地区差异

东部地区乡村居民满意度评分分值相较其他区域普遍较高。其中,分值排名前三位的是"由乡到城交通便利"(3.78 分)、城乡"体育场地开放政策"(3.78 分)及"由城到乡交通便利"(3.7 分);排在后三名的为城乡统一"体育信息网络平台"建设(3.5分)、"体育培训次数"(3.52分)及乡村"全民健身监测站覆盖规模"(3.54分)。

东北地区乡村居民满意度分值基本上与东部地区接近,且"由城到乡的交通便利"及乡村"全民健身监测站覆盖规模"的分值领先于东部地区。东北地区乡村居民满意度分值排名前三位的分别为:"由乡到城交通便利"(3.76分)、乡村"全民健身监测站覆盖规模"(3.73分)及"由城到乡交通便利"(3.63分);倒数后三位为:城乡"体育设施电子地图建设"(3.38分)、"体育宣传活动质量"(3.42分)和"县级财政支持"(3.34分)。

中部地区乡村居民满意度分值排名前三位的分别为:城乡"体育场地开放政策"(3.32分)、"乡村'体育+'开发"(3.19分)及"县城社会捐赠"(3.12分);倒数后三位的分别为:"体育宣传活动次数"(2.82分)、城乡"体育设施电子地图"建设(2.84分)和乡村"全民健身监测站覆盖规模"(2.84分)。

西部地区乡村居民满意度分值中,除城乡交通便利分值与东北及东部地区有明显差距,其余各项得分均与其他区域形成均势。其中,西部地区乡村居民满意度分值排名前三位的分别为"乡村'体育+'开发"(3.58分)、城乡"体育场地开放政策"(3.52分)、"县级财政支持"(3.47分);排在后三名的分别为"由城到乡交通便利"(3.27分)、"体育指导员数量"(3.33分)及"体育培训次数"(3.37分)(图4-5)。

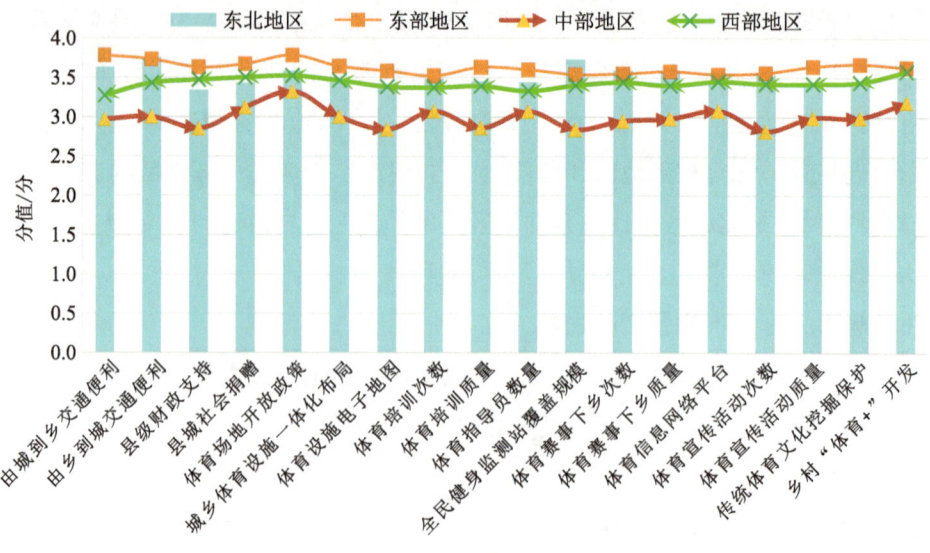

图4-5 城乡体育要素融合满意度评价的地区差异

(2) 城乡体育融合发展限制因素的地区差异

东部地区乡村体育管理者限制因素认可程度排名前三位的分别为"乡村体育创新创业人才缺乏"(4.31分)、"乡村体育产业政策扶持弱"(4.31分)及城乡统一"体育信息网络平台建设不够"(4.22分);限制因素认可程度排名后三位的为"城乡交通网不便利"(2.88分)、乡村"体育比赛对县城居民吸引力弱"(3.34分)及城乡"体育设施电子地图建设不足"(3.36分)。

东北地区乡村体育管理者对限制因素认可程度排名前三位的分别为"乡村体育人口老龄化"(3.59分)、"县级体育财政扶持力度不够"(3.59分)及选择"乡镇政府或村委会扶持力度不够"(3.59分);限制因素认可程度排名后四位的为"体育协会下乡难度高"(2.81分)、"县级体育局管理乡村体育权限小"(2.89分)、"体育培训下乡少"及国民"体质监测站覆盖面小"(2.89分)。

中部地区乡村体育管理者限制因素弱认可程度排名前三位的分别为"传统体育保护社会力量弱"(3.5分)、"乡村体育管理人员数量少"(3.49分)及"乡村体育人口老龄化"(3.49分);限制因素认可程度排名后三位的为"城乡交通网不便利"(2.83分)、"乡村体育比赛对县城居民吸引力弱"(2.96分)及"乡村体育设施供给单一"(3.0分)。

西部地区乡村体育管理者限制因素认可程度排名前三位的为"体育科研人才与成果下乡不足"(3.97分)、"乡村自发体育比赛数量少"(3.91分)及乡村"传统体育文化挖掘与保护政府投入不够"(3.87分);限制因素认可程度排名后三位的为城乡统一"体育信息网络平台建设不够"(3.47分)、"城乡交通网不便利"(3.49分)及"体育场地低收费保障弱"(3.57分)(图4-6)。

4.2 我国城乡体育要素合理配置的困境归纳

4.2.1 城乡体育要素配置的承接基础薄弱

城乡体育要素融合承接基础薄弱最显著的特征是乡村体育人口基础十分薄弱,很难承接体育设施、体育比赛、体育产业等体育要素,在乡村地区形成良性汇聚。

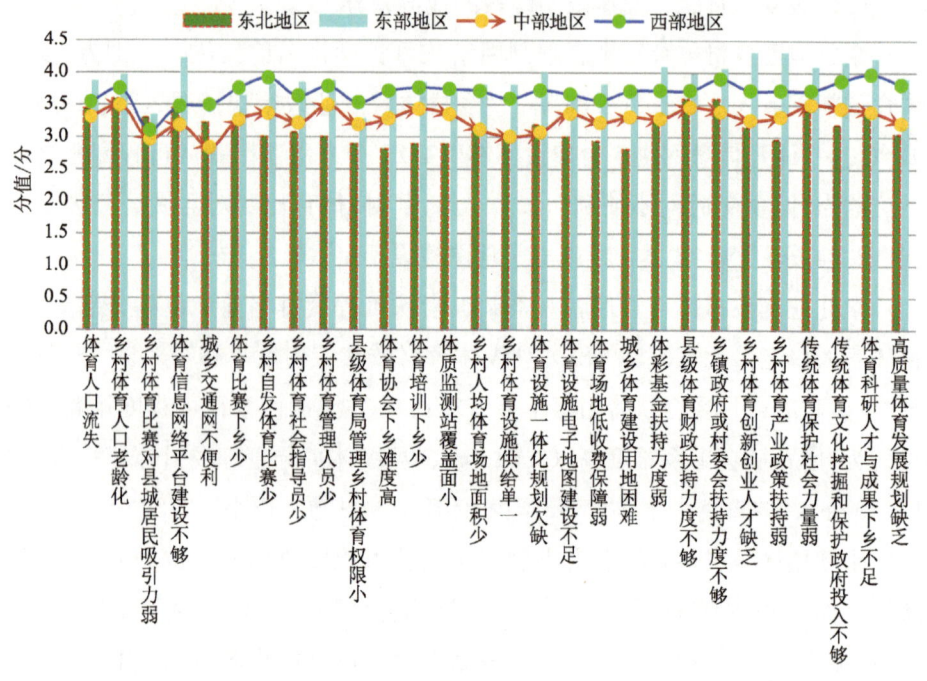

图 4-6 城乡体育融合发展限制要素的地区差异

据调研发现：乡村居民参与体育活动的特征中，在体育运动频次上，选择"不固定，偶尔参加"的占 38.2%；在体育运动时长上，选择"少于 30 分钟"的占 22%，再加上 20.4%选择"从不参加"的乡村居民，说明乡村体育人口依然不足，承接城市体育要素下乡存在发展短板。在乡村居民体育培训及体育信息获取渠道中，选择"从没培训"的乡村居民占 20.5%，选择"从未获取体育信息"的占 5%，而使用手机和电脑网络获取体育信息的乡村居民占比之和为 84.9%。乡村人口的现实情况是老龄化极其严重，50 周岁及以上不会使用智能手机的占 90.19%，更何谈使用电脑网络，说明通过现有的体育培训及体育信息获取渠道提升乡村居民的体育人口素养亦不理想，很难为城市体育要素下乡提供有力支撑。此外，在乡村居民前往县城参与体育活动的现状中，选择"从不去县城参加"的占 40.2%，再加上 20.4%"从不参加"体育运动的乡村居民，说明超过六成的乡村居民还处于城乡体育融合发展的低层次水平，制约了承接城市体育要素下乡的实际成效。

4.2.2 城乡体育要素配置的内部结构失衡

《中共中央 国务院关于建立健全城乡融合发展体制机制和政策体系的意见》提出"坚决破除妨碍城乡要素自由流动和平等交换的体制机制壁垒,促进各类要素更多向乡村流动,在乡村形成人才、土地、资金、产业、信息汇聚的良性循环,为乡村振兴注入新动能"。在体育领域,随着乡村振兴战略的实施,我国乡村体育处于优先扶持发展地位,带动了城乡体育资源要素大幅流入乡村地区。其中,2018—2021年期间,全国村委会体育场地总面积持续增长,且与社区居委会体育场地总面积的差值亦呈现扩大之势(图4-7),说明体育设施资源要素的配置力度极大。

图4-7 2018—2021年城乡基层体育场地面积比较

(1) 体育人才要素下乡的状况并不理想:关于"外聘体育专家指导编制'十四五'体育发展规划"的和选择"乡村体育工作征求本地在外体育专业人才意见"的,选择"没有"的分别占87.69%及62.2%;关于乡村体育组织领头人的背景,选择"不知道"的占39.7%,选择没有城市背景的占9.0%,选择"没有体育组织"的占14.7%;关于乡村社会体育指导员的背景,选择"不知道"的占43.0%,选择没有城市背景的占8.2%,选择"没有社会体育指导员"的占14.9%;关于参与乡村体育比赛的县城人员,选择"不知道"的占37.0%,选择"没有县城参赛人员"的占4.6%。

(2) 体育组织要素及体育资金下乡的情况亦不乐观:在体育组织要素层

面,参与乡村体育比赛的县城体育组织中,选择"不知道"的占34.4%,选择"没有"的占5.0%;关于乡村新文明实践站的体育志愿服务开展状况,选择"没有"的占比高达54.2%,选择"有,服务一般"的占23.3%。在体育资金要素层面,举办乡村体育比赛的县城资金来源,选择"不知道"的占37.0%,选择"没有"的占4.9%,选择"其他"的占9.6%。

(3) 县级体育部门指导的体育培训下乡和体育文化工作亦存在不足:在县级体育部门提供的乡村体育培训层面,选择"1~3次/年"的占22.6%,选择"0次/年"的占18.3%,二者占比之和为40.9%;在县级体育部门指导的体育文化工作层面,选择"没有"开展体育文化宣传的占16.6%,选择"没有"开展乡村传统体育文化挖掘和保护等活动的占17.4%。

可见,在当下的城乡体育资源要素的配置结构中,体育设施资源要素优先得到配置,而诸如体育人才、体育组织、体育活动资金、体育赛事、体育文化等体育资源往往处于城乡体育资源要素配置的末端位置,从而导致城乡体育资源要素的配置结构失衡。

4.2.3 城乡体育要素配置的供给主体单一

实施乡村振兴战略作为一项国家战略,必然受到各级政府的重点资源倾注。为此,在城乡体育资源要素融合中,政府必然为城乡体育资源要素供给提供基础支撑。但现实中,部分地区的乡村体育却发展成为政府一家的"垄断"式供给,造成了政府搭台及政府唱戏,而农民及体育社会组织远离的窘境。

在乡村体育设施层面,通过调研发现:乡村体育设施要素的来源中,选择"村民或乡镇企业捐赠"的占17.1%,选择"县城居民或企业捐赠"的仅占7.9%,说明乡村体育设施的最大供给主体为政府,即体育行政组织,而社会组织的供给力量还比较薄弱。进一步调研发现:县级体育部门供给乡村体育设施的种类中,篮球架、单双杠、二代健身路径、共享健身舱及其他体育设施地区间差异不显著。其中,东部地区集中供给篮球架、乒乓球台和一代健身路径;中部地区主要供给篮球架、乒乓球台和单双杠;西部地区则主要为篮球架、乒乓球台和单双杠;东北地区为篮球架、广场舞音响和单双杠。可见,政府作为乡村体育设施的最大供给主体,甚至在一些乡村地区形成体育设施供给"垄断"的现象,极易形成乡村体育设施供给种类的同质化现象。

除体育设施外,乡村"体育+"新业态作为一种稀缺性资源产业,极易吸引城乡体育人才、体育资金、体育科技、体育组织等体育资源要素的聚集。通过调研发现:乡村"体育+"新业态开发主体中,选择"乡镇政府"的占49.9%,选择"县级政府"的占40.69%;乡村"体育+"新业态的资金来源中,选择"政府财政拨款"的占43.0%,处于最高,加上选择"发放政府债券"的占7.2%,两项政府资金来源占比高达50.2%。进一步从区域差异调研发现:乡村"体育+"新业态的开发主体中,选择"县级政府"及"乡镇政府"的,东部地区分别占48.5%、66.2%,最高;政府筹资渠道中,选择"政府财政拨款"的,东部地区占58.8%,与西部地区占比相差13.2%,超东北地区15.5%,领先中部地区27.6%。可见,当下乡村"体育+"新业态的开发亦存在政府供给主体单一的情况,尤其东部地区最为突出,极易形成乡村体育资源开发和环境监管的"运动员和裁判"合体的现象,导致城乡"体育+"融合绿色发展的监管机制存在极大弊端。

4.2.4 城乡体育要素配置的协同供给欠缺

在城乡体育资源要素的内部,作为客体的体育资金、体育设施、体育文化、体育科技、体育比赛等资源要素极易产生协同融合发展,如2022年贵州省"村BA"篮球赛事采用了线上的网络直播及短视频传播的方式,甚至从无人机的视角拍摄赛事画面,实现了乡村体育比赛资源要素和体育科技资源要素协同融合推进,从而丰富了体育文化要素传播的渠道。但通过调研城乡体育健身电子地图建设及政府供给乡村体育设施的类别来看,城乡体育设施与体育科技的协同融合还存在极大的不足之处。其中,关于城乡体育健身电子地图建设,乡村居民选择"不知道"的占比高达54.1%,选择"没有"的占20.4%,另有选择"有,查询不方便"的占12.7%;县级体育部门向乡村供给体育设施的类别中,选择"篮球架"的占67.7%,选择"乒乓球台"的占58.7%,选择"单双杠"的占45.1%,而诸如选择"二代健身路径"及"共享健身舱"等科技赋能的智能体育设施的分别仅占19.1%及7.2%。

此外,在城乡体育资源要素的内部,推动客体和主体要素的协同融合发展,亦有助于推动城乡体育资源要素的合理配置。但通过调研发现:县级体育部门向乡村供给体育培训与体育科技资源要素的协同融合,亦存在极大不足之处,制约了城乡体育资源要素合理配置的成效。其中,乡村居民更倾向于通过"手机网络平台"接受体育培训,而选择传统线下"县体育局培训"的仅占8.9%。进一步对接受体育培训的乡村居民访谈发现,县级体育局的线下培训往往容易与乡村居民的工作时间形成矛盾冲突,甚至有时仅仅是因为与乡镇文化站干部的个人情感,被临时拉去充数,很难发挥体育培训的持续成效。但是根据县级体育部门向乡村地区供给的体育培训的调研发现:选择传统"线下培训"的(占56.2%)依然是主体,选择与体育科技相结合的"线上培训(可回放)"的仅占29.4%。可见,在体育培训层面,城乡体育资源要素协同融合之路依旧道阻且长。

5 国内外城乡体育融合发展的典型案例与镜鉴

5.1 国外城乡体育融合发展的典型案例

5.1.1 体育资源禀赋型：瑞士圣莫里茨镇

绝对利益理论指出，通过开发利用具备特有的自然及人文资源等绝对优势的资源，可以获得绝对利益，且自然资源和赛事的历史人文资源具有非流动性和不可替代性，形成了天然的"垄断型"特色经济，以此来获得高于市场价值的绝对利益。基于此，发展乡村体育资源型特色经济可以从乡村体育自然资源优势和体育赛事文化资源禀赋两个方面着手。其中，发展乡村体育自然资源优势的特色经济，需要凭借乡村特有山水林田湖草沙等自然资源，因地制宜地开展具有乡村自然特色的体育运动产业；发展乡村体育赛事文化资源禀赋的特色经济，需要凝聚乡村特有的体育赛事及地方人文历史风情，培育不可替代的乡村体育赛事文化资源。

1）基本概况

圣莫里茨镇位于瑞士，在因河河谷上游、库尔东南，海拔1 856米，全年拥有充沛的阳光，被山清水秀的恩嘎丁山谷环抱。四周是壮丽的阿尔卑斯山峰，有冰川水补给莱茵河、波河和多瑙河。全年气温最高约20摄氏度，最低约零下17摄氏度。交通便利，有著名的雷蒂亚铁路通过，同时拥有欧洲海拔最高的机场。恩嘎丁机场拥有海关设施，可以直接接纳来自苏黎世、日内瓦、米兰和慕尼黑的国际航班。

圣莫里茨的支柱产业是旅游业,瑞士第一盏电灯、第一部轻轨电车,格劳宾登第一部电话、第一个高山高尔夫球赛、第一家阿尔卑斯节能酒店等等也都源于圣莫里茨。圣莫里茨小镇面积仅为28.7平方公里,但却拥有8家五星级酒店,是世界上豪华酒店密度最大的地区之一。全球众多名流们每年都固定到圣莫里茨小镇滑雪度假。此外,尼采、塞冈蒂尼等大师们都曾与这座城市有过不解之缘,让这座城市的文化艺术烙印分外鲜明。

2) 禀赋资源引领赛事发展,塑造双向融合发展典范

瑞士举办过两次冬奥会,分别于1928年和1948年在圣莫里茨举办。而最初,冬季运动主要项目是雪橇、冰壶和滑冰,直到20世纪滑雪运动才成为冬季体育赛事项目。但,早在1887年,圣莫里茨 The Cresta Run 雪橇雪车俱乐部就已经成立,雪橇爱好者们发明了俯式雪橇运动。于是,1928年第二届冬奥会上,钢架雪车在圣莫里茨首次成为正式冬奥会比赛项目。其中,1904年启用的圣莫里茨切勒里纳奥林匹克滑道,因为一句广告词而被广为流传——"来这里,你与冠军只差一条雪道"。目前这条滑道不仅是全世界处于运营状态的最古老的雪橇雪车滑道,亦是全球目前现存唯一的举办过国际顶尖体育赛事的天然滑道,1928年及1948年瑞士冬奥会雪橇雪车赛事正是在这里举办的。

除冬奥会的钢架雪车运动项目源于圣莫里茨外,雪地马球世界杯和冰湖赛马大会等冬季特色体育赛事亦源于圣莫里茨。圣莫里茨雪地马球世界杯始于1985年的马球竞技赛,是全世界最盛大的马球赛事之一,深受欧洲地区人们的追捧,并且能够吸引世界各国的顶尖高手参与。此外,圣莫里茨亦是著名冰湖赛马运动的发源地,且圣莫里茨冰湖赛马从1970年起到至今已有50多年的发展历史。

3) 市场促进体康旅融合,延长横向融合产业链条

圣莫里茨优越的海拔高度和朝北的坡向造就了较长的雪季,每年11月到次年5月都适宜开展滑雪运动,而且滑雪高度覆盖1800米至3303米,漫山遍野的雪道,总长度为350公里,冰雪运动资源非常丰富。圣莫里茨的冰雪运动产业的推进还源于欧洲各国以第一届法国夏蒙尼冬奥会为契机,开启了大规模开发欧洲各地滑雪山区的计划。圣莫里茨作为冬季运动的天堂,拥有相当完善和优质的滑雪设施,在每年11月到次年4月,全球无数的冬季体育运动

5 国内外城乡体育融合发展的典型案例与镜鉴

爱好者慕名前往。此外,圣莫里茨还开办了多家滑雪学校,为青少年提供滑雪技术培训。于是,在圣莫里茨小镇形成了特有的"两岁娃娃戴着呼啦圈上雪道"的运动景象。

冰雪运动产业的飞速发展,不仅为圣莫里茨带来众多的全球冰雪运动消费群体,同时也带动了圣莫里茨旅游业的兴旺发展。每年的1月份,雪地马球世界杯几乎都在圣莫里茨小镇举办,已是全世界最盛大的马球赛事之一,吸引世界各国的顶尖高手参与,并且深深吸引着欧洲众多地区观众的参观;每年的2月份前三个星期日举办圣莫里茨冰湖赛马,内容包含了赛马、美食、音乐和各类创意,吸引着全球狂热观众的追捧,被称为"恩嘎丁之王"。此外,现今已有30年历史的圣莫里茨美食节(St. Moritz Gourmet Festival),于每年的1月左右举办,已经吸引过来自30多个国家的厨师和超过6万名的食客参与,且需要提前预约才能有机会参与。另外,随着全球气候变暖,圣莫里茨开发不同气候的体育赛事及旅游活动,如每年7月的英国老爷车大赏赛和8月的恩嘎丁冲浪风帆比赛,已经成为圣莫里茨夏日亮丽的体育运动和旅游融合的风景线(见表5-1)。

表5-1 圣莫里茨年度著名体育赛事与旅游项目一览表

赛事举办时间	赛事名称	赛事简介
1月	圣莫里茨马球世界杯	始于1985年的马球竞技赛,是全世界最盛大的马球赛事之一,深受欧洲地区人们的追捧,吸引世界各国的顶尖高手参与
	圣莫里茨美食节	已经吸引30多个国家的厨师和超过6万名的食客参与,火爆到需要提前预订才能参与
2月	圣莫里茨冰湖赛马	源于1907年,包含了赛马、美食、音乐和各类创意展览,连续3个礼拜的周日举行
7月	英国老爷车大赏赛	1994年以来每年7月都会有超过200辆英国老爷车参加,组织老爷车主驾驶爱车体验各种活动,是风景与复古相结合的视觉盛宴和各类创意
8月	恩嘎丁冲浪风帆比赛	赛事为期约10天,席尔瓦普拉纳湖(Silvaplana)湖面上扬帆的选手们,是圣莫里茨夏日最亮丽的一抹风景线,观众可免费入场观看

119

此外,圣莫里茨的冬季日照充足,空气清新,阳光下的游客在呼吸新鲜空气的同时亦不会感觉到寒冷,因此被游客们称为"香槟气候",是呼吸道疾病患者的理想疗养之所。加之圣莫里茨的天然温泉已经存有 3 000 多年,水里天然蕴含丰富矿物质,如今圣莫里茨已是瑞士著名的高山温泉疗养区,对于过敏性疾病、呼吸道疾病和皮肤病有较好的治疗效果。

4) 政府投入风险管理,构筑纵向融合安全支撑

在阿尔卑斯山区,在雪场得到了发展的同时,国家在风险管理相关领域亦做出了巨大的投入,形成以政府为主导的自上而下的纵向融合,为游客提供了人身安全支撑保障。比如,在欧洲地区开启大规模发展冰雪运动推广、冬季旅游及山区振兴计划的大背景下,各地政府对阿尔卑斯山区雪崩研究的重视程度不断得以加强,推动了瑞士和奥地利的雪崩风险管理在 2018 年被列入人类非物质文化遗产。

另外,瑞士地区的骨科医疗资源在全球处于领先地位,吸引了全球众多顶尖运动员慕名前往瑞士寻求骨科的治疗和康复,亦为圣莫里茨小镇的冰雪运动旅游提供了坚实的医疗支撑保障。

5.1.2 体育产业聚集模式:意大利蒙特贝卢纳镇

新古典经济学派的产业聚集理论认为:产业在特定地区的聚集可以形成外部规模经济,而外部规模经济来源于劳动市场群聚(labor market pooling)、投入共享(input sharing)和技术溢出(technology spillover)。此外,产业聚集不同于一般的企业聚集,具有地理聚集特性、柔性专业化特征、合作网络特征及根植性特征。基于此,我国乡村体育制造业基础雄厚的长三角地区、珠三角地区及福建省晋江、莆田等地区,以蒙特贝卢纳镇产业聚集为镜鉴,有助于打造内生性乡村体育产业集群。

1) 基本概况

蒙特贝卢纳镇位于意大利北部畜牧业中心地区的特雷维索省,靠近意大利制革中心佛罗伦萨,有着数百年的手工制鞋历史,20 世纪 70 年代起这里就被世人称为"冰雪产业之都"。目前,全球约 80% 的赛车靴、75% 的滑雪靴、65% 的冰刀鞋和 55% 的登山鞋等运动鞋产自此镇。当地整个制鞋产业链上有设计、研发、生产、配送的专业公司400余家,就业人员8600余名,生产量达到每年3500万双,年销售收入超过15亿欧元。围绕运动鞋生产,蒙特贝卢纳镇形成了一个庞大、高效的运动鞋生产和服务集群,包括很多国际知名运动品牌。大量生产企业的聚集,促进了商业、居住及公共服务等城市功能的配套完善,形成了"运动鞋生产集群+城市服务功能"的小镇发展架构。

2) 企业分工明确,个性集群文化明晰

蒙特贝卢纳镇的运动鞋产业在国际上具有很强的竞争力,这与其较强的产业集群有着直接的关系。哈佛大学迈克尔·波特教授仔细研究了意大利的皮革制鞋业的集群情况,认为该产业集群达到了相当高的产业组织程度。蒙特贝卢纳镇的运动鞋产业已经形成了制度化的产业集群,即这种产业的集群已不仅仅是相关企业在数量上的累积,而且是产业组织的一种变革,产业内部在特定的地区内形成了稳定的交易和合作制度。上述高度的专业化分工,促成了企业的外部化现象,带动了蒙特贝卢纳镇运动鞋产业的每个生产环节由各自独立的企业来完成。

此外,蒙特贝卢纳镇的各类鞋生产企业在地理空间布局上并不是绝对集中,而是以镇区为中心,在半径约5公里范围内沿公路分布,形成诸多个鞋类产业集聚区。其中,运动鞋的设计、研发和配件生产等相关企业围绕核心生产企业布局,而城市配套功能的商业、居住等则主要集中在镇区。大型运动鞋生产企业、配套企业及城市配套服务功能交错分布,通过产业链间的联系和便捷的交通网络构成一个"大分散、小集中"的布局,核心体育用品的生产推动上下游企业的完善,促进服务业集聚,推动蒙特贝卢纳小镇特色化发展。

3) 强化内外合作,注重横向融合贯通

虽然蒙特贝卢纳小镇的运动鞋产业聚集,但非常注重产品的创新,以满足全球不断变化的市场需求。早在20世纪70年代末期,国际众多知名的运动品牌公司纷纷开始在蒙特贝卢纳镇设立运动鞋研发机构,或者与当地一些公司进行合作项目。现今的蒙特贝卢纳小镇已经成为运动鞋技术型集群,聚集了一些具有极高生产和创新能力的国际运动用品公司。在这些"领头羊"的带领下,"许多当地的公司在海外开设商务机构,加强与外界的联系,这些当地公司的日常工作就包括与海外在生产和商务上的往来"。

蒙特贝卢纳运动鞋产业集群的创新能力主要体现在产品创新和知识创新上。在产品创新上,一方面,蒙特贝卢纳运动鞋注重与科技紧密结合,目的是为运动员提高运动成绩提供支撑;另一方面,蒙特贝卢纳运动鞋还注重保持大众对体育运动鞋设计和生产的时尚追求。而蒙特贝卢纳运动鞋在科技支撑、外观及质量的不断创新,源于蒙特贝卢纳本身就已经拥有世界一流的制鞋工匠和技术工艺,且十分重视新产品的开发研究。可见,蒙特贝卢纳的运动鞋业集群从来不是封闭的,而是处在不断变化发展中。

4)发挥政府引领,推动纵向融合发展

蒙特贝卢纳小镇形成内生性的运动鞋产业集群,离不开当地政府的政策引领作用。其中,地方政府在调节和激励主导产业上起中心作用。在蒙特贝卢纳,当地政府通过地方性银行等金融机构为本地的大学提供资金支持,从而为蒙特贝卢纳小镇的制鞋企业源源不断地输送人才。

同时,蒙特贝卢纳小镇的政府还大力投资基础设施,为市民提供技能培训。一方面,地方政府积极投资兴建水、电、路、通信等基础设施,并对辖区的制鞋企业提供诸如政策咨询、税收、信息等服务;另一方面,地方政府向市民推行免费技能培训。蒙特贝卢纳的市民谁也脱离不了培训,政府设立了各类不同层次的职业技能培训机构,由政府出资针对各类就业对象进行免费培训和各种专业化训练。意大利政府规定,办企业要先培训,失业者要培训,在职人员也要培训。

5.2 国内城乡体育融合发展的典型案例

5.2.1 立足自然生态:百丈时尚体育小镇

"两山理论"提出"绿水青山就是金山银山",是实现生产方式绿色发展的生态文明理念。因为,保护生态环境就是保护生产力,改善生态环境就是发展生产力。"两山理论"的提出,指明了人与自然的关系逐渐转向和谐统一的文明走向。百丈时尚体育小镇的核心竞争力在于保护百丈优美的自然山水生态,规划之初便将居民体育健身、游客的时尚体育消费融入自然山水之间,走出了"生产、生活及生态"相融合的体育特色小镇发展道路。基于此,我国体育特色小镇的开发,生态保护应立于首要地位,坚守绿色发展理念,从改善生态环境中觅得体育特色小镇的可持续发展良机,从而推动体育特色小镇实现"生产、生活及生态"相融合的可持续发展之路。

1) 基本概况

百丈时尚体育小镇位于浙江省泰顺县百丈镇,四周被绿水青山围绕,自然生态环境优美且景色宜人,其中飞云湖被称为温州人"的大水缸"。截至2021年底,百丈时尚体育小镇规划面积达3.2平方公里,建设用地1800亩。以水源保护和生态发展为导向,以推进库区产业结构转型升级为目标,依托飞云湖自然生态资源和历史文化资源,大力发展体育运动产业。

近年来,百丈时尚体育小镇先后被列入温州首批特色小镇创建名单和全省首批运动休闲小镇培育名单,入选国家体育产业典型案例,创成国家AAA级旅游景区,飞云湖入选"浙江十大运动休闲湖泊""美丽浙江十佳特色体验地",获得国家级生态镇、温州市首个国家级林园镇和国家级卫生镇等称号。2018年百丈时尚体育小镇已成功被列入首批省级运动休闲小镇培育名单,并获得国家发改委公众号发文推介。

2) 依托社会力量,构筑"城-乡"纵向融合

2017年8月31日,泰顺县政府与央企华录集团易华录投资管理有限公司签订了关于共同开发百丈时尚体育小镇的战略合作框架协议,采用PPP(政府和社会资本合作)模式对小镇进行总体开发和运营管理。其中,北京泛华规划设计院依托百丈小镇山水编制了《时尚体育小镇概念性规划》《百丈时尚体育小镇专项规划》,从战略、空间、项目、产业、投融资五位一体对环飞云湖18.74平方公里的面积进行科学的规划和布局,构建"一轴三心三组团两区"的"轴带状"空间结构,建设八大功能区,绘制百丈时尚体育小镇的发展蓝图。

此外,百丈体育时尚小镇还委托杭州商大旅游规划设计院围绕绿色产业、体验类旅游产品、体育特色文化、智慧景区、游客导入等重点内容,编制了AAAA级旅游景区创建规划;并以此开展精准招商,先后赴杭州、温州等地参加第十三届斯迈夫全球体育产业大会、百家体育企业走进温州暨2018浙江省首届都市体育产业论坛,招商洽谈梦想之城项目。截止到2017年,百丈时尚体育小镇在3年内已投入体育固定资产2.097亿元,其中核心运动休闲项目投入0.583亿元,吸引社会资本投资0.882亿元;建设期计划投资额为35亿元,其中核心运动休闲项目投入19亿元,预期吸收社会资本投资19亿元(见表5-2)。

表5-2 百丈时尚体育小镇投资计划表(单位:亿元)

3年内体育固定资产已投入金额	核心运动休闲项目投入	社会资本投入	未来计划投入金额	核心运动休闲项目投入	社会资本投入
2.097	0.583	0.882	35	19	19

3) 发挥政府主导,深化"城-乡"纵向融合

百丈时尚体育小镇立足于百丈优美的山水特点,申报的特色方向为水上运动。此外,百丈时尚体育小镇还先后成功招纳吸引国家青年赛艇队、浙江省皮划艇队、辽宁省皮划艇队等多支专业体育运动队伍近500人进驻百丈飞云湖国家水上运动训练基地。为此,百丈时尚体育小镇以国家赛艇基地、辽宁海校冬训基地为依托,以全国青年赛艇锦标赛等品牌赛事为支撑,发展露营、皮划艇、赛艇、跑酷等体育项目。

百丈时尚体育小镇依托飞云湖和青山围绕的自然资源,采用差异化办赛的理念,先后承办了一批具有较大影响力的时尚体育赛事活动。例如2013年全国露营大会、2014年中国温州国际山地户外运动挑战赛(皮划艇及山地自行车项目)、2016年及2017年全国青年赛艇锦标赛、2018年CBSA(中国台球协会)美式台球泰顺国际公开赛。到2019年之后,百丈时尚体育小镇举办的体育赛事的时尚性逐渐增强,先后举办了CBSA美式台球泰顺国际公开赛、飞云湖"鸟人"飞行大赛、无人机航拍大赛、全民运动会、飞云湖公开水域游泳比赛、垂钓大赛等时尚体育赛事(见表5-3)。百丈时尚体育小镇曾因水而兴,被称为"泰顺的小上海",后因兴建珊溪水利枢纽工程而基本停止了发展,现又因自然山水与时尚体育"联姻"而呈现出新的生机。

4) 发挥市场效能,促进产业横向融合

(1) 强化旅游基础设施建设:自兴建百丈时尚体育小镇以来,旅游人次从2013年的1.4万增至2016年的8.1万,旅游产值从2013年的700多万元增至2016年的5 600多万元。百丈时尚体育小镇积极建设小镇书房、美丽码头

表 5-3 百丈时尚体育小镇赛事一览表

时间	赛事名称
2013 年	全国露营大会
2014 年	中国温州国际山地户外运动挑战赛(皮划艇、山地自行车)
2016 年	全国青年赛艇锦标赛
2017 年	全国青年赛艇锦标赛
2018 年	"金丝玉玛杯"CBSA 美式台球泰顺国际公开赛
2019 年	"飞云湖杯"CBSA 美式台球泰顺国际公开赛 飞云湖"鸟人"飞行大赛 无人机航拍大赛
2020 年	2020 泰顺·百丈时尚体育小镇 10 公里环湖挑战赛 泰顺百丈镇飞云湖"广德杯"游泳排位赛
2021 年	温州市第十七届运动会(大众体育部)"飞镖比赛" 百丈镇职工趣味运动会
2022 年	飞云湖首届"菲鱼泳培杯"水上救生赛

景观工程、小镇客厅(旅游集散中心)、A 级旅游公厕建设等旅游设施,并正积极引进帐篷酒店项目,加快推进环湖慢行系统建设,不断完善旅游配套设施。其中,小镇书房作为文化创意街区的第一家店,还登上了人民网等多个主流媒体的版面。

(2)注重农旅体旅融合发展:通过赛事、杨梅节等活动,带动农产品的销售,1.8 万亩杨梅、茶叶、蓝莓、脐橙、猕猴桃、红心柚、中药材、板栗等十多种特色农产品种植地转身成为"四季水果自助采摘基地",大大增加了农产品的附加值,同时带动了地方农家乐、民宿行业的兴起,加快了百丈镇"绿水青山"转化成为"金山银山"的乡村经济发展进程。

5.2.2 市场主导模式:海澜飞马水城

马克思政治经济学中的马克思平等交换理论指出了在商品交换过程中,应遵循交换主体平等、交换过程平等及交换结果平等原则。基于此,在乡村体育产业开发中,应发挥市场在资源配置中的决定性作用,遵循市场经济的平等交换原则,促使城市体育企业通过市场化渠道,激发自我才智,开发能够满足城乡居民多元化体育需求的乡村体育产业,从而推动城乡体育产业要素双向流动效果的相等或相似,实现城乡体育产业共荣发展。

1) 基本概况

海澜飞马水城位于江苏省江阴市新桥镇南首,占地面积 1 000 亩,由海澜集团倾力 10 年精心打造,是集马术训练、马术表演、马术赛事、马文化展示及休闲度假为一体的综合性马术文化旅游综合体,其中包含马术表演馆、马文化博物馆、海澜美术馆、马儿岛酒店、桃园山庄大酒店、飞马水城酒店等多个娱乐体验项目,是一个大型的马文化综合旅游项目。2022 年海澜飞马水城获"2022 中国体育旅游精品项目"的荣誉。

此外,海澜飞马水城还曾荣获"长三角地区最佳旅游目的地""中国最具特色马文化主题旅游景区"等称号,并被国家体育总局评选为"中国体育旅游十佳精品景区"之一。经过多年精心建造和打磨,海澜飞马水城已向"海澜国际,世界一流"的马术观赏与体验一体化的马文化旅游基地跨越。目前,飞马水城年接待游客量已经超过 300 万人次。

2) 立足特色,打造马文化游览乐园

海澜飞马水城是以马术展览及体验为主题的马文化乐园(见表 5-4)。其中,海澜马文化博物馆由收藏馆、名马馆、体验馆、海澜党建文化馆组成,其中名马馆内收藏了超过 30 个国家和地区的 47 个名贵马种,获得了"世界上收藏马匹品种最多的俱乐部"的荣誉称号。此外,盛装舞步马术表演馆是目前国内最大的室内马术表演馆,曾创造"世界上最大规模的盛装舞步"等四项吉尼斯世界纪录。

表 5-4 海澜飞马水城游览项目体验时间一览表

游览项目	营业时间
马文化博物馆	09:00—21:00
名马馆	09:30—12:00、14:00—17:30、19:00—21:00
海澜美术馆	09:00—21:00
环城游艇	13:00—21:00
贡多拉观光	09:30—21:00
马术骑乘体验	09:30—21:00
马车游园	09:30—21:00

5 国内外城乡体育融合发展的典型案例与镜鉴

近年来,2016 奥克鲁斯国际马术峰会、"海澜之家"杯 2016 全国马术盛装舞步锦标赛与全国马术三项赛冠军赛、2017 年全国马术三项赛锦标赛暨第十三届全国运动会马术三项赛预选赛、2018 年国际马联青少年场地障碍赛暨城市系列精英赛、2021 年江苏省青少年马术锦标赛、2021 年"鹏萌"长三角马术联赛(飞马水城站)等多场大型马术赛事的成功举办,丰富了海澜飞马水城特有的马文化的厚重感(见表 5-5)。

表 5-5 海澜飞马水城马术比赛一览表

时间	赛事名称
2016 年	奥克鲁斯国际马术峰会 "海澜之家"杯全国马术盛装舞步锦标赛 "海澜之家"杯全国马术三项赛冠军赛
2017 年	全国马术三项赛锦标赛暨第十三届全国运动会马术三项赛预选赛
2018 年	国际马联青少年场地障碍赛暨城市系列精英赛
2021 年	江苏省青少年马术锦标赛 "鹏萌"长三角马术联赛(飞马水城站)

3) 围绕市场,推动"体旅商"融合发展

海澜飞马水城作为国家体育旅游示范基地,依托市场休闲需求,注重体旅商融合发展。在无锡市海澜飞马水城,游客既能体验马术相关项目,又能旅游观光。在景区内,马术骑乘、马车游园、盛装舞步马术表演等活动,让游客也能体验到马术这项平日里不容易接触的小众运动。同时,游客还可以参观马文化博物馆以及海澜美术馆,参加贡多拉观光、环城游艇夜游。目前景区高、中、低档三个层次的酒店可以满足亲子游及情侣游等不同需求。此外,2018 年 11 月 28 日,奥特莱斯飞马水城店正式开业,标志着海澜飞马水城实现了"体旅商"协同发展。2021 年春节"黄金周"期间,海澜飞马水城共接待游客 20 万余人,各项目点累计检票超 3 万次,营收超 300 万元;飞马水城商业中心客流量达 16.33 万人次,营业收入达 691 万元;马儿岛酒店及苏南菜馆等酒店餐饮业接待量达上万人次。

此外,海澜集团还以市场化的手段,引进了江苏省武术队、摔跤队、柔道队等体育资源,推动东武太极研修院新桥分院、江苏省武术队新桥集训基地及江苏省摔跤柔道队新桥集训基地三大基地落户海澜飞马水城。这意味着海澜飞马水城开始探索武术＋旅游的体旅融合新路径。此外,海澜飞马水城还推动了与国家非物质文化遗产太极拳发源地河南省焦作市在文化、体育旅游、经济发展方面的跨省合作,实现焦作的太极文化、武术、体育及康养产业资源与文化旅游需求的深度对接。

4) 聚焦发展,发挥政府产业政策引导

2020年5月,为推动江苏省旅游服务业的特色发展,积极开拓"以体促旅"新模式,江苏省体育局、无锡市体育局、无锡市文化广电和旅游局、江阴市文体广电和旅游局、新桥镇人民政府、海澜集团在江苏省江阴市签署《联合打造体旅融合示范基地》战略合作协议,将利用当地产业优势和特色旅游资源,打造体旅产业融合示范镇。此外,无锡市与江阴市还达成共建飞马水城省级体旅融合示范基地的协议,制订2021年服务体育企业行动计划,落实国家、省、市出台的促进体育服务业发展的扶持政策,推动设立市级体育产业发展专项资金。

2021年3月,江苏省体育局为大力弘扬"店小二"精神,不断提升服务体育企业能力水平,进一步优化体育产业发展环境,印发了《2021年体育局服务体育企业"十个一"行动计划》,提出"培育一批促进体育产业发展新载体""不断提高服务体育企业能力",引导无锡海澜飞马水城获评国家体育旅游示范基地。近年来,江苏省大力促进体旅融合发展,53个项目入选中国体育旅游精品项目,每年推介发布"江苏时尚体育好去处",海澜飞马水城位列其中。

5) 回馈社会,增强居民全民健身供给

海澜飞马水城的大门并不收取门票,且美术馆面向社会免费开放,现今已经成为附近居民参与全民健身的集聚之所。其中,每晚由海澜飞马水城职工及附近居民共同组成的广场舞队伍超过500人,已经成为江阴全民健身的一张闪亮名片,走红网络。

此外,海澜集团还在新桥镇建设了室内广场舞场地,避免因天气原因阻碍当地广场舞活动的正常开展,并免费提供给当地居民使用。近年来,海澜集团的室内广场舞场地已经成为江阴市广场舞协会举办广场舞春晚年会的活动场地。

5.2.3 社会主导模式：贵州省台盘"村 BA"民间篮球赛事

治理是"运用权威维持秩序以满足公众的需要。治理的目的是在各种不同的制度关系中运用权力去引导、控制和规范公民的各种活动,以最大限度地增进公共利益"。为此,现代社会治理的意涵是实行多元主体共同治理。基于此,在公共体育服务领域,政府在参与城乡体育社会治理过程中,应转变以往乡村体育单一供给的"垄断者"角色,主动放权给体育社会组织、体育企业组织以及城乡体育自治组织,激发社会办体育的积极性和创造性,从而构建高水平的全民健身公共体育服务体系。

1) 基本概况

台盘乡位于贵州省黔东南苗族侗族自治州台江县西部,东南面与萃文街道接壤,北与革一镇交界,南与排羊乡相邻,西与凯里市毗邻,距县城台江 23 公里,州府所在地凯里 26 公里,辖区 98 平方公里,下辖 7 个行政村,45 个自然寨,40 个村民小组,共有 3 836 户 17 302 人。境内交通网较为完善,城乡通勤便利,并拥有台江经济技术园区,发展潜力强劲,区位优势明显。

台盘民族风俗浓厚,具有丰富的原生态旅游资源、独具特色的地域地理地貌、淳朴的乡风民情,让来客流连忘返。每年的苗年节、吃新节、走亲节、十三年一次的鼓藏节等民族民间节日是苗族人民的盛会,是全乡乃至全县的代表性节日,成为广泛宣传苗族文化和台盘经济社会文化的重大盛会。秀丽的自然风光,得天独厚的自然资源,璀璨灿烂的苗族文化,古朴浓郁的民族风情,宽松和谐的投资环境,构筑了文明和谐的新台盘。

2) 民俗搭台,赛事下乡

"吃新节"意为"吃新米节",作为水稻耕作文化的一个传统祭祀日,吃新节以及与它相关的传说、仪式曾随着民族的交融,在我国南方各民族包括汉族中长期延续。日月穿梭,沧海桑田,在其他民族都已淡忘了这个神圣节日的今天,水稻文化的创始者——苗族,仍然执着地在每年农历七月的第一个卯日,杀鱼斗牛、跳月吹笙,来庆祝这个每年一度、对他们来说很重要的节日。台盘乡位于贵州省黔东南州中部,苗族民俗文化浓厚,"吃新节"自然就成了台盘乡居民最重要的节日之一。

每年的台盘乡"吃新节",台盘乡的居民都会像对待传统春节一样重视,从四面八方赶回家过节,吃新米饭,还有好酒好菜,以预祝粮食丰收。此外,村民还会举办诸如"篮球""斗牛"及"斗鸟"等体育赛事,而篮球作为一项参与度最广、群众最认可的赛事被传承下来,甚至台盘村举办篮球赛的历史都要追溯到1940年。2022年为庆祝"吃新节"而举办的篮球赛事,即"村BA",吸引了十里八乡的乡村居民。台盘乡总人口不到2万人,但能够容纳万人的篮球场却座无虚席。另外,鉴于"村BA"的赛程比较紧张,部分场次进行到次日凌晨4点,从天亮打到天黑,从天黑又打到天亮,形成了黔东南独有的"天亮文化"。加之现场解说员不断切换普通话、贵州话、苗语进行"三语"解说,中场休息的表演换成了独具特色的苗族歌舞,冠军奖品是一头1300斤的黄牛。可见,"村BA"篮球赛事无论是赛事的名称还是赛事的承办过程,皆蕴含着浓郁的乡土文化气息和城市生活现代体育元素,是连接城市与乡村、国际与国内的体育文化盛宴,亦是西部地区特有的"民俗搭台,体育唱戏"乡村体育文化的绚丽绽放。

3) 体育唱戏,科技助力

2022年贵州省"村BA"篮球赛事吸引了现场超过万人观看,甚至现场还出现架梯子、站房顶、爬围墙的观众。此外,"村BA"篮球赛事还采用了线上的网络直播及短视频传播的方式,甚至启用无人机拍摄赛事画面,成功吸引了近亿网民的关注,热烈的氛围使其迅速走红网络、火爆出圈。此外,"村BA"篮球赛事的火出天际,还成功吸引了《人民日报》、中央电视台等各大媒体的争相报道,同时又得到外交部发言人赵立坚的点赞及姚明"一票难求"的感叹,迅速成为2022年夏季无数网友的重要谈资。而"村BA"篮球赛事成功吸引眼球的背后,离不开我国现代数字乡村建设的发展。

《中华人民共和国2022年国民经济和社会发展统计公报》显示:截止到2022年12月,我国互联网上网人数10.67亿人,其中手机上网人数10.65亿人,我国网民使用手机上网的比例达99.8%。可见,智能手机成为上网的主要方式。此外,根据中国电信、中国移动及中国联通三大运营商在数字乡村的推进发现:中国电信近年来累计为约5.2万个行政村通光纤,建设超1.5万个4G基站,实现了在主导区域、行政村光宽覆盖率达97.5%,4G网络全国乡镇覆盖率达100%,行政村4G覆盖率达96%;中国移动全国行政村4G网络覆盖率在当时就已经超过了98%,建档立卡贫困村宽带网络覆盖率超过97%;中国联通的移动通信网络,除西藏外的乡镇覆盖率已经达到近100%,光纤宽带覆盖行政村30.8万个。足见我国数字乡村建设的突飞猛进,从而为"村BA"篮球赛事的组织者借助抖音、快手等现代短视频网络平台提供传播便利。

4) 民间主导,政府协同

2022年贵州省"村BA"篮球赛事的主办方为台盘村,而比赛的资金来源则主要是当地乡村居民、商铺、单位及企业从20元到2 000元不等的金额捐助。其中,台盘村一、二组村民集资了129 720元,占资金总额的69.6%。而且,来自县城的篮球裁判员亦是村民组委会自费聘请的(见表5-6)。此外,网络上津津乐道的冠亚军奖品黄平黄牛、榕江香羊、中场投篮的西瓜等奖品亦是当地乡村居民自发捐助的。可见,贵州省"村BA"篮球赛事是民间力量主导的乡村体育赛事,亦是城乡体育融合发展的典范之作。

虽然贵州省"村BA"篮球赛事是以民间力量为主导,但背后亦离不开政府在乡村治理中的融入。首先,政府保驾赛事秩序及人身安全。在"村BA"举办期间,台江县政府及台盘乡政府积极组织公安部门及联防人员参与赛事的秩序维护,同时组织医院等单位做好急救工作,且现场亦安排医疗救护人员及设备。在政府力量的介入下,"村BA"虽然人流拥挤,但现场赛事秩序井然,观众的情绪都投入精彩的比赛和紧张的火爆氛围中,从未出现观众因占不到座而发生口角或球迷斗殴等社会治安事件。其次,借助赛事深化"法治进乡村"的宣传工作。台江县司法局联合公安、交警、消防等部门以落实普法责任制为抓手,以提升普法工作的针对性、实效性为着力点,深入开展"法治进乡村"普法宣传活动。各部门结合自身实际,通过在观众席悬挂横幅、球场周边发放宣传资料、利用篮球比赛中场休息时间互动问答等形式深入开展学习习近平法治思想、夏季治安打击整治"百日行动"、警惕养老诈骗和电信诈骗、宣传民法典等活动,着力推进法治乡村建设,教育引导广大群众办事依法、遇事找法、解决问题用法、化解矛盾靠法,着力提升全县人民群众的法治素养。

表 5-6　2022 年度"村 BA"赛事收支一览表

收入		支出	
名称	金额/元	名称	金额/元
台盘村一、二组村民集资	129 720	活动项目奖金	125 572
门面捐助	13 820	购买活动物品	25 439
个人赞助	2 400	日常开销	11 071
单位、公司赞助	11 676	活动电费、网费	420
报名费	9 850	卫生费	2 200
摊位费	11 400	扣篮奖励	800
直播费	5 000	文艺晚会	12 968
押金	2 500	飞歌开销	1 132
		裁判费用	5 764
		退 2021 年摊位费	1 000
总收入	186 366	总支出	186 366

5) 赛事爆红,产业萌发

2022 年"村 BA"比赛期间,全村 272 户还不到 1 200 人,一个月接待的观众达到 50 万人次,而且网络直播累计观看人次超过 1 亿,足见"村 BA"已经为台盘村打开了蕴含无限财富的流量密码。如何借助"村 BA"的巨大流量,推动流量变现,实实在在地增加乡村居民收入,从而为推动乡村全面振兴增添体育色彩,成为台盘村亟须解决的现实问题。

2022 年 11 月的台盘村村民大会已经明确提出了台盘村筹建商业街、民俗街及篮球训练基地的计划,并提出全面扩建球场及看台以推动"村 BA"的赛事硬件升级,目的在于推动"村 BA"成为以篮球为特色的乡村篮球网红打卡胜地,从而推动乡村特色旅游产业的开发和发展。此外,"村 BA"的爆红,同样带动了当地人才的返乡回流,正推动台盘村成为以篮球为特色乡村振兴的创业沃土。

5.3 国内外城乡体育融合发展典型案例的镜鉴

5.3.1 发挥政府引导

纵观上述国内外城乡体育融合发展典型案例,圣莫里茨小镇的雪崩研究和投入、蒙特贝卢纳小镇的基础建设和企业服务、百丈时尚体育小镇的政府基础建设投入、海澜飞马水城的"省—市—县"三级政府的政策扶持、贵州省"村BA"中政府在后勤服务及社会安全的无形付出,皆指明了推动城乡体育融合发展离不开政府所带来的自上而下的纵向融合。

党的十九大部署了乡村振兴战略,路径在于坚持城乡融合发展,目的在于从全局和战略高度把握和处理工农关系、城乡关系,解决"一条腿长、一条腿短"的问题。目前,我国刚刚进入全面推进乡村振兴战略的发展阶段,"抓重点、补短板、强基础"已经成为各级政府的发展共识。为此,在城乡体育融合发展的初始阶段,坚持乡村体育优先发展的原则,推动更多城乡体育资源要素在乡村地区形成良性汇集,弥补乡村体育发展现实短板,离不开政府在保障公共体育服务普惠及公平供给中所呈现出的自上而下的资源倾斜和政策引领。

5.3.2 遵循市场规律

在经济领域,乡村作为后发区域,在经济发展的规模、层次及水平上皆远远落后于城市地区。为此,乡村发展的关键在于推动乡村产业振兴,从根本上改变乡村经济发展的落后现状,才能吸引资源、留住人才;只有经济兴盛,才能富裕农民,繁荣乡村。但经济发展有着严格的市场发展规律,不可能一蹴而就,而且国内外城乡体育融合发展典型案例也一再说明了乡村经济的发展需要尊重经济发展规律,毕竟罗马城不是一天建成的。

但目前乡村体育产业发展却存在大干快上的不利局面,尤其体现在本应是城乡体育融合发展典范的体育小镇上。2017 年 5 月,国家体育总局办公厅印发的《关于推动运动休闲特色小镇建设工作的通知》指出"到 2020 年,在全国扶持建设一批体育特征鲜明、文化气息浓厚、产业集聚融合、生态环境良好、惠及人民健康的运动体育特色小镇"。截至 2017 年 12 月,全国已选定了 96 个体育小镇示范性试点,总投资约 2 000 亿元。但很多体育小镇项目快速上马,严重脱离了市场发展规律,导致众多体育小镇布局在景区周边,且众多贫困地区和景区的资源具备高度的重合,很难形成产业聚集。为此,体育小镇应该遵循体育产业的市场发展规律,合理谋划城乡体育资源要素的配置,并积极培育独特的体育 IP,推动体育小镇的建设回归到"体育特征鲜明、文化气息浓厚、产业集聚融合、生态环境良好、惠及人民健康的运动休闲特色小镇"初衷。

5.3.3　突出个性文化

文化是乡村发展的灵魂,文化振兴能够引领乡村振兴。在文化认同方面,乡村体育蕴含丰富的乡土文化,承载着中华文化的血脉传承,甚至部分传统体育文化已经成为该区域民众的身份符号。此外,乡村"体育+文化"亦已经成为满足城市居民"乡愁"经济的重要组成。

但随着城镇化的持续推进及乡村"空心化"的恶性发展,乡村传统体育文化消融现象严重,削弱了支撑中华文化自信的体育力量。此外,乡村个性文化与乡村体育产业的协同融合亦存在不足。比如乡村"体育+"新业态,因缺乏个性文化融入导致体育产品供给的同质化严重,并不能真正发挥体育推动乡村产业兴旺之功。为此,在城乡体育融合发展中,亟须充分认识乡村体育文化的优势,推动城乡体育文化要素实现互促发展,塑造乡村个性体育灵魂。

5.3.4　激发内在动力

在封建社会和民国时期,我国乡村地区实行乡绅治村的精英管理模式,乡村体育发展的内在动力严重不足。新中国成立后,我国乡村的管理体制发生了根本性的变迁,农民成为乡村的主人,乡村的法制性逐渐增强。此外,在中国共产党的领导下,广大乡村体育逐渐实现了由单核管理到多元治理的转变,推动乡村体育逐渐走向"政府掌舵,社会划桨"的善治之路。故,应激发广大农民"生于斯,长于斯"的主人公意识,将其内化为推动乡村体育发展的内生动力,为乡村善治提供体育支撑。

坚持农民主体地位,是实施乡村振兴战略的基本原则,也是指引城乡融合发展的目标导向。在部分乡村,乡村体育仍然呈现政府一家包揽的局面,形成了"政府推车,百姓观局"的垄断治理格局,尤其在乡村体育设施等建设方面最为显著,不利于真正推动乡村体育的发展。为此,在城乡体育融合发展中,不单单需要依靠来自城市的体育发展助力,更应充分调动农民的积极性、主动性和创造性,明确农民既是乡村体育建设的受益者,也是主力军,把广大农民对美好生活的向往转化为促进乡村体育发展的动力,激发农民主人翁意识,发动和组织农民积极投身乡村体育发展的社会实践。

5.3.5 依托绿色发展

生态振兴是乡村振兴的重要支撑,关系人民福祉,直接影响政治、经济、文化、社会等子系统的良性运行。纵览上述国内外城乡体育融合发展典型案例,皆将生态环境放在至关重要的位置,诸如圣莫里茨被称为"阳光香槟小镇"、百丈时尚体育小镇将百丈的青山绿水作为小镇最亮丽的底色等等。此外,"绿水青山就是金山银山"的绿色发展理念也逐渐深入人心。

但乡村体育发展依然存在环境发展隐患,如冰雪运动产业中存在污染的人造雪随意丢弃、雪场与人争水等城乡环境治理协作不足的现实难题。如此循环发展,脱离了乡村体育拥抱自然资源这一最大的发展优势,城乡体育融合发展的光彩亦暗淡褪色。为此,在"互促互补"的城乡体育融合发展视角下,乡村体育应立足于"山水林田湖草沙"等先天自然资源,且必须成为捍卫乡村自然资源的勇猛卫士,从而将乡村体育塑造得既有"悠然见南山"的娴静,又含"秋千竞出垂杨里"的活泼。

6 城乡体育融合发展的内在机理研究

在《现代汉语词典》中,"机理"原意是指机器的构造和工作原理。为此,剖析城乡体育融合发展的内在机理,需要从城乡体育融合发展的前提、基础及结果出发,厘清其内在发展结构。故,城乡体育人才、资本、技术、产业实现双向互动,才能推动城乡体育要素实现自由流通,构成城乡体育融合发展的前提;交通网、信息网及环境承载力不仅能拓展城乡体育生活空间,还能提升乡村体

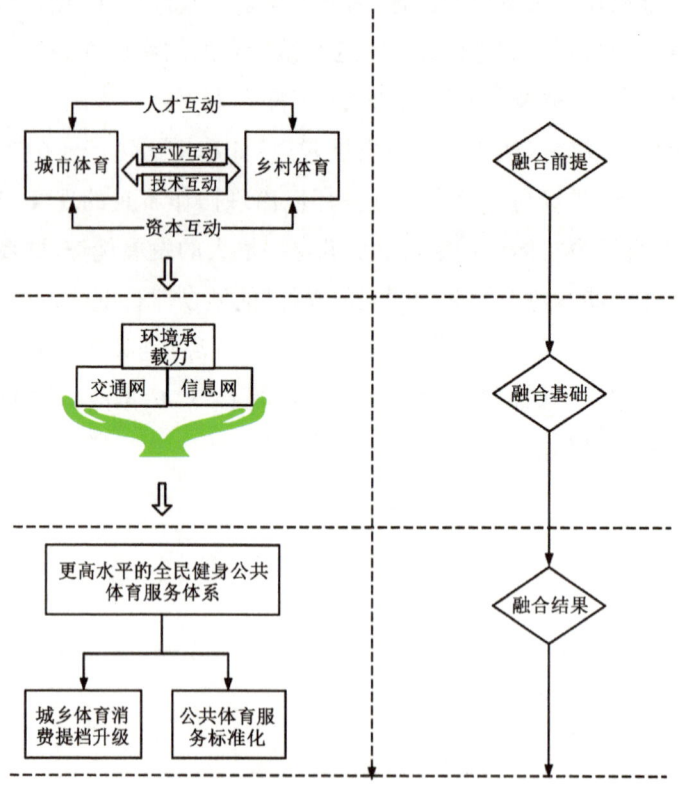

图 6-1 城乡体育融合发展的内在机理图

育禀赋资源优势,奠定城乡体育融合发展的基础;"城乡互促、共同繁荣、全面融合"的城乡体育融合发展,旨在解决城乡体育发展的不平衡不充分,最终结果为构建更高水平的全民健身公共体育服务体系(见图6-1)。

6.1 融合前提:人才、资本、技术、产业互动

6.1.1 人才互动:城乡体育融合发展的首要条件

社会流动理论认为社会结构的调整过程主要是通过社会流动来实现的,社会流动是研究社会地位结构的动态变迁过程。人作为社会的主体,社会结构的变化实质上是人的社会流动变化。因此,个人的社会流动不仅对个人有意义,而且对整个社会结构也会产生影响,其中整个社会结构的改变是结构性流动的结果。可见,只有城乡体育人才的社会流动趋势发生结构性双向变迁,才能促进城乡体育关系朝着融合发展演变。此外,社会互动理论指出社会主体之间的社会互动,社会主体地位平等还是不平等取决于权力分配的格局。可知,只有维护城乡体育人才的体育权力分配格局平等,城乡体育人才才能产生平等的社会互动。目前,我国城乡体育人才平等的互动局面初现,城乡公共体育服务共建共享格局初成,从而为城乡体育融合发展提供了首要条件。

1) 外出务工人员的体育权利得到保障

党的十九大之后,我国持续推进以人为中心的新型城镇化,推动户籍人口城镇化率由2017年的42.35%上升为2021年的46.70%(见图6-2),促使部分乡村转移人口市民化,率先从身份认同上建立了乡村转移人口城市体育权利同等共享的长效保障机制。我国常住人口城镇化率由2017年的58.52%上升为2021年的64.72%,但依然有大量乡村流动人口游离于农业转移人口市民化机制之外。基于此,我国相关政策致力于持续推动城乡体育均等化发展进程:2019年《体育强国建设纲要》明确提出逐步推动基本公共体育服务在城乡及人群间的均等化;2021年3月《中华人民共和国国民经济和社会发展第十四个五年规划和2035年远景目标纲要》提出强化基本公共服务保障,推进农

业转移人口市民化;同年10月《"十四五"体育发展规划》统筹推进体育公共服务常住人口全覆盖。可见,乡村体育人才逐步在城市地区实现依法同等共享城市公共体育服务,推动了城市地区城乡体育人才的良性平等互动。

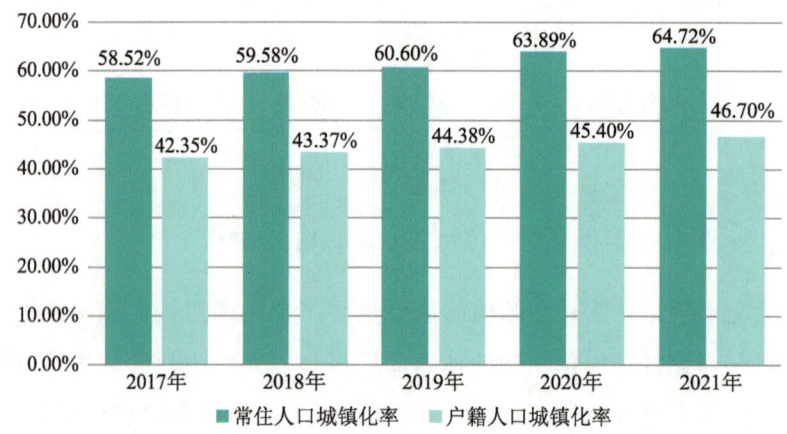

图6-2 2017—2021年我国常住人口及户籍人口城镇化率

2) 体育人才逆城镇化潮流初现

(1) 政策性体育人才下乡机制基本建立:实施乡村振兴成为国家战略,部署了五级书记主抓乡村振兴的长效机制。体育作为乡村振兴战略的重要组成部分,必然推动各类政策性体育人才下乡支援乡村体育,从而弥补乡村在体育治理、体育活动开展、体育健身科学指导等方面的人才短板。目前已经基本建立驻村干部、国民体质监测人员、社会体育指导员等体育人才政策性下乡机制,实现了城乡体育人才在乡村地区的互动。

(2) 社会性体育人才流动基本通畅:乡村具备近乡情怯的"乡愁"魔力,带动体育新乡贤群体返乡支援乡村体育建设;随着乡村振兴战略的持续推进,乡村体育所具备的自然及人文优势得到了社会的广泛认可,乡村体育成为城市居民下乡体验运动休闲及徜徉体育文化的理想之所;随着城市居民亲近自然的体育需求出现,促生了乡村"体育+"新业态的市场机遇,带动了城市体育产业人才下乡开启乡村体育创新创业的发展征程。

6.1.2 资本互动:城乡体育融合发展的先决条件

在马克思政治经济学中,从物的属性层面看,资本是指掌握在资本家手里的生产资料和用于雇佣工人的货币。在马克思的《资本论》中,重点阐述了资本的增殖特性决定了资本具备有别于其他各生产要素的趋利性特性,往往会自发地从低收益部门向高收益部门流动,追求高效率是资本趋利性的内在要求。上述资本的趋利特性同样适用于体育行业发展。在城乡体育二元发展阶段,政府主导下优先偏向城市发展的政策,形成了城市与农村资本边际效应的极大差异,促使体育财政源源不断地单向流入城市地区,导致城乡公共体育服务形成巨大差异。在城乡体育融合发展阶段,乡村体育之于乡村振兴战略及体育强国的重要性日益突出,蕴含了巨大的政治及经济效能,吸引政府财政拨款及社会资本优先投入乡村体育,为乡村体育发展提供了必要的资金保障,亦为城乡体育融合发展的持续推进提供了先决条件。

1) 政府体育财政资金投入乡村的力度持续加强

瓦格纳定律指出随着经济发展和工业化进程的深化,经济规模快速扩张,不断扩张的市场和市场主体之间的关系日趋复杂,对政府的依赖性和对政府绩效的需求也愈益增强,政府公共财政的社会性支出将不断增长。党的十九大提出乡村振兴战略之后,乡村体育的明显短板成为制约体育强国建设的羁绊,成了政府必须优先解决的社会事务,推动政府财政优先投入乡村基本公共体育服务,并写入了《中华人民共和国乡村振兴促进法》。基于此,梳理2015—2022年中央本级体育支出预算数据:除了2018、2019及2020年三年为备战2020年东京奥运会及2022年北京冬奥会等重大密集赛事加大了对国家队的投入之外,中央本级体育支出预算呈下降趋势,体现了我国政府体育投入已经由向竞技体育重点倾斜转向竞技体育和群众体育协调发展。梳理2015—2022年中央支持地方公共文化服务体系建设补助资金预算的发展趋势:在2015—2018年期间,中央支持地方公共文化服务体系建设补助资金预算总体趋势发展平稳,大约维持在129亿元。但随着2018年乡村振兴战略的全面启动,中央支持地方公共文化服务体系建设补助资金预算增长势头迅猛,到2022年已增长至154.90亿元(见图6-3)。可见,政府体育财政资金投入乡村地区力度持续加强。

2) 城市市场资金流入乡村体育产业的发展趋势显著

市场资金不同于政府体育财政兜底基本公共体育服务的公益性,其趋利

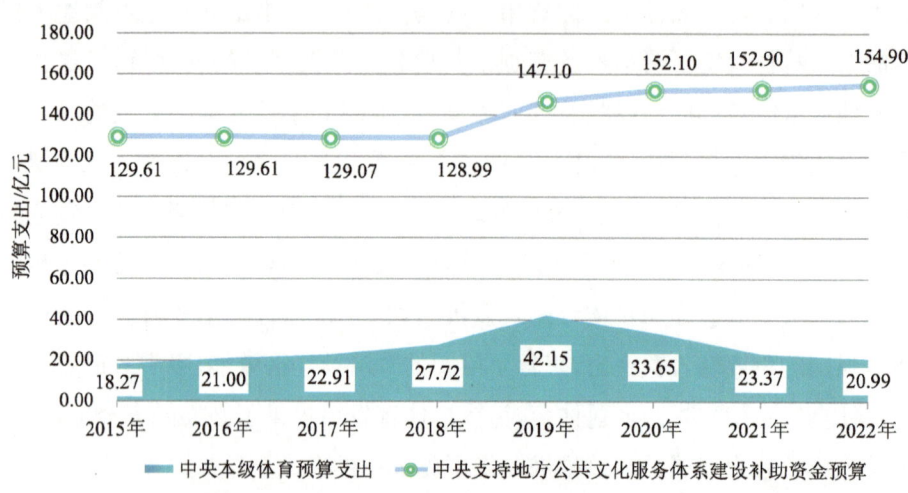

图 6-3　2015—2022 年中央本级体育支出预算及支持地方公共文化服务体系建设补助资金预算

性的特质更为显著,在一定程度上直接成为反映体育行业市场发展的风向标。在城乡体育二元发展阶段,资本的趋利性将致使市场资金主动留在城市体育,且市场资金下乡参与乡村体育的政策渠道也被封闭。在城乡体育统筹阶段,虽然国家政策鼓励市场资金下乡投资乡村体育,但由于乡村基础设施建设薄弱,对市场资金的承接能力严重不足,导致市场资金下乡发展体育运动的风险成本极高,又一次抑制了市场资金下乡的活性。但在城乡融合发展阶段,乡村体育产业的优势得到了市场的认可,同时政府相关政策加强对市场资金下乡的引领,市场资金下乡的障碍逐渐得到了清除。2021年中央一号文件《中共中央　国务院关于全面推进乡村振兴加快农业农村现代化的意见》,指出"支持以市场化方式设立乡村振兴基金,撬动金融资本、社会力量参与,重点支持乡村产业发展";同年 4 月,《中华人民共和国乡村振兴促进法》,指出"支持以市场化方式设立乡村振兴基金,重点支持产业发展和乡村公共基础设施建设";2022 年 4 月,农业农村部国家乡村振兴局联合印发《社会资本投资农业农村指引(2022 年)》,指出"鼓励社会资本发展休闲观光、乡村民宿、创意农业、农事体验、农耕文化、农村康养等产业"。当前,市场资金下乡投资乡村体育主要为运营乡村"体育+"新业态及投资建设体育特色小镇,其中体育特色小镇备受市场资金的青睐(见表6-1)。

表6-1 市场资金参与体育特色小镇建设的部分案例

企业名称	项目名称	具体情况
中体产业集团股份有限公司	枣林湾铜山体育小镇	主要建设内容有体育设施、两园配套及文化创意设施、基础设施工程和保障用房等
中赫太舞(张家口崇礼)文化旅游有限公司	崇礼太子城冰雪小镇	涵盖了冬奥颁奖广场、国际会议中心、国际度假酒店群、冰雪特色配套区等开发建设内容
棕榈生态城镇发展股份有限公司	贵安新区棕榈·西布朗足球小镇	贵安新区将借助西布罗姆维奇足球俱乐部的足球产业资源,共同打造棕榈·西布朗足球小镇
海航创新股份有限公司	平湖九龙山体育小镇	打造集运动体验、休闲度假、养生养老、生态人居等功能于一体的长三角运动休闲和健康养生目的地
河南嵩皇体育产业有限公司	嵩皇体育小镇	建成有嵩皇会议中心酒店、运动娱乐休闲馆、足球基地、射箭基地等的体育小镇
泰普森、五洲体育、乐居户外、久胜车业等	德清莫干山"裸心"体育小镇	打造成为具有山水特色的户外运动赛事集散地、山地训练理想地、体育文化展示地、体育用品研发地
北京泛华新兴体育产业股份有限公司	百丈时尚体育小镇	规划面积18.74平方公里,规划实施项目40个,计划总投资35亿元

6.1.3 技术互动：城乡体育融合发展的必需前提

生产力决定生产关系是马克思主义哲学的基本理论。科学技术是第一生产力,而城乡关系则为生产关系。科学技术的不断革新,将推动城乡关系从分离走向融合。当前我国正处于信息化发展阶段,最显著的特征是以物联网、大数据、云计算等互联网技术为代表的现代科技在城乡体育发展中全面铺开,推动了城乡居民体育生活方式的融合,从而为城乡体育融合发展提供了必需前提。

1) 乡村数字化建设为城乡体育融合发展提供硬件支撑

随着乡村振兴的持续推进,我国将数字乡村建设提上发展日程。2021年8月,我国乡村地区电信普遍服务试点累计支持超过13万个行政村光纤网络通达和5万个4G基站建设;2021年12月全国行政村已实现村村通宽带;2021年11月,《"十四五"信息通信行业发展规划》明确提出"到2025年实现行政村 5G 通达率达到 80%"；2022 年 4 月，《2022 年数字乡村发展工作要点》提出到 2022 年底，农村地区互联网普及率超过 60%；2023 年 2 月，《数字中国建设整体布局规划》提出"深入实施数字乡村发展行动，以数字化赋能乡村产业发展、乡村建设和乡村治理"。截至 2022 年 12 月，"我国农村地区在线教育和互联网医疗用户分别占农村网民整体的 31.8% 和 21.5%，较上年分别增长 2.7 和 4.1 个百分点"。为此，我国数字乡村建设呈现蓬勃崛起之势，城乡互联网一体化的硬件基础建设逐渐得到完善，为我国城乡体育融合发展提供了坚实的互联网硬件支撑。

2) 乡村智慧体育设备推动城乡居民体育生活方式融合

一方面，乡村体育智慧体育设施及智慧体育装备助推乡村体育健身科学化。乡村振兴战略的实施，推动了诸如二代健身器材、新文明实践站室内健身房、乡村百姓健身房等智慧体育设施在乡村地区出现，智能手表或手环等智慧体育穿戴设备在乡村地区体育健身人群中得到普及。据《2022 年全球及中国智能手表行业头部企业市场占有率及排名调研报告》，显示 2016 年全国智能手表销售额仅 86 亿元，到 2021 年增长至约 318 亿元，同比上升 16.9%，2016—2021 年期间年均复合增速为 29.9%，预计 2025 年超过 400 亿元。可见，乡村居民可以通过智慧体育设施及智慧体育装备，与城市居民同等实现体育健身科学化。另一方面，国民体质监测智慧化助力乡村体育指导科学化。国民体质监测是国家为系统掌握国民体质状况，以抽样调查的方式，按照国家颁布的国民体质监测指标，在全国范围内定期对监测对象进行统一测试和对监测数据进行分析研究的工作。目前国民体质监测智慧化程度越来越高，包括建设在广大乡村地区的国民体质监测站，基本上实现了"手机在手，扫码搞定，形成采集、上传、分析、推送、指导的数据化科学健身服务闭环"。

6.1.4　产业互动：城乡体育融合发展的必要前提

亚当·斯密在《国富论》中提出分工受限于市场的范围。为此，体育产业的发展亦取决于体育消费的市场体量。《全民健身计划（2021—2025 年）》制定了到 2025 年"全国体育产业总规模达到 5 万亿元"的发展目标，说明未来我国体育产业发展体量巨大。其中，乡村体育产业作为体育产业的新增长点，后发优势明显。而发展乡村体育产业之路,关键在于挖掘乡村体育产业的自然及人文等优势资源要素,与城市体育产业的人才、资金、设施、技术等要素实现互补互促,这是构成城乡体育融合发展的必备前提。

1) 政府引导体育产业全面下沉

2020年8月24日,习近平总书记在经济社会领域专家座谈会上发表重要讲话,指出要"推动形成以国内大循环为主体、国内国际双循环相互促进的新发展格局",其中内循环被认为是中国经济增长、百姓收入提高的根本动力,更需要从乡村地区释放市场发展需求。在体育产业层面,基于构筑国内经济发展内循环的政策背景,政府相关部门一直在致力于推动城市体育产业向乡村下沉。2021年10月,《"十四五"体育发展规划》明确指出"推动自然资源向户外运动开放,丰富户外运动赛事活动",同时将"户外运动产业培育工程"纳入重点发展工程。

2) 市场指引体育服务产业升级

2019年《国务院办公厅关于促进全民健身和体育消费推动体育产业高质量发展的意见》提出促进以资源禀赋为依托的区域特色体育产业和乡村体旅融合发展,明确乡村体育产业的自然及人文资源优势。恰恰乡村体育服务业的先天优势,是聚焦城乡体育消费市场的凸透镜,蕴含了巨大的体育市场需求。为主动满足城乡居民高品质的体育需求,市场将在城乡体育资源配置中发挥关键作用,引领城市体育服务产业将人才、资金、赛事等要素主动流入乡村,从而带动整个体育服务产业实现绿色升级。此外,《中小学综合实践活动课程指导纲要》规定"综合实践活动是国家义务教育和普通高中课程方案规定的必修课程"。为此,不少地区青少年综合实践课也将目光投向乡村体育产业,纷纷设立青少年课外活动实践基地,增大了乡村体育服务产业的市场体量。

3) 体育产品制造业寻求成本降低

自我国进入城乡一体化发展以来,国家和地方政府扩大了对乡村基础设施的投入,乡村在医疗、教育、保险、创业等基本公共服务的供给能力得到了极大的提升,同时随着乡村经济的进一步放活,城乡工业要素市场趋于统一,为城市体育产品制造企业下沉到乡村地区夯实了必备前提。此外,乡村地区具备人力、土地、厂房、工资等成本低廉的优势,能降低体育用品制造企业的生产成本,将吸引一批城市体育企业将生产车间主动迁往交通区位优势更明显的乡村地区。

6.2 融合基础：交通网、信息网、环境承载力

6.2.1 交通网：拓展城乡体育活动空间

交通网泛指陆路交通、水路交通、铁路交通和空中交通的统称。而本书的交通网主要是指存在于某一行政县域内,县城和乡村、乡村和乡村之间的陆路交通,主要包括公路、公路运输装备与公路运输服务。

公路作为城乡居民通勤的基础设施,是城乡居民扩大体育活动空间的必备基础。自乡村振兴战略实施以来,我国乡村公路总里程、县道里程、乡道里程及村道里程持续增长,其中 2019 年到 2020 年村道增幅较大(见图 6-4),源于 2020 年我国政府实施脱贫攻坚收尾之年的重要战绩。截至 2020 年,我国乡村地区已经全面实现了村村通公路,极大地方便了城乡居民,摆脱了体育锻炼的物理空间局限。

图 6-4 2017—2020 年全国农村公路里程表

随着我国城乡居民生活水平的提高,我国乡村公路运输装备及公路运输服务水平迅速提升。在乡村公路运输装备方面,我国机动车及汽车保有量自 2019 年全面超越美国后,继续处于世界第一的地位。截至 2022 年 12 月底,全国机动车保有量为 4.17 亿辆,其中汽车保有量为 3.19 亿辆(见图 6-5)。

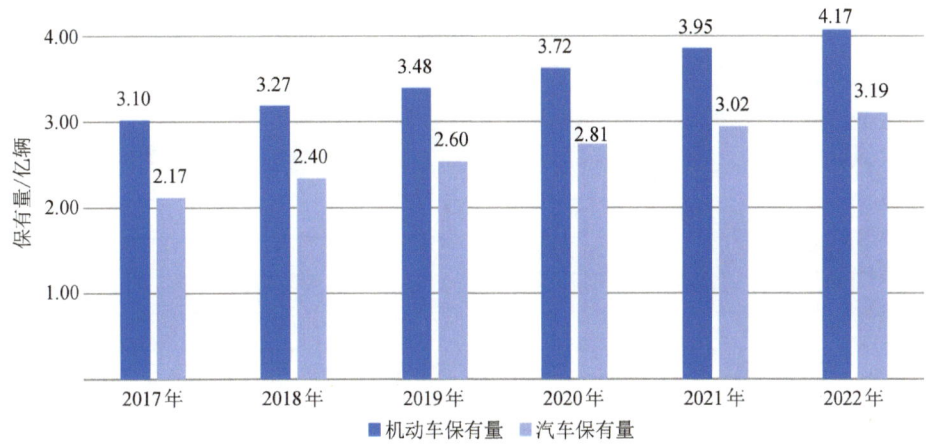

图 6-5 2017—2022 年全国机动车及汽车保有量

2020 年 6 月,我国最后一个行政村——阿布洛哈村通上城乡公交,标志着我国作为公路运输服务主要渠道的城乡公共交通服务已经覆盖了乡村的全部行政村。城乡公共交通服务为城乡居民参与城乡体育活动、拓展自我的体育活动物理空间提供了交通基础保障。加之网约车服务已经覆盖了我国大部分乡村地区,极大弥补了城乡公共交通运输服务的机动性不足问题,为城乡居民拓展体育活动空间增添了更大的便利。为此,我国城乡"初步形成了以县城为中心、乡镇为节点、建制村为网点,遍布农村、连接城乡的农村公路交通网络",极大地拓展了城乡居民体育活动空间。

6.2.2 信息网:构建城乡体育平等关系

互联网技术的突飞猛进以及智能手机的普及,带动了我国城乡居民互联网普及率持续上升。其中,2022 年 6 月,城镇地区互联网普及率达到 82.90%,乡村地区为 58.80%,且城乡互联网普及差值已经由 2017 年 12 月的 36.50% 下降为 2022 年 6 月的 24.10%(见图 6-6)。可见,以互联网为主要特征的信息网在我国城乡社会之间已经基本完成信息网络构建。在体育领域，以互联网为主要特征的信息网带来了互联网的去中心化，打破了以往城乡体育的主从关系，推动城乡体育关系走向平等，为城乡体育平等对话创造了便利条件。

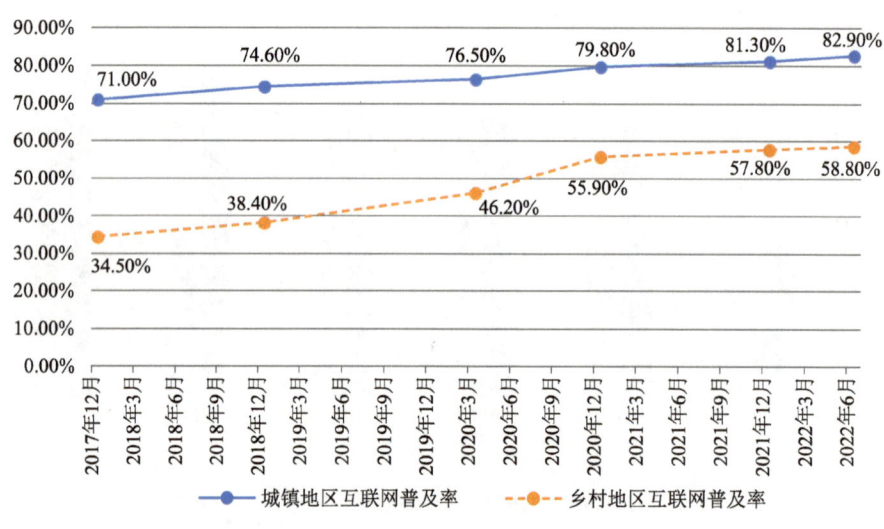

图 6-6　2017 年 12 月至 2022 年 6 月我国城乡地区互联网普及率

1）体育互联网政务平台打破城乡行政空间壁垒

我国行政机构布局呈现明显的城乡差序格局，造成乡村地区人员或企业在线下办理行政审批的种种不利。为打破行政部门隔阂，2016 年 3 月国务院政府工作报告提出大力推进"互联网＋政务服务"；为规范和全面促进政府互联网政务平台建设，《国务院关于加快推进"互联网＋政务服务"工作的指导意见》及《国务院办公厅关于印发"互联网＋政务服务"技术体系建设指南的通知》相继印发。此后，各省市地方开始了互联网政务平台的规范化建设，力争打通群众办事的最后一公里难关。在体育领域，国家体育总局政务服务平台于 2020 年 6 月 1 日上线试运行，将健身气功活动及设立站点审批等行政审批、体育政策查询、运动员技术等级查询等体育政务服务迁移到网络，打造了全国性的体育互联网政务平台，免去了不同地区的现实地理空间来往的舟车劳顿。

2）互联网购物的兴起促进城乡体育消费一体化

数字经济的发展，尤其是阿里巴巴支付宝、腾讯微信支付等头部移动支付渠道的出现,彻底改变了我国城乡居民的消费方式。截至2021年12月,我国网络支付用户规模达9.04亿,较2020年12月增长4 929万,占网民整体的87.6%;我国网络购物用户规模达8.42亿,较2020年12月增长5 968万,占网民整体的81.6%。此外,互联网购物的兴起已经成为我国体育产业发展的新引擎。《阿里巴巴2021"十一"假期消费出行趋势报告》指出,2021年十一黄金周期间,乡村消费升级提速,体育户外产品销量飞速增长。互联网购物的普及带动了城市体育消费的下沉和乡村体育消费的上升,实现了城乡体育消费网络市场的一体化发展。

3) 体育互联网健身模式初成

2019年12月,席卷全球的新型冠状病毒疫情,彻底改变了大众的体育生活方式:城乡群众体育赛事出现停滞,各类社会体育组织日常体育活动暂停。似乎体育运动在新型冠状病毒疫情的冲击下遭遇到灭顶之灾。但"祸兮,福之所倚;福兮,祸之所伏"同样适用于遭受新型冠状病毒折磨的体育领域。在已呈现原子化的体育健身人群被迫回归居家健身之际,网络健身的发展机遇悄然来临,网络视频直播平台、体育运动APP、云端运动会等线上体育健身形式逐渐成形。如将全民健身与现代网络直播相结合的健身达人刘畊宏,在相对有限的家居空间里,将各种健身技巧转移到手机网络空间,通过短视频平台直播所特有的强直观性、互动性,让学习者可以在更加轻松、愉悦的环境中开展强身健体活动,促成了封闭隔离期间居家健身的"刘畊宏现象",成为推动全民关注健身的又一波社会热潮。

6.2.3 环境承载力:改变城乡体育资源禀赋优势

我国以精耕细作为特征的传统农业,是世界有机循环农业发展的杰出代表,与乡村生态环境呈现和谐共处的发展态势。但以人畜为主的传统农业,生产力水平不高,且乡村的经济发展能力有限,导致农民无力改善农村人居环境,乡村被"脏乱差"的标签所定义,致使农村体育的自然禀赋优势不能得到充分体现。1998年政府鼓励工商企业下乡推动农业产业化经营,我国农业进入工业化改造的进程,亦称为农业2.0阶段。在农业2.0阶段,农村的生产力得到了极大的提升,农村的整体人居环境也得到了极大的改善。但在单纯追求农业生产效率的驱动下,农业中的化肥和农药等使用量增长幅度极高:化肥用量由 1980 年的 1 269.4 万吨上升到 2015 年历史峰值时的 6 022.6 万吨(见图 6-7);农药使用量由 1990 年的 73.3 万吨上升到 2014 年历史峰值时的 180.69 万吨(见图 6-8)。在农业生产中,化肥及农药等工业产品超量使用及高毒性的危害,给农村的水、土壤、生物多样性等自然生态环境带来了严重的破坏,农村体育的自然禀赋优势更是无从谈起。

图 6-7　1978—2021 年全国农业化肥施用量

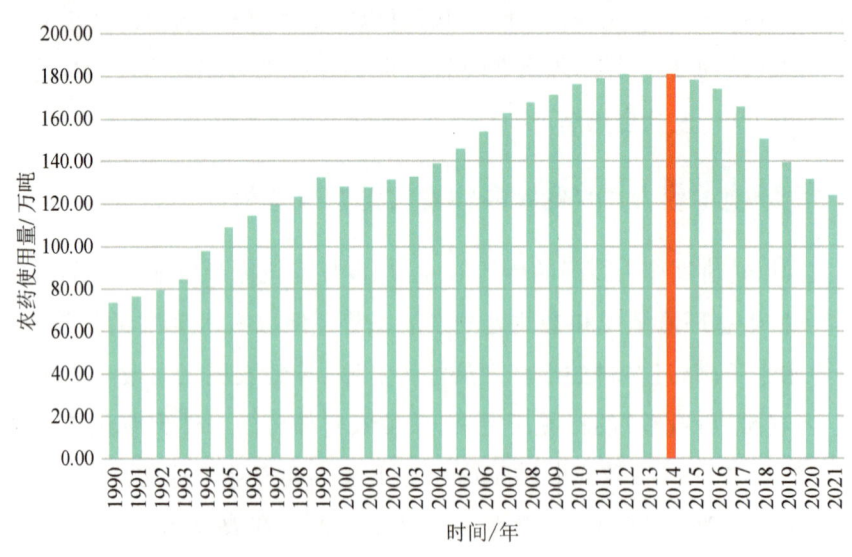

图 6-8　1990—2021 年全国农业农药使用量

在"十三五"时期,我国农业发展开始由追求效率的工业化农业转向注重农业和第三产业的结合,亦称为农业三产化。农业三产化是指农业走绿色化发展之路,保持乡村地区原汁原味的绿水青山,大力推广休闲旅游农业,从而实现绿水青山就是金山银山。自 2015 年之后,我国农业化肥施用量及农药用量逐年下降,其中 2018—2022 年下降幅度尤其明显(见图 6-7、图 6-8),意味着乡村农业生态环境得到了休养生息;我国地表水资源得到持续的优化,水质优良(Ⅰ～Ⅲ类)断面比例逐年上升,到 2022 年已经上升为 87.9%,劣Ⅴ类断面比例持续下降,到 2021 年下降为 0.7%(见图 6-9)。此外,2018—2022 年全国总计完成造林面积 2 824 万公顷,其中人工造林面积 1 268 万公顷,占全部造林面积的 44.9%。加之,新增森林抚育面积 1 625 公顷、种草改良面积 911 万公顷及新增水土流失治理面积 26.3 万平方公里,有力地支撑了乡村自然生态环境的升级。可见,自乡村振兴战略实施以来,我国城乡自然环境大为改善,绿水青山就是金山银山的发展理念已深入人心。在新发展理念加持下,以环境承载力为价值的乡村体育,凭借乡村地区特有的山水林田湖草沙等自然资源,开发了水上运动、户外露营、海港垂钓、野外汽摩、高空滑翔伞、山地越野等乡村体育活动项目。可见,以环境承载力为价值的乡村体育,使得乡村的自然生态景观成为乡村体育最独特的体育资源,从根本上改变了乡村体育资源弱势的发展格局。

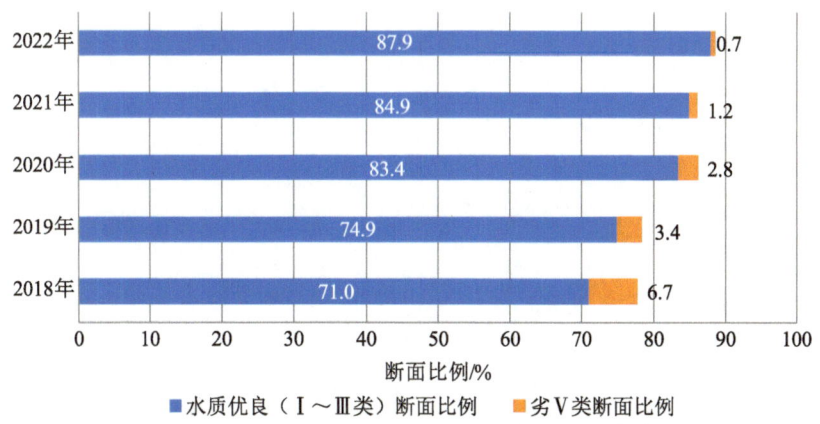

图 6-9　2018—2022 年全国地表水质量状况对比

6.3 融合结果：更高水平的公共体育服务体系

6.3.1 城乡体育消费：提档升级

2021年7月，《国务院关于印发全民健身计划（2021—2025年）的通知》提出"构建更高水平的全民健身公共服务体系"，其中将"鼓励各地创新体育消费政策、机制、模式、产品"纳入构建更高水平的全民健身公共服务体系。以此为依托，城乡体育融合发展将通过缩小城乡体育消费的差距及城乡体育消费结构性优化，达到城乡体育消费提档升级。

1) 我国城乡体育融合发展已经实现城乡体育消费差距减少

在国民经济和社会发展统计公报中，体育被纳入文化类消费。因此，城乡人均教育文化娱乐消费支出的趋势，可以在一定程度上反映出城乡体育消费支出的走向。我国城乡人均教育文化娱乐消费支出差距呈现明显的缩小趋势，城乡人均教育文化娱乐消费支出的差值已经由2017年的2.43减少到2021年的2.02，其中2020年城乡人均教育文化娱乐消费支出的差值减少最为明显，达到了1.98（见图6-10）。可见，自乡村振兴实施以来，城乡体育融合发展的程度加深，促进了城乡体育消费支出差距逐步缩小。

图6-10　2017—2021年城乡人均教育文化娱乐支出

2) 我国城乡体育融合发展已经达到城乡体育消费结构优化

2017—2021年我国体育服务产业增加值及在体育产业中的增加值占比都处于增长态势,其中2017年体育服务产业增加值为4 452亿元,增加值占比为57.0%,到2021年体育服务产业增加值为8 576亿元,增加值占比为70.0%,二者分别增加了4 124亿元及13.0%(见图6-11)。《国务院办公厅关于促进全民健身和体育消费推动体育产业高质量发展的意见》中指出,"力争到2022年,体育服务业增加值占体育产业增加值的比重达到60%"。可见,2021年已经远远超过预定目标,体育服务业总规模还处于持续增长态势。自城乡体育关系步入城乡体育融合发展以来,我国体育消费结构逐渐由体育实体化消费转向体育服务业消费,尤其是乡村体育服务产业吸引了城乡体育消费人口的目光,已经率先推动了我国城乡体育消费结构实现优化发展。

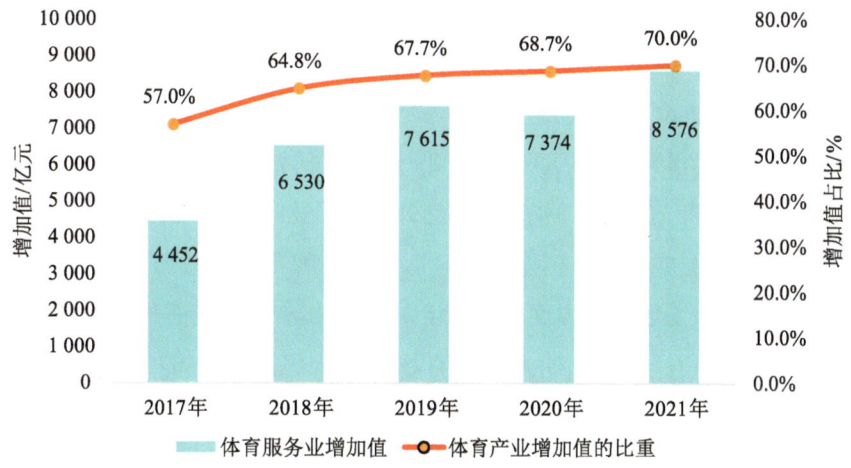

图6-11 2017—2021年全国体育服务产业增加值及占比

6.3.2 公共体育服务:标准化

自党的十九大之后,我国步入城乡体育融合发展阶段,摆脱了城乡二元结构体制下"城乡群众体育走着各自相对独立的发展道路"的格局,城乡体育处于互补互促的发展地位,有利于推动城乡公共体育服务标准化建设。2021年4月,《国家基本公共服务标准(2021年版)》将公共体育服务纳入国家公共服务标准,其中包含了公共体育设施开放和全民健身服务两个标准化建设内容。

为此,我国城乡体育融合发展的结果将通过持续推动城乡公共体育设施开放及提升城乡全民健身服务水平,从而逐步推动城乡公共体育服务实现标准化。

1) 我国城乡体育融合发展已经实现城乡公共体育设施免费或低收费向城乡居民开放

我国已经颁布实施的《公共文化体育设施条例》《大型体育场馆基本公共服务规范》《关于推进大型体育场馆免费低收费开放的通知》及《体育场馆运营管理办法》等明确规定服务的对象为城乡居民,且上述规定持续执行。2021年国家体育总局会同国家发展改革委、财政部、国家卫生健康委员会、应急管理部印发《全民健身基本公共服务标准(2021年版)》,再次指出了公共体育设施面向全民开放,并明确了公共体育场馆开放的具体细则。

2) 我国城乡体育融合发展已经逐步推动城乡全民健身服务水平的提升

在群众健身活动和比赛方面,乡村群众健身活动和比赛持续得到重视。如2017年《农业部 国家体育总局关于进一步加强农民体育工作的指导意见》提出"丰富农民群众身边的健身活动";2019年《体育强国建设纲要》将"全民健身活动普及工程"列入重大工程;2021年7月《国务院关于印发全民健身计划(2021—2025年)的通知》提出"广泛开展全民健身赛事活动";同年10月《"十四五"体育发展规划》将"全国社区运动会品牌赛事活动打造工程"列入重点工程。在体育场地建设方面,2020年我国人均体育场地面积已达到2.2平方米,预计"十四五"发展末期人均体育场地面积将达到2.6平方米。在体育健身指导方面,到2020年底每千人拥有的社会体育指导员超过1.86名,2020年实现80%的行政村有1名以上的社会体育指导员,预计到2025年每千人拥有社会体育指导员2.16名。

6.3.3 全民健身与全民健康:深度融合

以往,全民健身和全民健康分属体育和卫生两个不同的部门,决定了全民健身和全民健康呈现分离式发展,不利于推动城乡居民体质健康。2016年中共中央、国务院印发"健康中国2030"规划纲要》,提出"发挥全民科学健身在健康促进、慢性病预防和康复等方面的积极作用",开启了全民健身与全民健康的融合之路。城乡体育融合发展能够推动城乡优势体育健康资源互补,从而助力全民健身与全民健康在城乡之间实现深度融合,推动城乡居民体质健康水平的提升。

目前,我国城乡体育融合发展已经持续推动体育医疗迈向深度融合。如2017年2月的《中国防治慢性病中长期规划(2017—2025年)》鼓励"有条件的机构开设运动指导门诊,提供运动健康服务";2017年4月的《全民健康生活方式行动方案(2017—2025年)》提出"在街道、乡镇开展健康促进服务试点";2019年7月的《健康中国行动(2019—2030年)》指出"各级医疗卫生机构开展运动风险评估,提供健身方案或运动促进健康的指导服务";2021年6月的《关于加快推进康复医疗工作发展意见》支持"有条件的基层医疗机构开设康复医疗门诊";2021年7月的《全民健身计划(2021—2025年)》明确提出"推动体卫融合服务机构向基层覆盖延伸,支持在社区医疗卫生机构中设立科学健身门诊"。

7 我国城乡体育资源要素的合理配置研究

7.1 我国城乡体育资源要素合理配置的逻辑

7.1.1 我国城乡体育资源要素的配置内容逻辑

在城乡体育融合发展阶段,推动乡村体育实现高质量发展,亟须推动城乡体育资源要素的合理配置,从而实现城乡互补、全面融合、共同繁荣。为此,理应率先回答"何为城乡体育融合发展资源要素的配置内容"。乡村体育作为乡村振兴战略的重要组成部分,决定了城乡体育融合发展资源要素的配置内容,既需要从城乡人才、土地、资金、产业、信息等主要要素交融中汲取营养,又需要从全民健身公共服务"六边工程"中保有构成体育要素的个性特征。为此,体育人才、组织、资金、科技、设施、文化及比赛等资源要素初步纳入了城乡体育要素资源的配置内容。

"十四五"时期,我国步入了全面推进乡村振兴的发展阶段。基于此,鉴定城乡体育要素资源配置内容的合理性,还需要验证纳入的资源要素能否真正实现乡村体育人才、组织、文化、产业及生态振兴。一方面,实现城乡体育人才及体育组织要素的合理配置,将有助于直接推动乡村实现体育人才及体育组织振兴。另一方面,乡村体育人才及体育组织是乡村振兴主体,而乡村体育文化、体育产业及体育生态是振兴客体,振兴主体的目的是振兴客体。为此,结合乡村体育人才和体育组织振兴的目的,通过合理配置体育资金、体育科技、体育设施、体育文化及体育比赛等资源要素,有助于充分发挥乡村体育所蕴含的经济、文化及生态效能,推动乡村体育实现产业振兴、文化振兴及生态振兴(见图7-1)。故,体育人才、体育组织、体育资金、体育科技、体育设施、体育文化及体育比赛等成为城乡体育资源要素配置的主要内容。

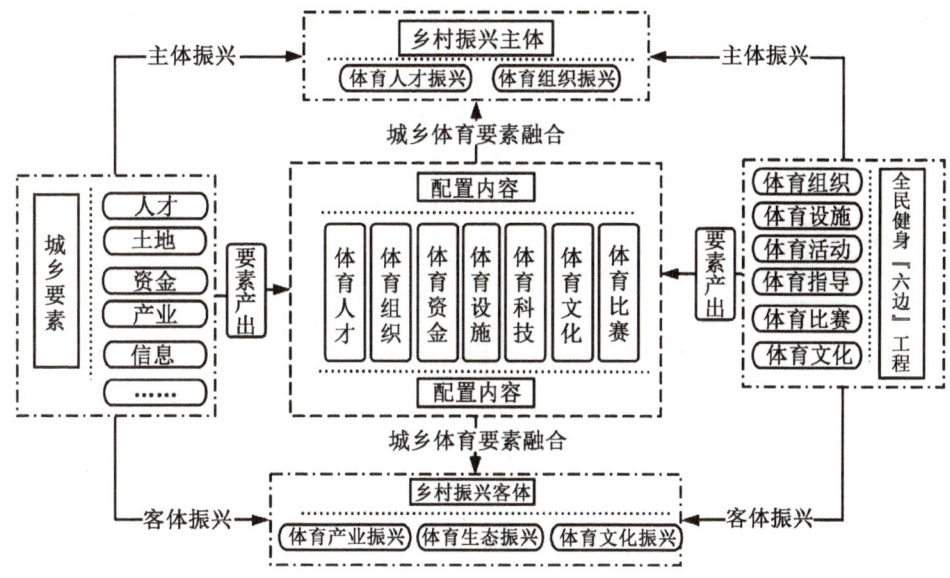

图 7-1 城乡体育资源要素合理配置的主要内容

7.1.2 我国城乡体育资源要素合理配置的结构逻辑

《乡村振兴战略规划(2018—2022年)》提出"推动城乡要素自由流动、平等交换……加快形成工农互促、城乡互补、全面融合、共同繁荣的新型工农城乡关系"。但推动城乡要素双向自由流动,加快实现新型工农城乡关系,还时刻面临着城乡发展不平衡不充分的突出矛盾,尤其是乡村的发展短板明显。为此,亟须坚持农业农村优先发展,引导城乡优势资源反哺乡村,亦需发挥乡村在塑造中华文化自信的优势力量,推动城乡文化互补,加快实现乡村全面振兴。体育作为乡村战略的重要组成,亦需借乡村振兴发展之势,打通城乡体育要素双向流动通道,推进城乡体育优势资源要素互补、全面融合,推动城乡体育实现共同繁荣,从而助力宜居宜业和美乡村建设(见图7-2)。

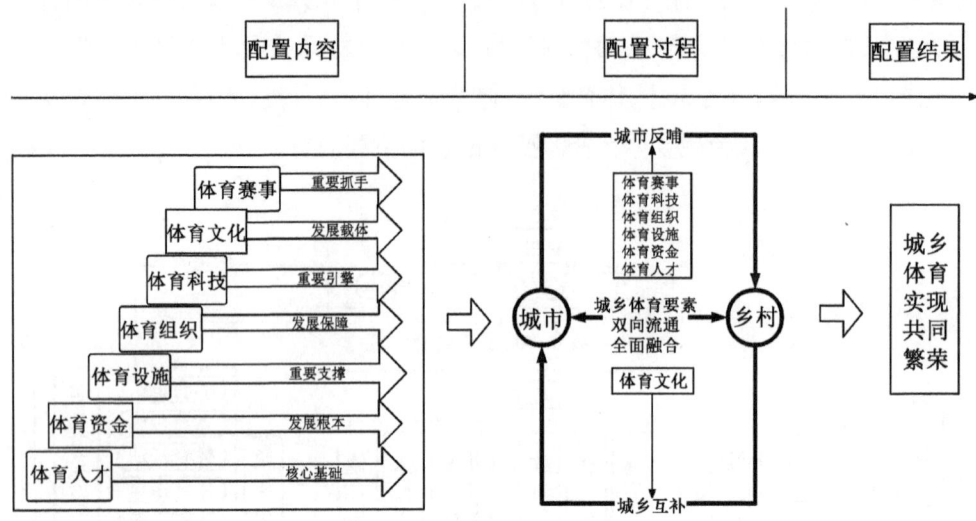

图 7-2 城乡体育资源要素合理配置的逻辑结构

1) 城乡体育人才要素：核心基础

马克思在《关于费尔巴哈的提纲》中指出："环境是由人来改变的。"肯定了人对客观世界的改造，显现了人的主体性力量。可见，人的要素是社会发展的基础要素，而人才作为国家和社会发展的禀赋性资源，是富国之本、兴邦大计。梳理自十八大以来（2013—2023年）的中央一号文件中关于城乡人才要素流动的政策支持轨迹发现：城乡人才要素流动的特征，在运动空间层面，实现了"农业转移人口市民化的农村单向流入城市"转向"城乡人才要素双向互通"；在构成主体层面，经历了"由农民单一主体"转向"城乡居民的融合主体"；动力驱动层面，实现了"由城镇化的单轮驱动"转向"新型城镇化与乡村振兴战略协同发展的双轮驱动"（见表 7-1）。可见，上述我国城乡人才要素流向的特征直接演绎出了我国城乡政策的发展走向，即从"以城带乡、城乡一体"的城乡发展一体化战略转向"城乡互补、共同繁荣、全面融合"的城乡融合发展（见图 7-3）。因而，城乡人才要素流向态势呈现了城乡社会的发展态势，促成了人才要素成为城乡资源要素合理配置的核心基础。体育人才要素作为城乡人才要素的重要组成部分，奠定了其在城乡体育要素合理配置中的核心基础之位。

7 我国城乡体育资源要素的合理配置研究

表 7-1　城乡人才要素流动的政策支持轨迹

序号	时间	文件名称	目标任务
1	2013 年 1 月	《中共中央 国务院关于加快发展现代农业进一步增强农村发展活力的若干意见》	有序推进农业转移人口市民化
2	2014 年 1 月	《中共中央 国务院关于全面深化农村改革加快推进农业现代化的若干意见》	加快推动农业转移人口市民化
3	2015 年 2 月	《中共中央 国务院关于加大改革创新力度加快农业现代设的若干意见》	保障进城农民工及其随迁家属平等享受城镇基本公共服务;完善干部驻村帮扶化建制度
4	2016 年 1 月	《中共中央 国务院关于落实发展新理念加快农业现代化实现全面小康目标的若干意见》	加快培育新型职业农民;推进农村劳动力转移就业创业和农民工市民化
5	2016 年 12 月	《中共中央 国务院关于积极推进农业供给侧结构性改革加快培育农业农村发展新动能的若干意见》	开发农村人力资源:重点围绕新型职业农民培育及农民工技能提升;支持农民返乡创业、鼓励高校学生、企业主、农业科技人员、留学归国人员等各类人才回乡下乡创业创新
6	2018 年 1 月	《中共中央 国务院关于实施乡村振兴战略的意见》	挖掘乡土文化本土人才;促进农村劳动力就业转移;大力培育新型职业农民;加强乡村专业人才建设;鼓励社会各界投身乡村建设
7	2019 年 1 月	《中共中央 国务院关于坚持农业农村优先发展做好"三农"工作的若干意见》	促进农村劳动力就业转移;支持乡村创新创业人员下乡;实施新型职业农民培育工程;建立县域人才统筹和乡村人才定向委培制度
8	2020 年 1 月	《中共中央 国务院关于抓好"三农"领域重点工作确保如期实现全面小康的意见》	支持大学生、退役军人、企业家等到农村干事创业;动员城市科研人员、工程师、规划师、建筑师、教师、医生下乡服务;落实县域内人才统筹培养使用制度;构建高水平的高素质农民培育体系;实施乡村文化人才培养工程
9	2021 年 2 月	《中共中央 国务院关于全面推进乡村振兴加快农业农村现代化的意见》	推动在县域就业的农民工就地市民化;培育高素质农民;吸引城市各方面人才到农村创新创业
10	2022 年 2 月	《中共中央 国务院关于做好 2022 年全面推进乡村振兴重点工作的意见》	加快乡村振兴人才队伍建设;实施高素质农民培育计划,乡村产业振兴带头人培育"头雁"项目、乡村振兴青春建功行动、乡村振兴巾帼行动;实施县域农民工市民化质量提升行动

157

(续表)

序号	时间	文件名称	目标任务
11	2023年2月	《中共中央 国务院关于做好2023年全面推进乡村振兴重点工作意见》	加强乡村人才队伍建设：实施乡村振兴人才支持计划、实施高素质农民培育计划、引导城市专业技术人员入乡、实施乡村振兴巾帼行动、青年人才开发行动等

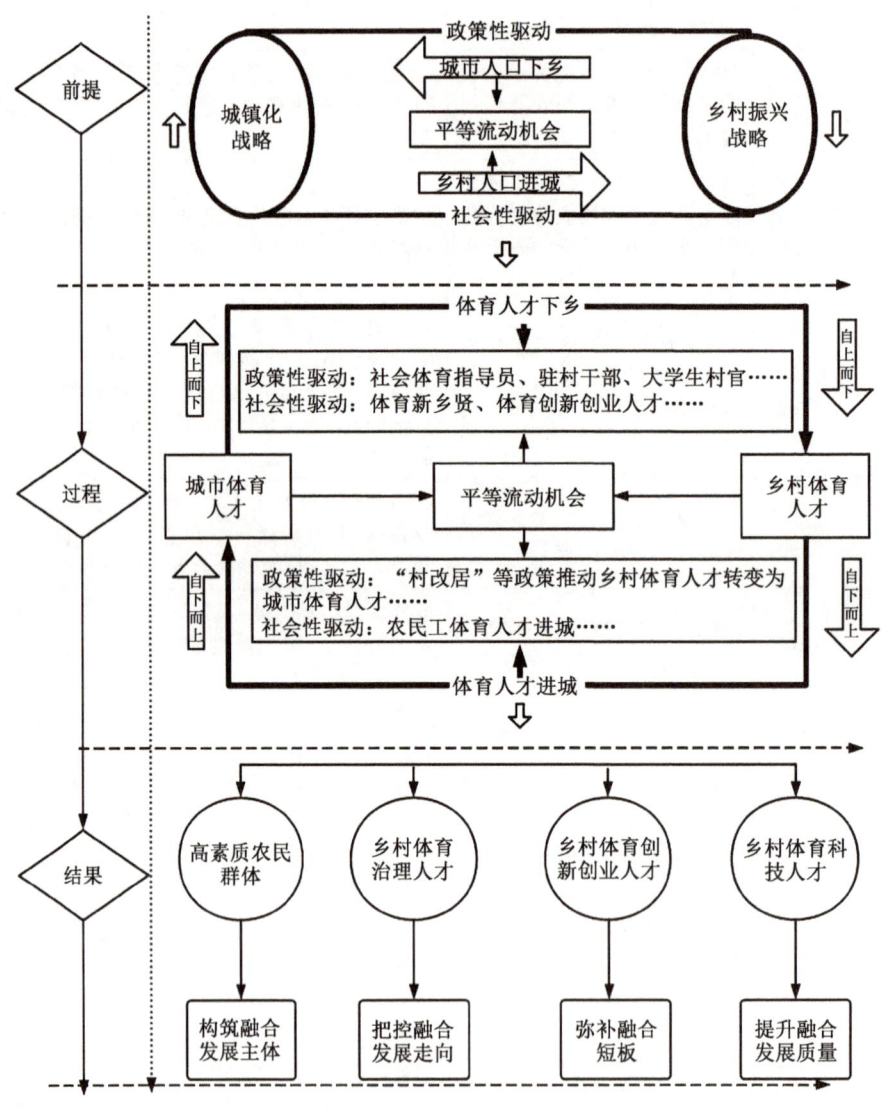

图 7-3　城乡融合发展的人才流向态势图

2) 城乡体育资金要素：发展根本

马克思政治经济学中,资金具有物的属性,属于生产资料范畴,决定了体育资金亦是城乡体育生产活动的必备物质条件。在城乡体育二元发展阶段,我国城乡体育资金要素投入的流动态势呈现"重城镇,轻乡村"的特点。已有研究显示,当时某地86%的城市社区都有相对固定的体育经费,而78%的行政村没有体育专项经费,农村体育呈现体育活动荒废及体育设施严重短缺的局面,导致彼时城乡体育发展的严重不均衡。体育资金作为支撑城乡体育发展的根本,是城市体育的优势资源要素,在城乡体育资源要素配置中,理应推动城市体育资金反哺乡村体育。其中,2015—2018年,中央支持地方公共文化服务体系建设补助资金预算维持在129亿元左右,2019—2022年增长势头迅猛,到2022年已增长至154.90亿元(见图7-4)。中央财政作为政府财政的龙头指向,其增长势头说明我国体育财政已经开始开启了反哺乡村体育的历史进程。

图 7-4　2015—2022 年中央支持地方公共文化服务体系建设补助资金预算

3) 城乡体育设施要素：重要支撑

体育设施作为城乡体育活动实践必备的物质基础,直接影响着城乡体育运动良性运行,是"所有推广全民健身的国家所共同面临和必须解决的问题",决定了体育设施已经成为城乡体育发展的重要物质支撑。梳理 2018—2022 年全国城乡体育场地面积增长态势：虽然自党的十九大以来,我国人均体育场面积由 2018 年的 1.86 平方米上升为 2021 年的 2.41 平方米,增长 29.57%,但全国乡村人均体育面积均低于全国人均体育场面积(见图 7-5),

说明体育设施要素亦是城市体育的优势资源,在城乡体育资源要素配置中,理应推动城市体育设施要素资源反哺乡村体育。此外,在乡村振兴战略下,党和政府致力于因地制宜地将体育设施的建设融入乡村悠久的历史人文特色或独特自然资源中(见表7-2),扩容美丽乡村特有"乡愁"的体育内涵,从而为发挥乡村体育独特的文化和生态功能提供重要支撑,说明我国城市体育设施要素亦已经开启了反哺乡村体育的历史进程。

图7-5 2018—2022年乡村与全国人均体育场面积

注：乡村人均体育场面积＝村委会体育场地面积/乡村人口

表7-2 依托自然环境的乡村体育场地设施建设的政策支持轨迹

时 间	文件名称	目标任务
2019年9月	《国务院办公厅关于印发体育强国建设纲要的通知》	乡村体育设施建设应紧密结合美丽宜居乡村、运动休闲特色小镇建设,鼓励创建休闲健身区、功能区和田园景区
2021年2月	《冰雪旅游发展行动计划（2021—2023年）》	大力发展乡村冰雪旅游,推动建设雪乡、雪村、雪庄、雪镇,丰富冰雪旅游供给
2021年8月	《全民健身计划（2021—2025年）》	打造一批有影响力的体育旅游精品线路、精品赛事和示范基地,引导国家体育旅游示范区建设
2021年10月	《"十四五"体育发展规划》	鼓励有条件的乡村在开发山地、河流、古驿道、乡道时,统筹规划建设健身休闲绿道、登山步道、山地户外营地、汽车自驾营地、航空飞行营地、运动船艇码头、徒步骑行驿站、滑雪场、研学旅行基地、体育培训基地、训练基地等,打造具有田园风光、乡土风情的体育特色村庄

7 我国城乡体育资源要素的合理配置研究

(续表)

时　间	文件名称	目标任务
2022年11月	《户外运动产业发展规划（2022—2025年)》	利用风景道、步道、水道、雪道、跑道、骑行道等线状道路,串联山地户外营地、航空飞行营地、滨海度假营地、汽车自驾运动营地、运动船艇码头、自行车驿站、滑雪场等设施,形成全域覆盖、配套完善的户外运动场地设施供给格局
2022年11月	《关于推动露营旅游休闲健康有序发展的指导意见》	户外运动产业发展规划大力发展自驾车旅居车露营地、帐篷露营地、青少年营地等多种营地形态

4）城乡体育组织要素：发展保障

体育组织与体育人才虽同为城乡体育发展的主体,但体育组织是体育人才的延伸,能够凝聚体育人才群智之功。按组织内部是否有正式分工来看,体育组织可以分为正式体育组织和非正式体育组织。其中,正式体育组织主要由体育行政组织、体育企业组织及体育社会组织构成,因其有着明确的组织目标和组织章程,在城乡体育资源要素合理配置中起到至关重要的发展保障作用。十八届三中全会审议通过了《全面深化改革若干重大问题的决定》,提出"正确处理政府和社会关系,加快实施政社分开,推进社会组织明确权责、依法自治、发挥作用",标志着社会组织的政社分离与管办分离的进一步深化,意味着我国体育行政组织角色开始转向扮演"管体育"之责,而体育社会组织角色重新演绎为"办体育"之职,提升了体育组织的专业化能力和发展活力。2013—2018年,我国法人登记体育社会组织规模从2.82万个增长至5.37万个,年均增幅超过10%,远高于同期全国社会组织约4%的增长点(见图7-6)。但体育社会组织一直存在下乡难题,导致城乡社会体育组织在数量及活跃程度均呈现云泥之别。为此,体育组织作为城市具有绝对优势的体育资源,亦需在城乡体育要素合理配置中发挥作用,加快开启城市体育组织要素反哺乡村的历史进程。

5）城乡体育科技要素：重要引擎

马克思主义城乡融合理论认为城乡分离是生产力发展到一定阶段的必然产物,是人类历史的进步。但随着生产力的进一步发展,城乡分离必然成为限制社会发展的障碍。当生产力再次提升,突破"城乡对立"发展,城乡关系将逐渐走向城乡融合,即"把农业和工业结合起来,促使城乡对立逐步消灭"。可见,马克思主义城乡融合理论揭示了社会进步是由生产力的革新所引起的社

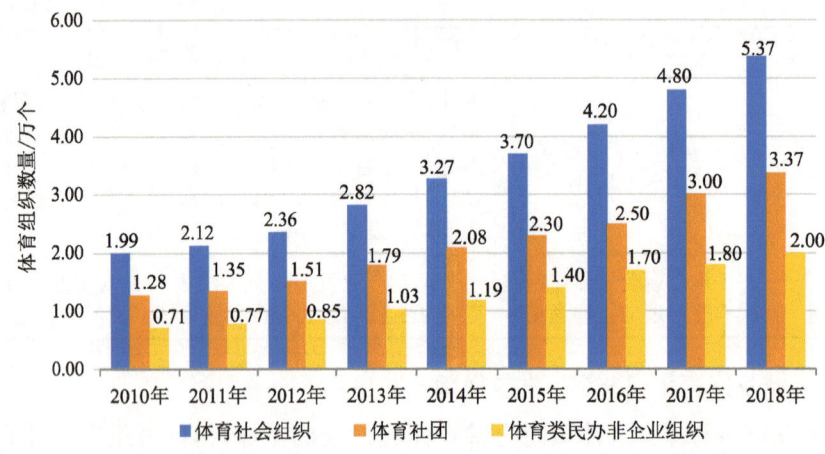

图 7-6　2010—2018 年体育社会组织、体育社团、体育类民办非企业组织发展状况

会生产关系的变革，即先进的生产力是推动生产关系变革的重要动力。此外，大工业的生产力发展水平是由科学技术的推进水平所决定的，工业革命的本质就是人类科学技术取得了突破性成果的结果。为此，在体育领域，科技要素属于生产力范畴，而城乡体育关系属于生产关系范畴，科技革命所带来的科学技术全面及根本性变革，推动了生产力发展的同时，也带动了城乡体育关系由混沌转向对立分离，再逐渐步入城乡体育融合发展的历史新阶段（见表 7-3）。工业和城市形成天然契合体，决定了城市体育科技要素成为优势资源，亦需加快推进反哺乡村体育的进程。

表 7-3　科技革命与城乡体育关系进程一览表

时　间	名称	主要标志	城乡体育关系
始于 18 世纪 60 年代	第一次科技革命	以蒸汽机的发明和使用为标志	加速城市化的进程，推动城乡体育对立分离的形成
始于 19 世纪 70 年代	第二次科技革命	以电气化为标志	再次推进了城市化的进程，促使赛马、射箭、拳击等逐渐成为城市各阶层主要的体育生活方式，致使城乡体育呈现分离对立发展
始于二十世纪四五十年代	第三次科技革命	以原子能、电子计算机、空间技术和生物工程的发明和应用为标志	以英国为例，推动以服务业为标志的城市第三产业比重上升，导致乡村人口急剧流失，乡村土地撂荒问题严重，城乡体育关系依然处于分离发展阶段

7 我国城乡体育资源要素的合理配置研究

(续表)

时间	名称	主要标志	城乡体育关系
始于20世纪后期	第四次科技革命	以系统科学的兴起到系统生物科学的形成为标志	注重公民体育选择的自由和体育权利的平等,推动了城乡体育关系均等,开启了城乡体育一体化发展的历史进程
始于20世纪中后期	第五次科技革命	以电子和信息技术普及应用为标志	带动了互联网技术的普及和移动互联网的发展,全面提升了体育科技水平,消除了地理空间限制,推动城乡体育融合发展

6) 城乡体育文化要素:发展载体

社会学认为文化是与自然现象不同的人类社会活动的全部成果,它包括人类所创造的一切物质和非物质的成果。梳理自十八大以来(2013—2023年)的中央一号文件中关于乡村传统文化的政策支持轨迹发现:乡村传统文化的发展路径由保护、开发向传承深化;发展载体由实体保护和开发向文化产业及活动发展延展;传承主体由政府单一主体向政府、社会及市场多元主体延伸(见表7-4)。在体育领域,乡村具备丰富的传统体育文化资源,承载着中华民族传统文化的传承之责,这正是城市体育所欠缺的。乡村体育的文化优势正逐渐被世人所认知,推动乡村体育产业、体育活动实践等逐渐成为城乡居民品读乡土人文丰态、体验自然四季更替的运动文化休闲之旅,在城乡体育要素资源合理配置中,应与城市体育文化呈现互促之势。

表7-4 乡村传统文化的政策支持轨迹

序号	时间	文件名称	目标任务
1	2013年1月	《中共中央 国务院关于加快发展现代农业进一步增强农村发展活力的若干意见》	保护有历史文化价值、地域和民族元素的传统村落
2	2014年1月	《中共中央 国务院关于全面深化农村改革加快推进农业现代化的若干意见》	通过制定规划引领,保护具有历史文化价值的传统村落和民居
3	2015年2月	《中共中央 国务院关于加大改革创新力度加快农业现代化建设的若干意见》	扶持建设具有历史、民族及地域特色景观旅游村镇;创新乡贤文化
4	2016年1月	《中共中央 国务院关于落实发展新理念加快农业现代化实现全面小康目标的若干意见》	依托农村自然和历史人文资源发展休闲、旅游、健康及创意农业;加强文化遗存保护;发展具有历史、地域、民族风情的特色小镇

(续表)

序号	时间	文件名称	目标任务
5	2016年12月	《中共中央 国务院关于积极推进农业供给侧结构性改革加快培育农业农村发展新动能的若干意见》	推进农业与文化、教育、旅游、文化、康养等产业深度融合;建设一批农业文化旅游特色村镇
6	2018年1月	《中共中央 国务院关于实施乡村振兴战略的意见》	发展乡村特色文化产业;传承发展提升农村优秀传统文化;保护与发展自然历史文化资源丰富的村庄
7	2019年1月	《中共中央 国务院关于坚持农业农村优先发展做好"三农"工作的若干意见》	支持文化广场、礼堂等文化设施建设;培育特色文化村镇(寨);发展文化休闲、健康、餐饮等乡村服务产业
8	2020年1月	《中共中央 国务院关于抓好"三农"领域重点工作确保如期实现全面小康的意见》	推动乡村文化人才培育工程建设,发展少数民族及民间文化;保护历史文化及民族村落;办好中国农民丰收节
9	2021年2月	《中共中央 国务院关于全面推进乡村振兴加快农业农村现代化的意见》	保护历史文化、民族村落、文化遗产遗迹;建立保护、传承及开发传统乡土文化机制,推动优秀乡村文化创新发展
10	2022年2月	《中共中央 国务院关于做好2022年全面推进乡村振兴重点工作的意见》	实施文化产业赋能乡村振兴计划;支持农民自发组织开展体现农耕农趣农味的文化体育活动;办好中国农民丰收节;加强农耕文化传承保护
11	2023年2月	《中共中央 国务院关于做好2023年全面推进乡村振兴重点工作意见》	实施文化产业赋能乡村振兴计划;支持乡村自办群众性文化活动;深入实施农耕文化传承保护工程,加强重要农业文化遗产保护利用;办好中国农民丰收节

7) 城乡体育比赛要素:重要抓手

体育比赛作为构建高水平公共体育服务的重要构成,甚至有的研究将体育赛事活动作为体育的本质构成,毕竟失去了体育赛事活动的支撑,任何公共体育服务的构成要素都失去了运行的载体。此外,在与其他体育资源要素相较时,体育比赛因其具备无与伦比的感染力优势,更容易为参与群体带来巨大的成就感,是参与人群乐此不疲的重要动力来源。因此,体育比赛可以作为体育产业的抓手,带动城市体育消费者下乡消费;体育比赛亦可以作为乡村文明礼化的重要抓手,占领乡村文化高地,给予村民道德滋养;体育赛事还可以作为乡村生活幸福的重要抓手,为乡村居民生活提供满足感等等。可见,体育比赛作为城乡体育资源要素合理配置的重要抓手,是勾勒城乡体育绚丽多姿风采之源。但从举办地来看,城市体育比赛优势突出。比如,由人民体育与人民舆情数据中心发布的 2019 年最具影响力马拉松赛事排行榜前 100 名显示,从马拉松赛事的举办地来看,城市地区举办了 87 场,而乡村地区仅举办了 13 场(见图 7-7),说明城乡马拉松赛事数量存在极大的城乡差异。为此,在城乡体育要素资源合理配置中,应以赛事作为重要抓手,持续推动城市体育赛事反哺乡村。

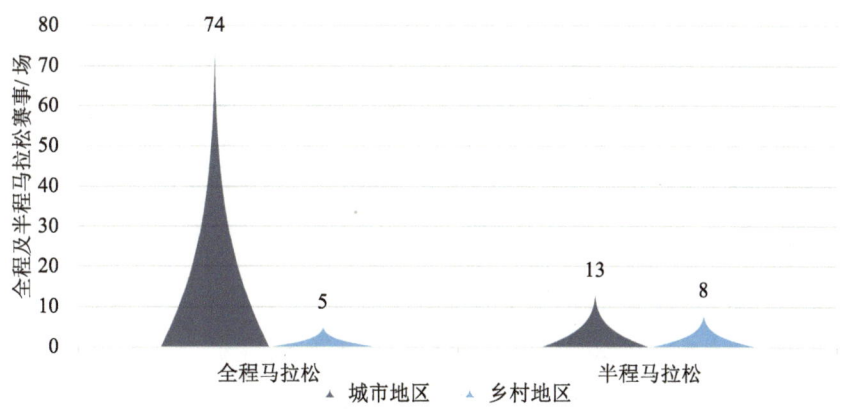

图 7-7 2019 年最具影响力马拉松赛事排行榜前 100 名赛事城乡举办场地

7.2 我国城乡体育资源要素合理配置路径

7.2.1 依托双轮驱动,推动人才互融

社会流动理论指出合理的社会流动能够促进社会良性运行,而坚持机会平等是合理社会流动的基本原则。在提供平等流动机会的社会中,社会流动所带来的分层地位差异不仅不足为害,反而能够更有效地激发人们的内在潜

能和充分发挥自己的才智,从而推动整个社会系统功能的持续提升。为此,在新型城镇化战略及乡村振兴战略的双重驱动下,城乡体育人才双向自由流动的渠道基本被打通,兼顾体育人才在城乡之间的平等流动机会,有助于形成政策性及社会性人才下乡,形成人才流动的分层地位的差异性激励,推动城乡体育人才资源要素实现合理配置,培养出"高素质农民群体""乡村体育治理人才""乡村体育创新创业人才"及"乡村体育科技人才"(见图7-8)。

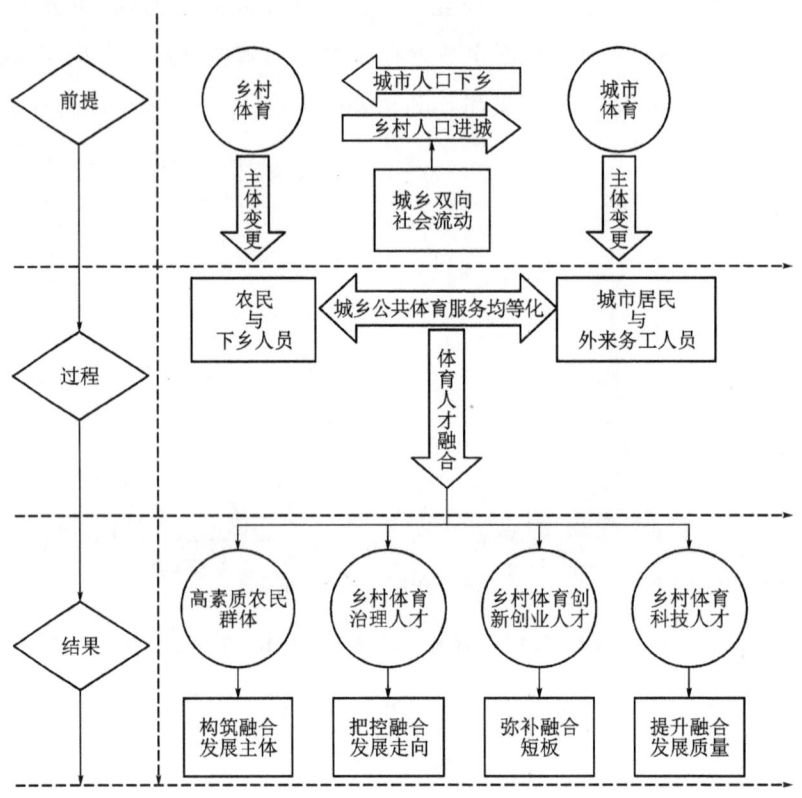

图 7-8 城乡体育人才资源要素合理配置示意图

1)高素质农民群体构筑融合发展主体

乡村体育,主体是农民,乡村体育人力资本开发,关键也在农民。党的十九大将实施乡村振兴战略列入国家重大战略部署,而实施乡村振兴战略,农民是主体,人才振兴是关键,高素质农民是重要支撑。为此,在乡村振兴战略的实施中,城乡各类人才通过平等流动组成的高素质农民群体,理应成为城乡人才融合发展的主体。加之高素质农民群体所具备的迥异于传统农民的特殊性,其被国家和社会分别从自上而下及自下而上的两个发展视角,赋予了带动农民体育发展之责。

(1) 政策驱动赋予带领乡村体育发展之责。2019年8月,《中国共产党农村工作条例》提出"培养一支有文化、懂技术、善经营、会管理的高素质农民队伍"。同年10月,《2019年全国高素质农民发展报告》指出高素质农民"有文化"的内涵之一为"拥有健康的生活理念,参与带动农民文化体育活动"。可见,高素质农民作为乡村体育人才,被党和国家赋予了"参与带动农民文化体育活动"之责。因此,为提升高素质农民的体育人才素养,2022年6月,《农业农村部 体育总局 国家乡村振兴局关于推进"十四五"农民体育高质量发展的指导意见》明确了将科学健身技能、体育指导管理、乡村体育治理等内容纳入高素质农民培育。截止到2021年4月,全国高素质农民群体已超过1700万人,且"十四五"时期国家还将通过培训再增加高素质农民500万人。

(2) 示范条件奠定城乡体育人才融合主体之位。《2019年全国高素质农民发展报告》中,高素质农民群体分为以下六大类:农业经理人、新型农业经营主体带头人、产业扶贫带头人、农村实用人才带头人、农村创新创业带头人、乡村振兴带头人(见图7-9)。可见,高素质农民群体自诞生开始,就自带了农业及乡村振兴各领域领军人物的光环。此外,高素质农民群体在乡村生产生

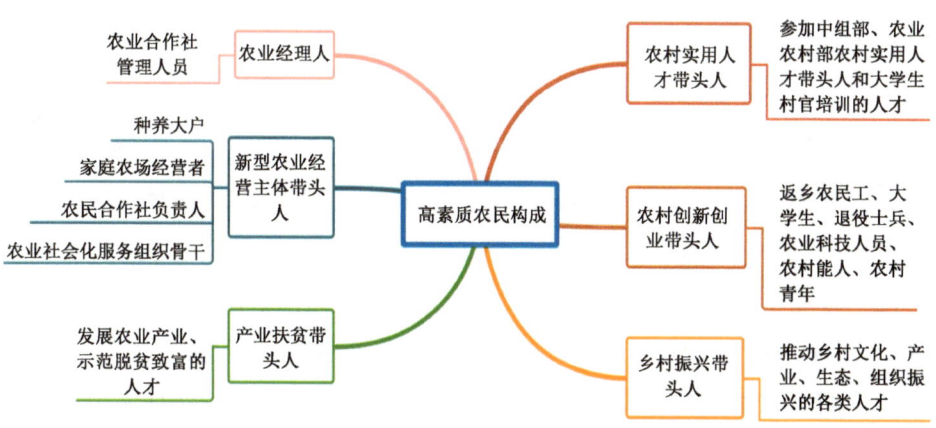

图7-9 高素质农民群体的人才构成图

活实践中,已形成广泛示范效应。其中,2019年66.36%的高素质农民通过农业技术指导及销售农产品等方式辐射带动了周边农户,人均带动周边农户数为40户;超过15.3%的高素质农民通过获得县级以上荣誉,对周边农户起到了荣誉带动作用;高素质农民的社会认可比达到21.6%,其中18.46%的高素质农民获得乡村社会的认可担任村干部,担任县级以上人大或政协委员的达到3.14%(见图7-10)。

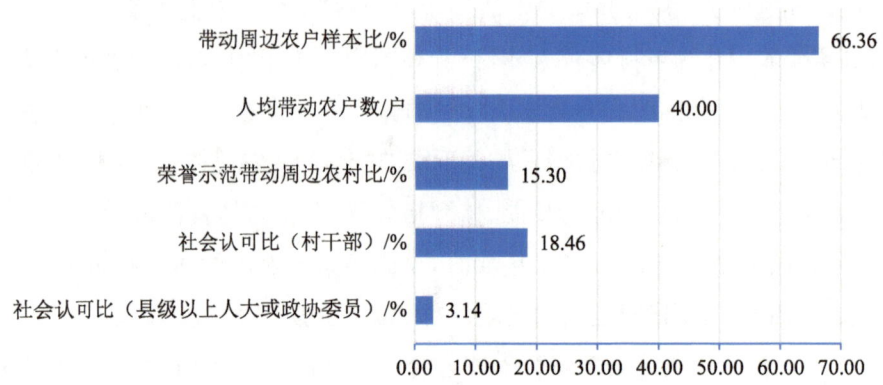

图7-10 2019年高素质农民示范带动效应程度

(3)优势构成赋予城乡体育人才融合发展主体之势。《2022年全国高素质农民发展报告》显示,高素质农民队伍年轻化趋势明显:2021年高素质农民平均年龄为47岁,其中36~54岁年龄段的高素质农民占比67.11%。高素质农民受教育程度持续提高:2021年高素质农民高中及以上文化程度占比57.03%,大专及以上文化程度达到18.84%,分别较2020年提高6.05%和3.31%,正在接受中职、高职、本科等学历教育的占22.32%。高素质农民群体新生力量持续提升:2021年高素质农民群体中大学生村官、大中专毕业生、退伍军人、进城务工返乡创业人员、科技研发推广人员等新生力量占比达57.81%,较2020年提高8.32%(见图7-11)。可见,高素质农民在年轻化、高学历及新生力量上的占比皆持续提升,高素质农民群体更具备城乡体育沟通交流的能力,奠定了高素质农民成为城乡体育人才融合发展的主体之位。

2)体育治理人才把控融合发展走向

健全自治、法治、德治相结合的乡村治理体系,是实现乡村善治的有效途

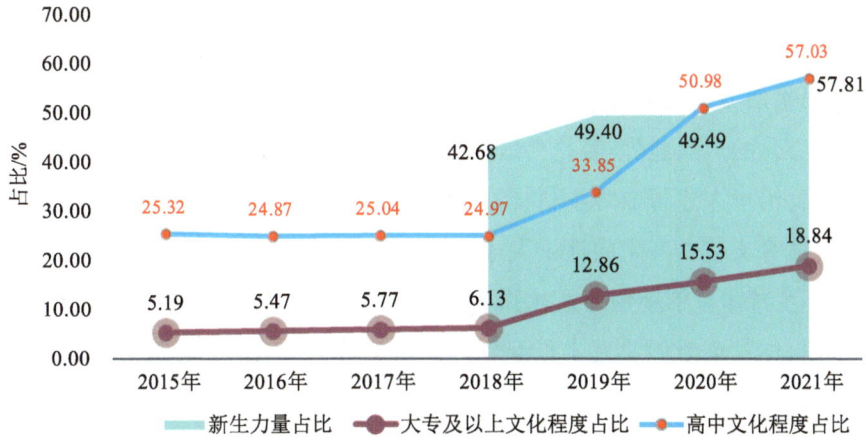

图 7-11 高素质农民的新生力量、高中及大专以上文化程度占比增长状况

径。乡村善治治理理念的提出,为乡村体育多元治理提出了新方向,亦诠释了乡村体育治理人才的多元化内涵,即人才流动的机会平等原则。通常,乡村体育治理人才由主管体育的乡镇干部、村干部、大学生村官、帮扶干部中的体育爱好者、县域各类体育协会组织的下乡人员、乡村社会体育指导员及体育新乡贤等组成。

(1) 乡村体育治理人才构建乡村体育精英治理走向:传统中国的乡村治理,沿用皇权不下县的传统,奉行乡绅自下而上治理的原则。新中国成立后,中国共产党的乡村治理触角延伸到了乡村基层,打破了传统的乡村人治体系,逐渐建立起了以土地改革为核心的政府治理乡村的发展大幕。但随着社会主义市场经济体制的确立,我国城镇化发展进程随之加速,造成乡村传统精英流失严重。为此,健全自治、法治、德治相结合的乡村治理体系,是实现乡村善治的有效途径。因此,乡村体育治理亟须汇集各方体育人才,尤其是经过现代体育洗礼的体育人才,诸如乡镇干部、村干部、大学生村官、帮扶干部及体育管理者或体育爱好者、县域各类体育协会组织的下乡人员、乡村社会体育指导员及体育新乡贤等充实到乡村体育治理人才队伍中,从而为构建乡村体育精英治理新格局提供新的发展走向。

(2) 乡村体育治理人才支撑乡村体育文化发展走向:乡村体育治理人才经历过现代体育的洗礼,造就了乡村体育治理人才在现代乡村治理体育实践中成为现代体育文化的传播者。乡村体育治理人才在将现代体育活动传播到乡村的同时，也无形中将现代体育文化注入乡村场域。此外，我国乡村地域辽阔，人民生活方式迥异，造就乡村地区成为中华传统体育文化的宝库。但随着乡村空心化的愈演愈烈，乡村传统体育文化的活态传承面临着严峻的考验，而乡村体育治理人才将成为乡村体育传统文化挖掘和保护的主力军，从而为把控乡村体育文化发展走向提供人才支撑。

3) 乡村体育创新创业人才弥补融合发展短板

乡村体育创新创业人才源于乡村创新创业人才，应具备创新和创业双重特征。其中乡村创新创业人才不同于传统农民群体，是以返乡创业为主要人才主体，是现代信息和多元资本的承载体，是科技兴农和智力下乡的践行者及城乡文化的融合者。为此，乡村体育创新创业人才主要是指具有体育创业和创新能力、拥有一定体育资源的高素质的劳动者，其以乡村体育市场公平竞争为原则，带动了乡村体育创新创业人才流动机会的平等。

(1) 乡村体育创新创业人才弥补乡村体育产业发展人才短板：党的十九大报告提出促进农村一二三产融合发展。在乡村体育产业场域，乡村体育极易与乡村特有的自然、历史人文等优势资源实现融合，有助于提升乡村一二三产融合发展的水平。但现阶段，传统农民由于体育视野、体育资本等方面的局限，不可能满足乡村体育产业发展的高质量发展需求。而乡村体育创新创业人才作为体育资本、视野、才智等多种优势资源加持的体育人才，更容易知晓体育市场的变化，有助于弥补乡村体育产业发展的人才短板。

(2) 乡村体育创新创业人才提升乡村体育社会治理成效：乡村人口的空心化，导致乡村基层体育治理人才的严重短缺。而乡村体育创新创业人才深入乡村体育一线，甚至部分乡村体育创新创业人才在与当地乡镇政府或村委会产生直接对话，可能会承担当地一部分体育基础设施的建设任务，无形中融入了乡村体育社会治理。此外，乡村体育创新创业人才源于城市，自身携带城市体育赛事、活动、资金、信息等优势体育资源，有益于城市现代体育在乡村地区的传播；乡村体育创新创业人才又立足于乡村，是乡村体育文化、环境、活动、赛事等体育资源的挖掘者和包装者，更有助于将乡村体育传递给城市人群，无形中提升了乡村体育社会治理的成效。

4）乡村体育科技人才提升融合发展质量

乡村体育科技人才主要是指通过互联网为乡村地区提供体育运动康复指导、体育科学健身指导等以及深入乡村基层进行国民体质监测的人员，其为健康乡村构筑体育科学健康保障。可见，乡村体育科技人才是在市场配置及政府调控的双重动力驱动下，通过平等机会流动所形成的体育人才群体。

（1）线上体育科技人才拓展城乡体育人才融合发展渠道：随着互联网科技及智能手机的普及，诸如抖音、快手等短视频网络直播平台风潮的全面铺开，带动了诸多如运动营养师、运动处方师、运动康复师等群体开通线上直播账号，将体育科技健康知识通过网络迅速传播到城乡的角角落落，克服了传统体育科技人员难以持续通过社会渠道下乡的窘境。可见，线上体育科技人才在满足乡村体育健身人群个性化需求的同时，极大地拓展了城乡体育人才要素融合发展的渠道。

（2）线下体育科技人才保障城乡体育融合发展质量：随着国民体质监测工作的全面铺开，乡村国民体质监测站成为参与国民体质监测的体育科技人才下乡之所。参与国民体质监测的体育科技人才在为乡村居民提供身体素质监测及开出健身运动处方的同时，保障了乡村体育健身的科学化水平。未来，随着乡村国民体质监测流动站机制的进一步确立，体育科技人才要素下乡的规模和频次将随之加强，从而进一步为城乡体育融合发展提供强力的科学人才支撑。

7.2.2　重塑政府角色，构筑多元投入

政府越位理论是经济体制转轨时期容易产生的一种非理性政府行为，往往表现为政府对经济干预过度，即政府所进行的调控范围和力度过大，超出了弥补市场失灵和维持市场机制正常运行的合理需要，对市场机制的建立和市场机制功能的正常发挥起着阻碍作用。政府越位理论亦可以延伸到公共服务领域，尤其是可以用来指导乡村公共体育服务摆脱政府"垄断式"资金供给。

在现代公共服务理论中，公共服务是指由政府部门、国有企事业单位和相关中介机构履行法定职责，根据公民、法人或者其他组织的要求，为其提供帮

助或者办理有关事务的行为。公共服务供给应根据政府、社会、个人的权责关系及公民个人的生存发展需要层次确定多元供给主体,可分为基本公共服务、非基本公共服务及生活服务。为此,在乡村公共体育服务领域,乡村基本公共体育服务是保障人民生存和发展基本需要的公共体育服务,而政府财政承担保障服务供给的主要责任,社会资金发挥辅助作用。乡村非基本公共体育服务是为满足城乡居民更高层次需求、保障社会整体福利水平所必需的,而市场自发供给不足的公共体育服务,政府财政通过给予一定的支持政策增加普惠性体育服务供给,实现大多数城乡居民在可承受价格范围内付费享有。乡村生活性体育服务则是为了满足城乡居民多样化、个性化、高品质的体育服务需求,完全由体育市场供给资金,政府财政的任务是负责利用资金引导体育产业健康发展(见图7-12)。

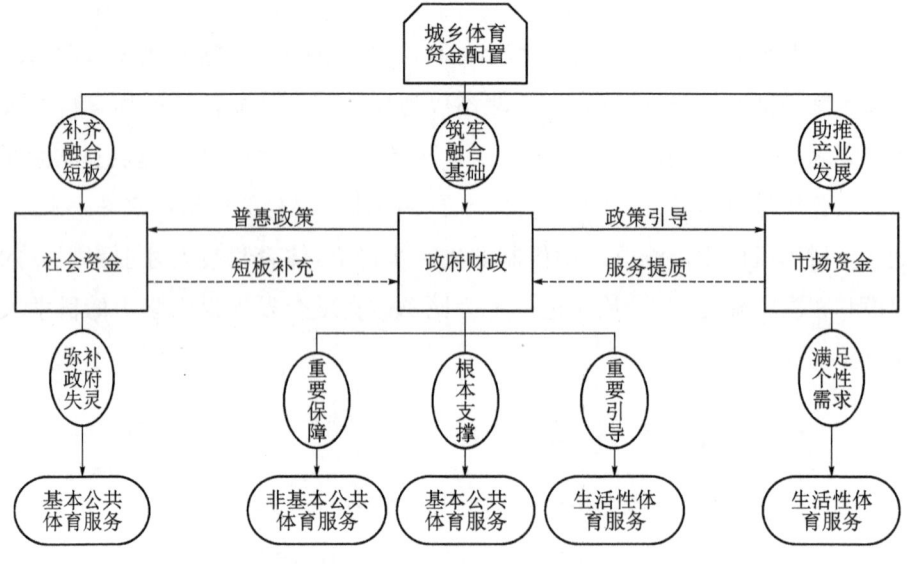

图7-12 城乡体育资金融合配置示意图

1) 政府财政投入,筑牢融合基础

(1) 政府财政投入为乡村基本公共体育服务提供根本支撑:《中华人民共和国乡村振兴促进法》明确提出,"坚持农业农村优先发展……在公共服务上优先安排",为政府财政投入优先支持乡村基本公共服务的建设提供法律支撑。体育作为乡村基本公共服务的重要组成部分,亦将追随乡村基本公共服务的建设步伐,实现政府体育财政优先用于支持乡村基本公共体育服务的建设。此外,《"十四五"公共服务规划》提出推动区域基本公共服务缩小差距,加大财政转移支付向特殊类型地区的倾斜力度,再次明确了"十四五"时期政府体育财政投入的乡村走向。

(2) 政府财政投入为乡村非基本公共体育服务提供必要扶持:伴随着城镇化的快速推进,城市对乡村人口形成虹吸效应,造成乡村人口持续流失的趋势还将进一步提升。截至 2022 年,乡村常住人口有 49 104 万人,同比减少 731 万人;城镇化率为 65.22%,比上年末提高 0.50 个百分点。此外,从劳动力的年龄结构上看,乡村人口的流失多是青壮年流失,最终导致现阶段乡村体育的主要对象是儿童、妇女和老人。为此,《"十四五"公共服务规划》指出政府财政关于非基本公共服务的投入重心在于养老、托育、教育、医疗等领域。其中,在发展普惠性托育服务中,明确提出政府将加强城乡社区婴幼儿照护服务设施与体育设施的功能衔接。

(3) 政府财政投入为乡村生活性体育服务提供重要引导:随着乡村的自然和人文资源优势得到了认可,乡村体育产业中乡村"体育+"新业态,逐渐成为推动我国体育服务产业发展的新动能,成为政府财政投入乡村生活性体育服务的发展导向。现阶段,地方政府财政投入乡村生活性体育服务,理应通过体育产业专项引导金的政策引导手段。其中,2014—2020 年,浙江省体育产业发展专项引导资金已投入 5.5 亿元,并带动了 812 个项目获得市场投资,累计已达 227.1 亿元,且借助省级体育产业发展资金"四两拨千斤"的作用,引导和鼓励各地开发运动休闲项目,培育"一村一品""一县一业"及"一县多品"等地域品牌,激发乡村发展活力。

2) 社会资金参与,补齐融合短板

随着政府体育财政对乡村基本公共体育服务的持续投入,乡村基本公共体育服务的面貌得到了极大的改善。但由于中国行政村数量众多且经济、文化等发展状况各异,必然导致政府体育财政的分配出现僧多粥少的局面,不利于城乡基本公共体育服务均等化。加之目前部分乡村地区公共体育服务存在政府越位行为,必然导致乡村体育中的个性化需求无法得到满足,进一步放大了政府在公共体育服务供给的客观短板难题。

党的十九大报告提出健全乡村自治、法治、德治治理体系,带动新乡贤队伍参与乡村社会治理的建设工作在各地乡村已悄然成风。新乡贤们不仅能主动为乡村体育发展建言献策,甚至能为乡村体育捐助发展资金。在乡村体育健身市场尚未成熟的情况下,新乡贤的社会体育资金捐赠已然成为弥补政府体育财政失灵的有力支撑,极大地弥补了城乡体育融合发展的现实短板。据调研,在部分经济发达地区的乡村,社会体育资金捐助乡村体育设施建设和活动开展的数额远大于政府体育财政投资。其中,从乡村体育设施社会捐助渠道的区域差异看,东部地区的"村民或乡镇企业捐赠"及"县城居民或企业捐赠"渠道都最为活跃(见图7-13),从而为东部地区乡村体育设施提供了社会资金渠道支撑。

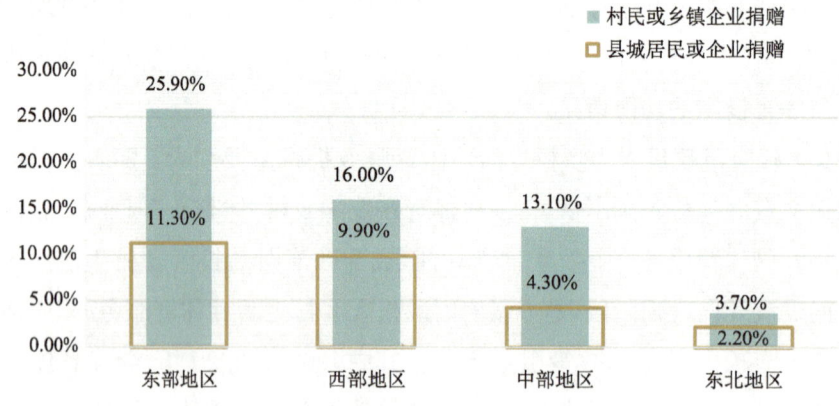

图7-13 乡村体育设施社会捐赠渠道的区域差异

3) 市场资金投资,助推产业融合

市场体育资金投资不同于政府体育财政用于公共服务支出的非排他的福利性,而是具备资本的市场趋利特性,追逐高收益是市场体育资金流动的根本动力,但是市场是满足城乡居民多样化、个性化、高品质体育需求的必要供给渠道,是推动城乡体育资源合理配置的重要方式。在全面推进乡村振兴发展阶段,市场资金投资将凭借乡村振兴战略发展的东风,主动转移到"农民想做但又没有能力"开发和运营的乡村体育产业,从而助推城乡体育产业实现融合发展。

根据《生活性服务业统计分类(2019)》的规定,以乡村体育旅游服务为发展主体的乡村体育服务业可划归为生活性服务业。可见,乡村体育服务业的供给主体是市场,而政府是服务、引导及监管的角色。2017—2019 年,乡村旅游每年游客增长规模保持在 10% 以上。虽然由于新冠疫情的影响,2020 年乡村游客增长规模暴跌 54.20%(见图 7-14),但随着疫情形势的好转,2021 年 1 到 5 月乡村游客的规模出现急剧回升。此外,2020 年中国乡村旅游主要内容占比中,"乡村体育+旅游"占比高达 15%(见图 7-15),亦说明"乡村体育+旅游"跟随乡村旅游热步入发展的快车道。此外,《全民健身计划(2021—2025 年)》指出 2025 年我国体育产业将达到 5 万亿元,其中乡村体育服务产业作为体育产业的新增长点,后发优势明显,必将吸引大量市场体育资金从城市体育产业中转移出来,追求乡村体育服务业的乡愁和休闲经济的发展红利。

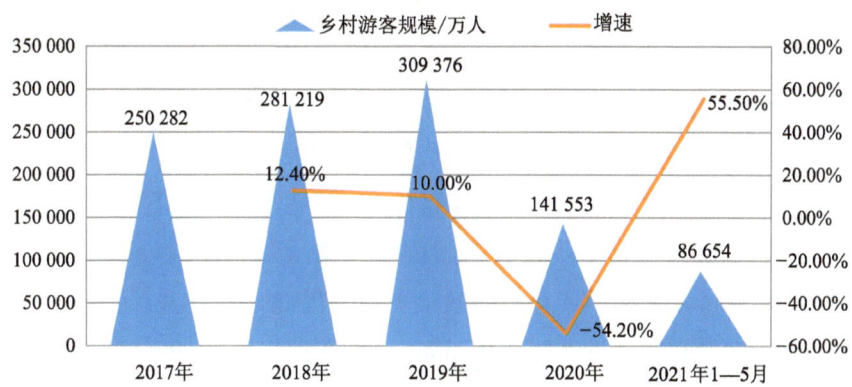

图 7-14　2017—2021 年中国乡村游客规模及增速

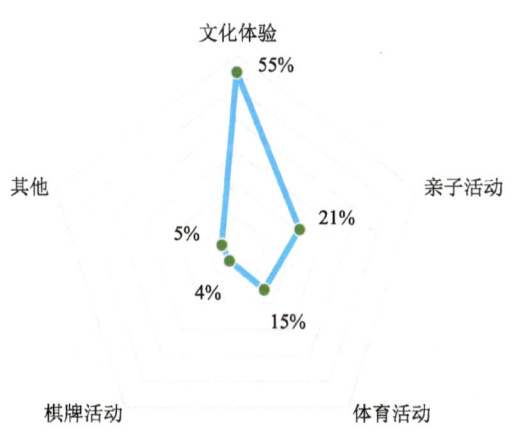

图 7-15　2020 年中国乡村旅游的内容构成

7.2.3 推动城乡一体,夯实设施支撑

1) 增强城市回哺,促进城乡共荣

弗朗索瓦·佩鲁的"增长极理论"是城乡非均衡发展理论的典范之作,指出国家要实现最终的均衡发展,城市就可以作为国家的金融、贸易发展和服务中心,吸引农村要素流向城市,在城市的规模得到发展后,形成扩散效应带动周边农村地区的发展。他山之石,可以攻玉,"增长极理论"诠释处于城乡非均衡发展态势的城乡体育设施建设,同样适用。

我国公共体育服务发展经历了长时间的城乡二元发展阶段,推动了城市公共体育服务体系日趋完善。而我国城市体育能够取得率先发展,主要是依托乡村体育的鼎力支持。为此,在城市体育达成一定发展规模后,城市体育理应回哺乡村体育,必然带动以体育设施为标志的体育物质要素率先由城市地区向乡镇地区延伸,最后覆盖全部乡村地区(见图7-16)。此外,《中共中央 国务院关于实施乡村振兴战略的意见》明确提出"坚持农业农村优先发展……在公共服务上优先安排,加快补齐农业农村短板",为城市体育设施要素回哺乡村体育提供了坚实的政策支撑。因此,一旦夯实了支撑乡村体育实现全面振兴的体育设施这一物质基础,就有助于推动城乡体育最终实现共荣发展。

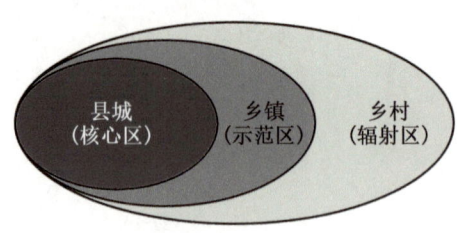

图7-16 乡村体育设施空间布局扩散示意图

2) 规划空间布局,推进城乡共建

1984年我国著名学者陆大道在法国经济学家佩鲁"增长极理论"的基础上,提出了点轴理论。依据点轴理论,以县域作为点轴分析整体,"中心节点"指县城;"次中心点"为乡镇政府驻地;"非中心节点"为行政村;"主轴"指由县

域重要的交通、通信干线和能源、水源等连接起来的主要通道,犹如人体的大动脉;"次轴"指由行政村连接乡镇的交通、通信干线和能源、水源等连接起来的主要通道,犹如人体的毛细血管。他山之石可以攻玉,将"点轴理论"用来规划城乡体育设施的地理空间一体化布局,有助于推动城乡体育设施实现共建,为城乡体育融合发展提供有力的物质支撑。

随着我国村村通工程的全面实现,我国在公路交通线上已初步形成了以县城为中心、乡镇为节点、建制村为网点,遍布农村、连接城乡的农村公路交通网络;在以互联网技术为代表的信息网中,我国城乡信息网络已实现了城乡一体化贯通。为此,将县城内大型健身设施作为"中心点"建设布局,"次中心点"布局为乡镇政府驻地的体育设施建设,"非中心节点"布局为行政村的体育设施建设;此外,将县域内的交通线、信息网视为"轴",通过交通线、信息网等组成的线下和线上的"轴",形成了城乡体育设施的"点"和"轴"一体化链接,轴线上集中的体育设施通过信息、人员等渠道,对附近区域城乡居民的体育锻炼起到扩散作用。

3) 强化标准建设,助推城乡共享

十九大报告将"共享"写入新时代的发展理念。共享的发展理念是指我国社会主义的发展成果惠及全体人民,并切实保障人民的合法权益,是中国特色社会主义发展的本质要求。为此,践行共享发展理念应从全民共享及全面共享着手,坚持发展为了人民、发展依靠人民、发展成果由人民共享,使全体人民在社会主义发展成果共享中有更多获得感及幸福感。同样,我国城乡体育设施标准化建设进程中,推动城乡体育设施发展成果全民共享及全面共享,是城乡体育融合发展的逻辑起点和目标追求。

目前我国城乡体育设施标准化进程得到了国家政策的持续关注。《公共文化体育设施条例》《大型体育场馆基本公共服务规范》《关于推进大型体育场馆免费低收费开放的通知》及《体育场馆运营管理办法》等皆明确规定公共体育设施的服务对象为城乡居民;2021年4月,《国家基本公共服务标准(2021年版)》将公共体育设施开放纳入国家公共服务标准化建设内容;2022年国家体育总局会同国家发展改革委、财政部、国家卫生健康委员会、应急管理部印发《全民健身基本公共服务标准(2021年版)》,再次重申了公共体育设施是面向城乡居民开放,并明确了公共体育设施开放的服务内容和服务标准的具体细则。

7.2.4 凝聚组织功能,提升专业水准

社会现代化理论认为社会现代化过程是伴随着社会结构的日益分化实现的,其中包括社会组织的分化。社会组织的分化主要表现为承担多重功能的单一组织向承担单一功能的多重组织转化,社会组织逐渐呈现高度专门化、功能单一的特征。此外,哈佛大学雷格斯运用生态学理论,采用结构功能理论和物理光谱理论,形象地解释了社会治理主体职能专业化的发展走向。为此,在现代社会的公共体育服务领域,政府组织在参与城乡体育社会治理过程中,应转变以往乡村体育单一供给的角色,主动放权给体育社会组织、市场中的企业组织以及城乡自治组织,提升上述组织参与城乡体育社会治理的积极性,从而推动体育社会组织下乡、企业组织市场下沉及城乡自治组织蓬勃兴起(见图 7-17)。

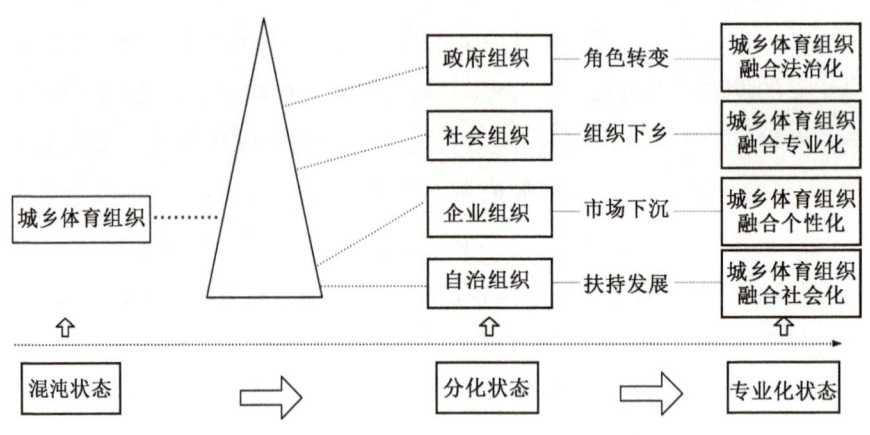

图 7-17　城乡体育组织功能衍化示意图

1) 法治政府建设,推动融合法治化

洛克有限政府理论认为政府的社会治理必须依靠正式公布和长期有效的法律,奠定了法治政府的理论基础。法治政府建设的目的在于造就有限政府和有效政府。自党的十九大以来,习近平总书记紧扣中国社会主要矛盾的发

展变化,将法治政府建设纳入国家制度建设和治理体系、治理能力现代化建设之列。在体育领域,我国法治政府的建设应加快由乡村体育"管办合体"的"垄断"状态转向依法行政的"管理体育"角色转变,持续升华体育领域的"放管服"改革,激活体育社会组织及体育企业组织深度参与乡村振兴的积极性,修炼好乡村管理体育的内功,落实体育行政许可清单管理和部门权责清单,提高体育政策的社会风险评估能力,从而真正推动政府扮演城乡体育融合发展的引导者、服务者及监督者角色。

2) 社会组织下乡,赋予融合专业化

2013年党的十八届三中全会首次提出"国家治理体系和治理能力现代化",并指出"改进社会治理方式,激发社会组织活力",标志着我国社会治理主体多元化的开端,推动了体育行政组织、体育企业组织及体育社会组织实现多元化发展。鉴于乡村基本公共体育服务的特殊性,目前我国乡村地区体育健身服务市场缺失,亟须打破体育社会组织的下乡门槛,提升老年体育协会、农民体育协会及其他单项体育协会下乡发展会员单位的积极性,最大限度发挥体育协会组织的专业化能力。此外,体育社会组织下沉到乡村地区,体现其专业能力的最大化,还将有助于发挥体育社会组织之间的协作优势,比如单项体育协会丰富的体育人才资源、农民体育协会完备的体育培训体系、新文明实践站中乡村体育志愿服务的乡村渗透力等等。

3) 企业组织下沉,促进融合个性化

企业组织与市场的关系密切,企业组织是为市场需求而存在的,企业是为了市场需求而服务的。市场需求指一定时间内和一定价格条件下,消费者愿意而且能够购买某种商品或服务的数量。为此,构成市场需求的要素为消费意愿及消费能力。近年来,随着"乡愁"需求的崛起和户外运动的蓬勃开展,点亮了乡村体育产业紧拥自然资源及乡土人文的优势标签,从而带动企业组织跟随市场需求下沉乡村,从事"农民想做,但又没有能力"开发和运营的乡村体育产业。基于此,体育企业组织下乡应立足于紧拥乡村的自然及乡土资源,进行个性化的乡村体育产品开发,避免乡村体育产品的同质化,以满足城乡居民迥异的个性需求,最终将有助于加快城乡体育组织融合个性化的发展进程。

4) 自治组织兴起,深化融合社会化

体育是人民的事业,必须坚持以人民为中心,调动人民参与体育锻炼的积极性、主动性及创造性。我国乡村体育践行以人民为中心的体育观,需体现以农民为主体,扶持及培育农民体育自治组织蓬勃兴旺发展。目前城乡体育自治或草根组织已呈蓬勃发展之势。随着交通网、信息网的发展及环境承载力的全面提高,村民体育自治组织进城、市民体育自治组织下乡已成为常态化的城乡体育生活方式互动,带动了城乡体育自治组织广泛性的社会交流,深化了城乡体育融合发展的社会化水平。

7.2.5 搭载科技引擎,助推城乡共融

当前正处于以信息化、数字化、智能化为突出特征的信息革命时代,且我国已经由信息革命开局发展阶段的跟踪者向并行者,再向引领者的角色转变。加之2023年《数字中国建设整体布局规划》提出"建设数字中国是数字时代推进中国式现代化的重要引擎",为此,随着我国5G、大数据、人工智能等互联网技术的突破及移动互联网的普及,体育将跟随信息革命的发展浪潮,带动体育场景迁移到线上、打破现实社会中的城乡体育从属地位及推动城乡体育智能产品的普及(见图7-18),从而推动城乡体育由城乡分离发展转向城乡融合发展。

1) 信息化融合体育运动,推进城乡体育生产生活网络化

信息化是以现代通信、网络、数据库技术为基础,将所研究对象各要素汇总至数据库,供特定人群生活、工作、学习、辅助决策等和人类息息相关的各种行为相结合的一种技术。信息化科技融入体育运动,推动现实城乡体育锻炼的物理空间移入为线上抽象的虚拟体育锻炼新居室,实质是现实体育世界的抽象反映,极大地拓展了城乡体育生产生活空间。

2019—2022年,随着新冠疫情的肆虐,群众体育健身活动纷纷转到线上开展。例如2022年4月,由国家体育总局群体司、中华全国体育总会群体部联合部分运动项目中心、全国性单项体育协会、省(区、市)体育部门和互联网平台共同开展的"全民健身线上运动会"正式启动,目的一方面在于为群众提供线上展示、交流和互动的机会,丰富群众休闲生活,另一方面在于指导居家

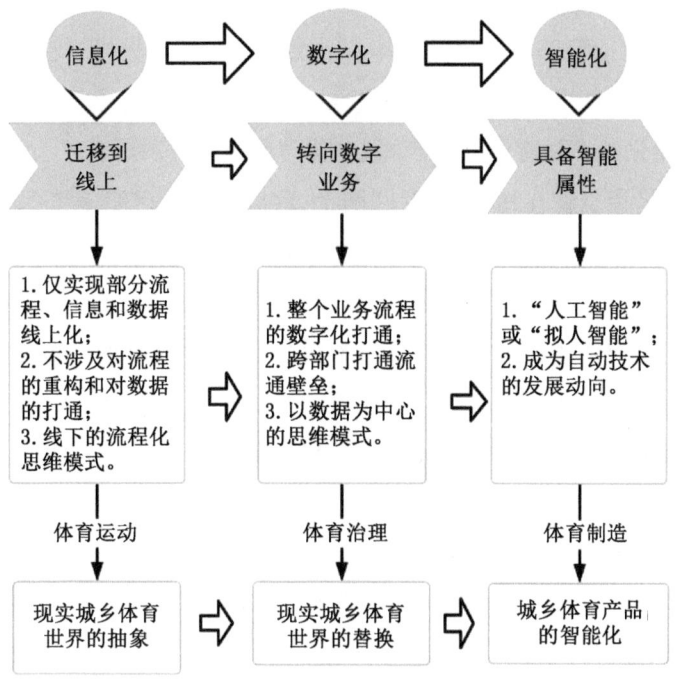

图 7-18　城乡体育科技合理配置示意图

隔离群众足不出户开展科学健身,培养良好健身习惯。可见,全民健身线上运动会展示了在信息化科技的支持下,推动体育运动由线下体育指导转移到线上体育健身,是全面拓展城乡体育生产生活新空间的典范之作。

2) 数字化嵌入体育治理,助推城乡体育治理能力现代化

数字化是指将许多复杂多变的信息转变为可以度量的数字、数据,再将这些数字、数据建成适当的数字化模型,把它们转变为一系列二进制代码,在计算机中通常用 0 和 1 表示,将这些二进制代码引入计算机内部,进行统一处理,这就是数字化的基本过程。为此,数字化是在信息化的数据基础上,借助电子计算机的"机器学习"过程,进行业务指导,完全区别于信息化科技的人为依赖。为此,数字技术颠覆性地改变了原有的生产和生活模式,是现实世界的替换。

在我国,数字化科技嵌入城乡体育社会治理,摆脱了信息化依赖人工数据输入的弊端,借助电子计算机的"机器学习"过程,进行城乡体育社会治理的业务指导。因此,数字化科技为城乡体育社会治理建立了数字化城乡体育业务处理流程,化解了跨部门处理城乡体育社会治理业务的弊端,树立了数据化的城乡体育社会治理思维,助推城乡体育社会治理能力现代化。

3) 智能化携手体育制造,推动城乡体育健身指导科学化

智能化是指事物在物联网、互联网、大数据和人工智能等技术的支持下所表现的能够满足人各种需求的属性。鉴于智能化科技的人工智能或拟人智能属性,推动体育设施或体育装备等产品与科技相结合,有助于提升乡村地区体育产品使用终端的智能化水平,增强乡村地区科学健身的实际效能。此外,ChatGPT是基于大数据、大算力及强算法的大模型,更成为人工智能发展的引爆点。未来,ChatGPT携手城乡体育科学健身指导的产品开发,更是值得期待。

当前乡村地区已经出现了体育设施与科技的初步融合,诸如二代智能健身路径、新文明实践站室内健身设施、乡村无人健身舱等。城乡居民通过智能手机等工具,就可以实现人与智能体育设施的互动。加之乡村科学健身理念的持续推动及乡村电商的兴起,智能手表或手环等智慧体育穿戴设备进入寻常乡村地区亦是易于拾遗。此外,目前国民体质监测智慧化程度越来越高,基本上实现了通过手机就可以形成采集、上传、分析、推送、指导的数据化科学健身服务闭环。

7.2.6 依托载体培育,推动文化互哺

1) 培育新兴市场,助推城乡共荣

依据乡村自然禀赋,因地制宜地推进乡村体育产业深度融合,促进乡村的产业链、价值链、生态链和环境链有机统一,能最大化地释放出乡村体育产业融合发展效益。《中共中央 国务院关于实施乡村振兴战略的意见》提出实施休闲农业和乡村旅游精品工程,建设一批设施完备、功能多样的休闲观光园区、森林人家、康养基地、乡村民宿和特色小镇。乡村体育文化产业可全力推动地方体育文化特色和当地自然环境优势的结合,孕育出满足现代人消费需求的体育营销模式,深入推进体育文化、体育旅游与其他产业深度融合、创新发展。运动休闲特色小镇的快速发展突显了乡村体育文化的产业价值功能,

有利于发挥乡村环境优势,有效融合乡村生产、生活、生态优势,有助于推动体育产业供给侧结构性改革,促进体育消费快速增长;同时满足全民健身的需求,弘扬优秀体育文化,推进乡村振兴(见表7-5)。可见,乡村体育文化能够延长体育产业链条,不仅赋予了乡村体育产业鲜活的生命,同时也为城市体育产业的提升指明了方向,最终助推体育产业实现城乡共荣。

表7-5 运动休闲特色小镇的分类

类型	主要内容	典型案例
银湖智慧体育产业型	以突出地域特色为特征的体育产品为依托,搭建营销平台,实现体育产业集群效应	体育产业基地的体育经济综合体
体育休闲型	依托地方突出资源优势,打造休闲健身平台,开发休闲体育体验项目,满足群众的体育需求	百丈时尚体育小镇
体育康体型	依托地域自然环境优势,开发健身康体型项目体验,通过融合康体医疗设备,根据需要开具运动处方,满足运动休闲爱好者的需要	桐庐体育小镇
体育赛事型	依托单项体育赛事,打造周期性赛事,辐射赛事相关产业,形成体育赛事产业链	青岩骏驰汽车运动特色小镇
体育竞训型	为运动队、后备人才培养、专业技能人才培训提供专业的训练场和配套服务,以服务为核心,树立品牌意识,注重训练效果	都匀国际足球小镇
体育文化型	以地域体育特色文化和民族风情的运动项目为抓手,通过文化自信打造体育文化产业链	丹寨侗族万达小镇

2) 再现乡愁载体,致力城乡共生

乡村与城市相比,在社会结构、思维方式和行为准则等方面存在巨大差异。乡愁是人们对家乡深邃的热爱,是抽象、纯洁、高尚的情感,是对生活积累的思考。守住乡愁,乡是景,愁是情,触景才能生情。"乡土记忆"是从乡村走出的游子对土地的情感和眷恋,乡村文化振兴过程中,有乡愁才能有希望。城乡结合部生态环境优美,交通便利,逐渐成为高尔夫、马拉松、攀岩等现代时尚运动赛事的主阵地;且龙舟、武术、舞龙舞狮等民族民间民俗体育文化资源丰富,长期居住在城市中的居民可以借此感受乡村优秀文化和美丽风景的魅力,强化内心对乡村生活的向往,在参与运动休闲赛事的同时也获得休闲时光的畅爽。打造生态宜居乡村是乡村振兴的本质追求,而守住乡愁则是乡村振兴的内在基本要求。守住乡愁不是简单的固守传统,而是借助现代化工具和力量对乡村优秀传统文化的传承和保护,重温乡村历史故事才能再唤醒乡愁。因此,借助现代工具及力量挖掘和整理优秀传统体育文化,再现故事场景,重述故事情节,是乡村体育文化的亮点和底蕴,只有这样才能推动传统与现代的文化生态实现城乡共生。

3) 推进文明礼化,构筑城乡共建

在乡村文化振兴进程中,发展中国特色社会主义先进文化,倡导农民养成科学健康的物质和精神生活方式,可为乡村振兴提供民风淳朴的人文环境和科学健康的社会环境。乡村文化的典型代表就是"熟人"文化,"熟人"是建立在一系列共事基础上的信任和了解,是对乡风民约的遵守和对乡村价值的认同。村民在"熟人"文化的精神家园中互帮互助,化忧解困,共同维护乡村社会的和谐稳定。如节日里的舞龙舞狮、龙舟竞赛、水族端节赛马、侗族抢花炮等,既有传统文化积淀,又富有现代气息。培育文明乡风、良好家风、淳朴民风是乡村文化振兴的重要内容,而大力发展乡村体育文化,可促进邻里关系和睦、村际关系和谐、干群关系改善,使得整个乡村社会更加互助发展,相邻和睦,乡风文明。

4) 坚持多元治理,构建城乡共治

随着城镇化进程的推进,乡村基础设施建设步伐加快,越来越多的城市体育场馆设施建设逐步向城乡结合部转移,一些乡村传承传统体育文化,建设传统体育村寨,为乡村居民的赛事参与和休闲娱乐创造了便利条件。"十里不同风,百里不同俗。"我国广大乡村蕴含着丰富的民族民间民俗体育文化资源,传统体育文化作为乡土文化的重要组成部分,具有地缘文化符号特征,是乡村居民的身份识别符号,并在传统社会的治理过程中发挥非正式制度安排作用,诸如巩固族群认同、营造共同心理、实施传统教育、区别文化身份、强化社会秩序等。我国幅员辽阔、历史悠久,文化内容丰富多彩,在推进乡村治理过程中,需要坚持实事求是,做到统筹分类指导。现如今,在广大乡村,体育运动已成为茶余饭后及农闲时节的娱乐新选择,邻里关系在广场舞的音乐声中、在篮球场上、在乒乓球台前变得更加融洽。在传统节庆和仪式活动中,传统的乡村体育文化仍保留着完整的文化形态,热闹的节日庆典和庄严隆重的祭祀仪式等繁复有序而又神秘有趣。而通过现代体育项目的比赛和传统民俗体育仪式展演,构建起中国乡村共同的生活空间、人伦空间、神圣空间,一定程度上既传导了政府、市场、社会共谋和共赢的力量,又传承了乡村自治状态下所应遵循的规则和规范,有助于形成"城乡多元共治"的乡村治理格局,为实现乡村"治理有效"提供内生动力。

7.2.7 发挥辐射带动,共创赛事融合

美国地理学家弗里德曼在《区域发展政策》中提出了"核心边缘理论",用于解释区域之间经济发展和区域空间结构演变模式的理论,即任何一个空间都由核心区和边缘区组成,而核心区一般为城市地区,经济发展较快,边缘区则是指农村地区,经济发展较为落后。在这个空间里,核心区得到了发展,然后形成区域辐射,从而带动边缘区的发展。目前"核心边缘理论"在各个领域已得到了广泛应用。为此,依照"核心边缘理论",将城市体育赛事作为核心区,形成对乡村地区体育赛事的区域辐射带动效应(见图7-19)。

图7-19 城乡体育赛事合理配置示意图

1) 畅通城乡渠道,推动赛事下沉

现阶段,城市地区群众体育赛事活动红火发展,但在广大乡村地区,体育赛事的开展状况还不容乐观。因此,推动城乡体育赛事合理配置,亟须发挥城市体育赛事的辐射带动效应,推动城市体育赛事向乡村地区实现转移。此外,《中华人民共和国乡村振兴促进法》明确规定全面实施乡村振兴战略,坚持在要素配置上优先满足的原则,从而为城市体育赛事下乡提供法律支撑。

在乡村振兴战略的推动下,乡村体育设施建设已经大为改观,为城市体育赛事下乡夯实了物质基础。其中,2020年全国行政村已经实现"农民体育健身工程"全覆盖,且"十四五"发展时期还将"加快补齐5 000个以上乡镇(街道)全民健身场地器"。此外,体育赛事作为人类社会文明的结晶,具备聚焦人类眼球和吸引其主动参与的无限魔力。为此,发挥城市体育赛事的辐射带动效应,推动城市体育赛事下乡,有助于扩大乡村体育健身人群规模和增强健身动力。此外,体育赛事还具备极强的经济效能,可以和乡村农业、文化、旅游、民宿及餐饮等相关产业实现良性融合,从而为城市体育赛事下乡提供内在经济动能。

2) 凝结多方聚力,推动城乡共创

自改革开放以来,国家经济与社会发展践行"让一部分人、一部分地区先富起来,以带动和帮助落后的地区,先进地区帮助落后地区是一个义务"的政策导向,决定了我国城乡经济与社会发展也将经历由非均衡状态向均衡状态发展的历史进程。我国城乡体育赛事发展的非均衡发展状态,决定了推动乡村体育赛事绝不能仅依靠乡村一家之力,而是借助城市回哺之机,实现城乡体育赛事共创发展。

在体育赛事组织层面,推动城市各类体育组织下沉,需要发挥城市体育组织在体育赛事举办方面的专业优势辐射效应,推动城乡体育赛事组织协同共创;在体育资金层面,既需要政府体育财政的托底,亦需要来自城市的社会、企业及个人等多渠道的资金聚力,从而协力共助城乡体育赛事;在体育赛事安全保障层面,需要推动城市体育赛事保险下乡、体育赛事医疗救助及体育赛事举办过程中的社会治安维护,从而通力推动城乡体育赛事安全共建。

3) 拓宽参赛主体,推动城乡共享

(1) 乡村体育人口空心化亟须城乡参赛主体融合:随着社会主义市场经济体制的建立,城市对乡村人口形成虹吸效应,2010—2022年期间,乡村人口同比增长率持续呈现负增长,总计人口流失超过1.8亿人(见图7-20),且呈现青壮年的"精英式"流失。因此,现阶段乡村体育赛事要想高质量发展,在坚持农民为主体的情况下,还需拓展参赛主体,吸收城市居民、外出务工人员等主体共同参与乡村体育赛事,以弥补乡村体育空心化,推动乡村体育赛事城乡共享。

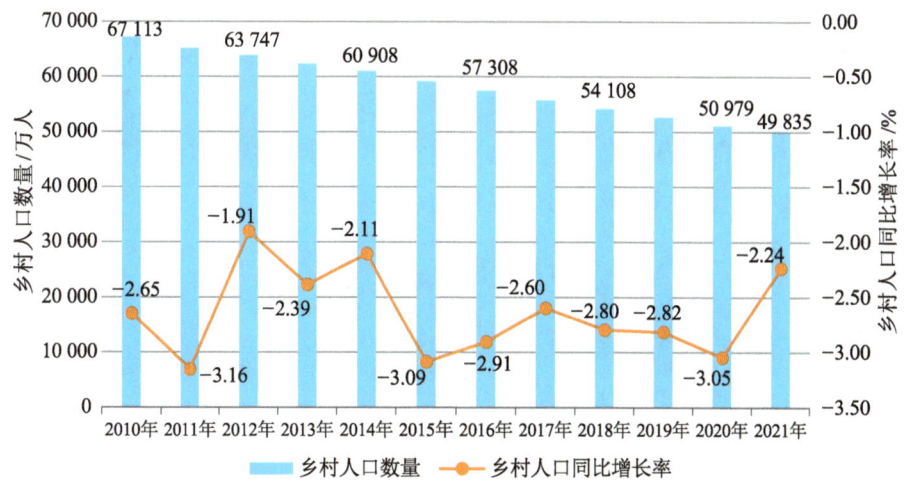

图 7-20 2010—2021 年乡村人口数量及同比增长率

(2) 群众户外运动休闲需求呼唤城乡参赛主体融合：随着国民生活水平的持续提高，人们对贴近自然的户外运动需求越发强烈，推动飞盘、陆冲、滑雪、露营等户外运动项目成为人们休闲的新选择。此外，2022 年 4 月以来，京东商城露营产品的搜索量同比增长 145%，帐篷、垫子类商品成交额同比增长 229%。《2022 淘宝天猫露营趋势白皮书》显示：我国现存"露营地"相关企业超 5.2 万家，且近三年户外露营装备市场消费持续上升。而乡村体育赛事所具备的无与伦比的乡村环境与民众所追求的户外运动具备天然契合优势，极易成为城乡居民追求户外运动的休闲出口，从而推动以乡村体育赛事为载体的城乡主体融合，最终实现乡村体育赛事城乡共享之局。

4) 依托乡土内涵，融入农趣农味

在城乡体育统筹阶段，我国曾经轰轰烈烈地推行过"体育三下乡"工程，包括体育赛事下乡。但根植于城市工业文明的现代体育赛事在乡村地区却遭受到了意外中的冷遇，导致现代体育赛事在乡村社会呈现出典型的文化排斥现象。在乡村振兴战略的推动下，乡村自然和人文资源的优势逐渐得到了全社会的广泛认可。为此，发挥城市体育赛事的辐射效应，还应以史为鉴，摆脱刻板地复制和粘贴城市体育赛事的内容和模式，依托乡村特有的乡土内涵，重新绘写乡村体育赛事的独特之姿。

传统中国是以农业立国,农耕文化已经深深烙印于乡村的文化基因,成为中华传统文化的重要组成部分。为此,举办乡村体育赛事,应以农民为主体,依托乡村地方性农耕文化内涵,将乡村体育赛事塑造成农民所熟知的生活场景,赋予乡村体育赛事典型的地方性农趣农味,以推动乡村体育赛事在乡村体育文化土壤中生根发芽,形成社会集体的心理认同。

8 我国城乡体育融合发展的现实困境及保障机制研究

8.1 城乡体育融合发展的现实困境

从"五位一体"总体布局出发,统筹分析"产业、制度、社会、文化及生态"五个方面之于城乡体育融合发展的现实困境(见图8-1),以期为后续构建城乡体育融合发展的基本路径指明方向。

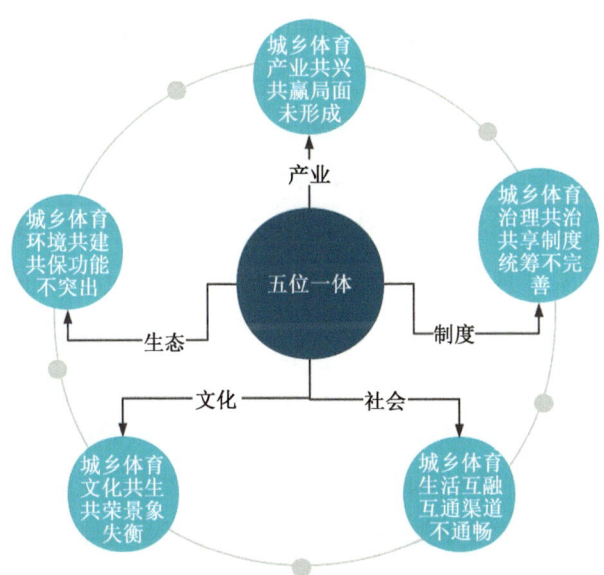

图8-1 城乡体育融合发展的现实困境

8.1.1　城乡体育产业共兴共赢局面未形成

1) 乡村体育产业发展空间布局不完善

据调研发现,目前乡村"体育+旅游"产业的同质化问题严重,其中相当大的原因在于乡村体育产业地理空间布局不合理,所造成的低层次商业竞争,致使乡村体育产业参与群体的体育参与观感度下降。比如东北地区乡村冰雪运动产业的空间布局问题,已有研究发现:当前东北地区乡村冰雪运动产业主要是以经营滑雪场为主,单纯凭借冰雪自然资源优势,延用"滑雪运动体验+旅游"的经营模式吸引旅游爱好者,造成乡村滑雪场彼此间的同质化经营现象严重;再加上目前部分乡村雪场规划建设的选址与配套的餐饮、住宿、购物等产业严重分离,形成"滑雪在乡下,吃住在城市"的旅游发展格局。同时,乡村雪场与雪场之间在冰雪赛事、冰雪资源、交通等方面互补性及相互连接性较差,难以有效融合,形成了乡村冰雪运动的孤岛。可见,乡村体育产业发展空间布局不完善抑制了城乡体育产业共兴的高质量发展格局的实现。

2) 城乡体育产业融合政策引导不足

(1) 城乡体育产业融合的人才引导政策尤其缺乏:通过对乡村体育管理者的采访发现,关于外聘体育专家指导县域体育工作,选择"没有"的占87.69%;关于征询体育专业人才的意见,选择"没有"的占74%;关于乡村体育管理者对城乡体育融合发展限制因素认可度,选择"体育科研人才与成果下乡不足"的为3.80分,最高,选择"乡村体育创新创业人才缺乏"的为3.69分,分值也处于高值。足见城乡体育高层次及专业人才的流动存在现实障碍,究其原因在于缺乏真正有效的体育人才政策引导,同样亦说明了城乡体育产业融合的人才引导政策的缺乏。

(2) 城乡体育产业融合的资金引导政策还需持续完善:在调研中也发现了,乡村体育管理者对城乡体育融合发展限制因素认可度的选择中,选择"乡村体育产业政策扶持力度不够"的为3.68分,说明乡村体育管理者认可目前乡村体育产业政策还存在很大的完善空间。此外,尽管很多地方省份先后出台了体育产业引导基金政策,比如早在2010年,江苏省财政厅省体育局就已经出台了《江苏省体育产业发展引导资金使用管理暂行办法》,但乡村体育产业,尤其是乡村"体育+"作为体育产业的新业态,虽然已经具备了与文化、康养、休闲、旅游等融合发展的态势,但在推动体育产业发展、引导资金政策精准落地乡村上还存在极大难题。

3) 城乡体育产业市场配置结构不完整

(1) 乡村"体育+"的生产主体存在垄断现象:鉴于乡村"体育+"新业态主要依托乡村的自然资源和历史人文资源,注定了乡村"体育+"新业态的开发资源具备独特的稀缺性。绝对利益理论指出绝对的资源带来绝对的利益,意味着对乡村独特资源的垄断亦是对财富源泉的占有。故,不少地区乡村"体育+"新业态开发的背后,离不开当地城投集团的影子。正如在调研中发现,乡村体育管理者认为,乡村"体育+"新业态生产主体的前三位分别为乡镇政府、县级政府及村委会,而城市企业、村合作社等市场组织的占比较少,且乡村"体育+"新业态的资金来源排名前两位为政府财政拨款和村委会出资。为此,不少地区乡村"体育+"新业态的利益分配并非真正体现了以村民为最大受益主体的原则。

(2) 乡村"体育+"新业态的客户群体开发不完整:随着城市乡愁经济的蓬勃发展,乡村"体育+"新业态完美契合了城市群体的乡愁需求。但现在乡村"体育+"新业态一哄而上,致使开发质量良莠不齐,尚需经历市场的持续锤炼,很难吸引城市居民进行消费,甚至一部分终将被市场经济所抛弃。通过对乡村居民的调研发现,乡村"体育+"新业态对城市人员的吸引状况中,选择"有,很多"的仅占比13.1%,说明绝大多数乡村"体育+"新业态并未真正吸引城市居民参与。同时,乡村体育管理者亦指出乡村"体育+"新业态的客户主体为本地乡村常住居民,其次才为城市居民和县域社会实践课中小学生。乡村"体育+"新业态现有的客户群体结构,与吸引消费能力更强的城市居民和体量庞大的中小学生为体育消费主体的理想预期,依然存在极大差异。

8.1.2 城乡体育治理共治共享制度统筹不完善

1) 城乡体育治理能力现代化不足

城乡多元化体育治理体系尚未成型。2013年中共十八届三中全会提出"加强党委领导,发挥政府主导作用,鼓励和支持社会各方面参与,实现政府治理和社会自我调节、居民自治良性互动"的改进社会治理方式,决定了城乡体育治理应呈现政府引导、市场及社会组织广泛参与的现代化治理格局。可见,城乡体育治理应呈现政府引导,市场及社会组织广泛参与的发展格局。但目前我国城乡体育治理恰处于"管理"到"治理"的转型期,体育社会组织还处于政社组织角色失调、政社深度合作困难、乡村自治组织缺乏规范等一系列现实难题,导致体育组织参与城乡体育治理的动力和能力均不强,加之广大乡村地区体育健身服务市场缺失,从而导致城乡多元化体育治理体系尚未成型,甚至绝大多数乡村地区的体育治理是由政府进行包揽。而政府提供公共体育服务的能力还不强,服务的公平性、均等化程度等有待提高,导致城乡体育治理能力现代化的严重不足。

2) 乡村体育优先发展扶持机制失衡

自从党的十九大报告提出乡村振兴战略以来,我国的农业和乡村发展始终处于优先发展的地位。为此,乡村体育亦跟随乡村振兴战略的历史发展潮流处在优先发展扶持地位。但前文提到我国绝大多数乡村体育治理处于政府进行大包大揽的现状,从而导致政府优先供给比较容易评估和监督的乡村硬件体育设施,而诸如体育人才下乡、体育赛事下乡、体育宣传下乡、体育培训下乡及乡村体育文化保护等其他体育配置往往处于政府乡村公共体育服务供给的末端。综上所述,优先扶持乡村体育设施建设而忽视其他乡村体育要素投入,极容易造成乡村体育投入的浪费与不足并存,最终很难真正推动乡村体育实现高质量发展。

3) 城乡体育协同融合机制欠缺

2018年国家体育总局、国务院扶贫开发领导小组办公室联合印发的《关于体育扶贫工程的实施意见》指出"在贫困地区构建'体育+'或'+体育'的发展模式",但现阶段城乡体育与卫生、科技、教育、旅游等方面的协同融合机制严重欠缺,导致城乡体育融合的新载体发育极不完善,从而严重限制了乡村体育的高质量发展。

(1) 体医融合的发展机制和实践路径尚未建立:体医融合目前还处于摸索阶段,尚存在"体医融合还是体卫融合"的现实争议,导致体医融合的发展机制和实践路径尚未建立。此外,乡村"体育+康养"亦存在众多争议,比如乡村的基础设施相较城市落后,导致乡村"体育+康养"产业的前期市场投入巨大,且市场盈利点不突出,造成现有市场投入的萎靡。

(2) 乡村体育与科技融合不够:当前以数字化、网络化、智能化为特征的新一轮科技革命正持续推进,但乡村体育与科技革命的融合还存在很大的隔阂。据调研,乡村体育设施智能化建设严重不足、地方政府主导的城乡电子地图建设使用不便及城乡统一体育信息网络交流平台建设缺乏,导致乡村体育始终没能借助科技之力扶摇直上。

(3) 乡村体育与教育融合不足:据教育部测算,当前义务教育阶段体育教师缺编约12万人,尤其是乡村小学、初中和教学点,体育教师缺编问题较为突出。乡村体育教师的欠缺必然直接影响乡村学校体育的教学质量,甚至对乡村社会体育指导员及体育志愿者队伍建设、乡村体育健康指导、乡村体育竞赛参与及活动组织、乡村体育传统文化挖掘和保护等都将造成不利的影响。

(4) 乡村体育与旅游融合不完善:随着乡村振兴战略的持续推进,乡村旅游逐渐步入满足城市居民的休闲和乡愁需求的快车道。但目前研究发现,乡村"体育+旅游"还存在产业同质化严重、绿色发展存在生态隐患及个性文化力缺失等问题,限制了乡村体育的高质量提升之路。

8.1.3 城乡体育生活互融互通渠道不畅通

1) 城乡体育健康观念互融互通存在障碍

在当前网络自媒体爆炸式发展的时代,通过手机主动获取体育信息,已经成为当代乡村居民的主要渠道。但《中国乡村振兴综合调查研究报告2021》显示:中国九成以上农户家庭拥有至少1部智能手机,近二成村庄实现'户户通'宽带。但手机使用与农民年龄、文化素质等密切相关,50岁以上农民占不使用智能手机群体的97.05%,初中以下受教育程度者占仅用手机接打电话群体的90.19%。无智能手机的受访农户,其家庭成员以50岁以上老人为主,留守群体特别是老龄群体对手机功能的适应能力不足,较少接触到数字红利。此外,当前乡村地区老龄化现象严重,2018年我国乡村60岁以上的老人已超过1.15亿人,且留守的乡村居民受教育程度也比较低,其中6.4%的人未上过学,37.0%的人学历为小学,48.4%的人学历为初中,说明乡村地区无法享受数字红利的人群体量非常巨大。此外,对乡村居民通过手机获取体育信息的调研发现：在参与体育锻炼的乡村居民群体中，选择通过手机获取体育信息的比例与年龄增长成反比，与学历增长成正比。

可见，在当前传统线下的体育宣传渠道无法全面覆盖广大乡村地区的前提下，乡村老年人和受教育程度较低的乡村居民无法通过手机自主获取体育信息，导致城乡体育健康观念互融互通存在严重的年龄和学历障碍。

2) 城乡体育生活行为互促互进程度低

我国城乡体育生活行为互促互进的程度低主要体现在城乡居民以城乡体育比赛及城乡体育组织等为载体的城乡行为互动程度低。

(1) 根据城乡体育比赛载体互动的调研发现，在参加体育锻炼的乡村居民中，"从不参加"县城体育比赛的占比高达40.2%，"有，一年几次"到县城参加体育比赛的占比(20.3%)，加上"从不参与体育运动"的乡村居民(20.4%)，乡村居民到县城参加体育比赛，频次比较低的人群超过80%。乡村体育管理者认为造成乡村居民进城参加体育比赛的频次非常低的主要原因为"乡村体育资金支持不足"和"县级财政扶持资金不足"两个方面(见表8-1)。此外，目前体育比赛由县城向乡村地区流动存在很大的困难。在县体育部门向乡村输送过体育比赛的选择中，16.6%的乡村体育管理者选择"没有"。此外，乡村体育管理者认为影响体育比赛由县城向乡村地区流通的障碍因素主要为"乡村体育人才匮乏"和"乡村体育硬件设施不足"，其次为"乡村体育群众基础薄弱"及"县级体育财政支持度低"(见表8-2)。

表8-1 乡村居民参加县城比赛的存在困难

	县体育比赛技术门槛高	乡村体育资金支持不足	交通不便利	县体育比赛报名门槛高	县级财政扶持资金不足	没有困难	其他
频数	51	149	66	18	99	11	23
比例/%	21.7	63.4	28.1	7.7	42.1	4.7	9.8

表8-2 体育比赛由县城向乡村地区流通的障碍因素

	乡村体育人才匮乏	乡村体育硬件设施不足	乡村安全保障能力不足	体协乡村渗透力低	县级财政支持度低	比赛项目未考虑乡村特点	乡村彩金支持低	乡村体育群众基础薄弱	其他
频数	124	154	43	30	75	20	9	83	16
比例/%	52.8	65.5	18.3	12.8	31.9	8.5	3.8	35.3	6.8

(2) 城乡体育组织互动程度低主要表现为乡村体育志愿组织、社会体育指导员队伍及单项体育协会的城乡互动程度较低。乡村体育志愿组织主要是由乡村文明实践站的城乡体育志愿服务人员组成,但选择"暂时没有体育志愿服务"的占比为54.2%,选择"有,服务一般"的占比为23.3%,说明城乡体育志愿组织的互动程度较低。关于社会体育指导员组织,选择"没有社会体育指导员"的占比为14.9%,选择"不知道"的占比高达43.0%,既指出乡村社会体育指导员在乡村的影响力式微,亦说明社会体育指导员的城乡互动存在严重不足。此外,单项体育协会下乡困难一直是目前乡村体育悬而未决的难题,毕竟单项体育协会作为县域内非常专业的体育活动及竞赛的组织和引导者,一旦形成下乡之势,对推动乡村体育的高质量发展将起到事半功倍之效。当前乡村体育管理者比较认可"协会资金不足"是影响单项体育协会下乡最重要的难题,其次为"体育部门无法监管"(见表8-3)。

表8-3 单项体育协会下乡的限制因素

	协会资金不足	协会入会门槛高	体育部门无法监管	其他
频数	149	51	80	55
比例/%	63.4	21.7	34.0	23.4

3) 城乡体育生活基础协同发展不完善

城乡体育生活基础协同发展不完善主要体现为城乡体育设施一体化建设的体育物质基础存在现实困境,包括乡村体育设施建造及城乡体育设施共享的困难。

(1) 乡村体育设施建设还存在极大发展空间:根据对乡村体育管理者的调研,乡村体育设施建造主要困难为"村委会没钱配套高标准场地"及"公共用地困难",其次为"缺人绘制体育场标线"和"设施统一配送,部分不适合基层"(见表8-4)。在实地调研中发现,甚至在经济较发达的东部地区,大多数乡村体育场地设施的建设质量也不高,加上平时使用的人数较少,已经很难为高水平的城市体育赛事下乡和构建高质量的乡村全民健身公共服务体系提供物质基础支撑。

表 8-4　乡村体育设施建造的困难

	公共用地困难	村委会没钱建配套高标准场地	缺人绘制体育场标线	周边村民抵制	设施统一配送,部分不适合基层	其他	没有困难
频数	121	129	60	19	59	32	20
比例/%	51.9	54.9	25.5	8.1	25.1	13.6	8.5

(2) 城乡体育设施共享还存在巨大困难:根据对乡村体育管理者的调研,城乡体育设施共享的困难主要为"乡村体育设施单一",其次为"乡村体育设施不达标"和"体育设施维护困难",之后为"部分体育设施不开放"及"县域体育设施电子地图缺乏或不便利"(见表8-5)。综上所述,城乡体育设施共享所遭受的现实困难进一步削弱了城乡体育生活基础协同发展的物质基础支撑。

表 8-5　城乡体育设施共享的困难

	乡村体育场地和设施单一	部分乡村体育场地和设施达不到运动要求	部分体育设施不开放	县域体育场地电子地图缺乏或使用不便利	体育设施维护困难	其他
频数	146	109	48	39	104	30
比例/%	62.1	46.4	20.4	16.6	44.3	12.8

8.1.4　城乡体育文化共生共荣景象失衡

现代体育作为城市工业文明的代表,随着城镇化的发展步伐逐渐渗透到乡村的角角落落。再加之奥林匹克运动的普及和竞技体育的火爆,现代体育文化已经成为社会舆论环境的顶流之作。而广大乡村地区的传统体育文化,虽承载着中华传统文化与乡村特有区域独特的个性名片,但在现代体育文化洪流的冲击下,乡村体育传统体育文化的发展举步维艰,亟须加强挖掘和保护,以增强乡村体育文化自信能力,重塑城乡体育文化公共体。

据调研发现,乡村居民对乡村传统体育项目的挖掘和保护措施中,对"乡村传统体育文化挖掘和保护措施满意度"的评分仅为 3.38 分。其中,中部地区乡村居民对乡村体育文化挖掘和保护措施满意度评分低至 2.99 分;乡村体育管理者对乡村传统体育文化挖掘和保护限制因素的认可度中,"社会力量不足"和"政府投入不足"分别高达 3.72 分及 3.74 分。其中,东部地区的"社会力量不足"和"政府投入不足"更是达到 4.09 分及 4.16 分,说明仍需持续加大对乡村传统体育文化挖掘和保护工作的力度,以便增强乡村体育文化自觉和文化自信,从而推动城乡体育文化实现共生共荣。

8.1.5 城乡体育环境共建共保功能不突出

1) "体育+"融合修复乡村自然生态能力不够

乡村地区所拥有的山水林田湖草沙决定了乡村地区具备了独特的自然生态屏障功能,但长期以来,资金、技术、工程、人才等方面偏向城市生态建设和保护,而乡村自然及矿产资源被掠夺性开发,导致乡村生态建设和保护工作相对薄弱。加之以往以"效率"为标志的工业化农业的推动,农药、化肥、塑料等污染物被大肆用于农业系统,致使农业的面源生态破坏严重。虽然乡村"体育+"融合具备对山水湖田林草沙进行系统生态修复的功能,赋予荒漠化、石漠化、废弃矿山、塌陷区等资源新的体育生命,实现乡村废弃生态资源城乡共建,但目前乡村"体育+"融合还处于行业发展的初期,在人才吸纳、资金扶持、政策引导、营商环境及发展理念等方面还存在极大的现实短板,导致乡村"体育+"融合修复乡村自然生态能力并不够突出。

2) 城乡体育人文生态发展不完善

(1) 乡村体育乡愁生态支撑欠缺:乡村传统体育项目挖掘和保护的工作尚不理想,难以为城乡体育乡愁共塑共享提供人文支撑;另外,活跃在群众身边的乡村体育赛事稀缺,导致很难发挥体育赛事塑造城乡居民的集体记忆的功效,亦不利于支撑城乡体育乡愁共塑共享。

(2) 乡村体育设施美学魅力暗淡:优良的乡村体育场地设施本应是乡村地区的阳春白雪,对增添乡村体育乡愁风姿、塑造宜居宜业和美乡村的作用是正向的,但目前乡村体育设施建设不规范的现象普遍,并未能为宜居宜业和美乡村增添卓越风姿。据调研发现,乡村体育设施整体质量不高,甚至部分篮球场地连基本的球场标示线都没有,导致乡村体育设施建筑美学魅力暗淡。

3) 城乡"体育+"融合绿色发展存在隐患

鉴于大多数乡村体育产业的盈利模式取决于占有稀缺乡村自然资源的优良等级,一旦出现监管的疏忽,破坏乡村生态发展的行为将层出不穷。据调研,乡村"体育+"新业态生产主体的前三位分别为乡镇政府、县级政府及村委会,尤其是具有政府背景的城投集团或者景区管委会等活跃在乡村体育产业的经营一线。可见,当下乡村"体育+"新业态的开发和监管存在政府为"运动员和裁判"合体的现象,导致城乡"体育+"融合绿色发展的监管机制存在极大弊端,很难真正推动城乡"体育+"融合实现绿色发展。

8.2 城乡体育融合发展保障机制

2018年中央一号文件《中共中央 国务院关于实施乡村振兴战略的意见》提出"加快形成工农互促、城乡互补、全面融合、共同繁荣的新型工农城乡关系",为构建城乡体育融合发展保障机制指明方向。基于此,以"地位均等"构建城乡体育普惠共享保障机制,成为保障城乡体育融合发展的必备前提;以"弥补短板"构建乡村体育优先发展保障机制,成为保障城乡体育融合发展的必要支撑;以"城乡共荣"构建城乡体育设施一体化保障机,成为保障城乡体育融合发展的重要支撑;以"城乡互补"构建乡村体育多元化发展保障机制,成为保障城乡体育融合发展的主要支撑;以"全面融合"构建城乡体育要素合理流动保障机制,成为保障城乡体育融合发展的强力支撑。此外,在工业生产领域,工业凳采用不锈钢或者冷轧钢作为支架,具备坚固且平稳的特质。而城乡体育融合发展需经历长期的历史衍化,亦需形成坚固平稳的"工业凳模型"保障机制。其中,城乡体育普惠共享保障机制作为城乡体育融合发展的根本保障,亦是其他保障机制发挥合力的必要基础,决定了城乡体育普惠共享保障机制作为"工业凳模型"保障机制的圆环,而其余分别为"工业凳模型"保障机制的四条强力支架,共同为城乡体育融合发展提供坚固平稳的保障支撑(见图8-2)。

保障机制属于社会学名词,是基于机制的功能属性划分出来的概念,与动力机制、整合机制、激励机制、控制机制并列为社会运行和发展的五大机制,被称作管理活动提供物质和精神条件的机制。基于此,对保障机制的构建中,法律制度、社团组织、信息网络、资源经费和教育培训等5个方面的保障非常关键,决定了保障的手段基本上是围绕人、财、物、信息及政策法规等事项展开;社会保障机制是一个系统工程,政府引导、政策支持和法律保障的协同,亦需要人力、物力及财力的合力。故,保障机制可以理解为由制度保障、组织保障及资源保障所形成的能量供应系统(见图8-3)。

8 我国城乡体育融合发展的现实困境及保障机制研究

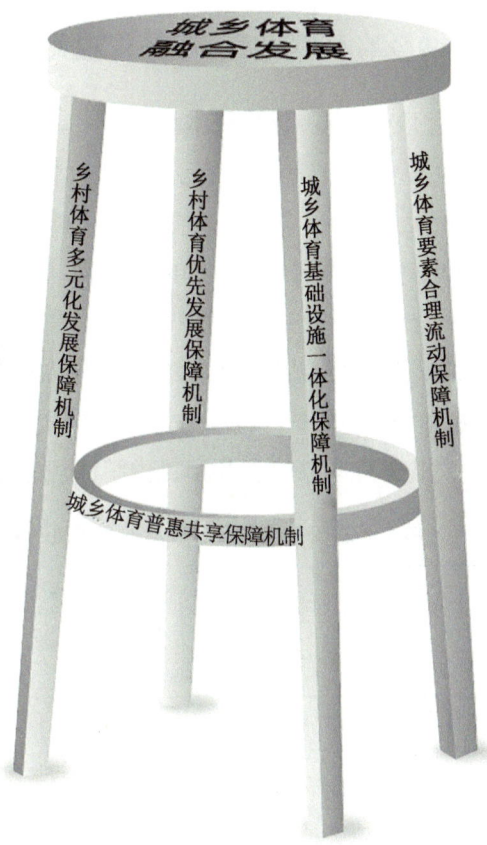

图 8-2 城乡体育融合发展保障机制理论框架

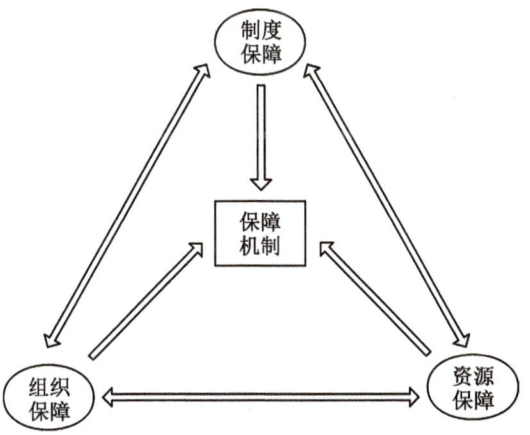

图 8-3 保障机制能量供应示意图

8.2.1 地位均等：城乡基本公共体育服务普惠共享保障机制

1) 城乡体育均等化政策法规，保障根本诉求

为推动城乡体育均等化的发展，实现有法可依，新修订的宪法及体育法明确了城乡体育均等化的发展方向。其中，2018年3月修订的《中华人民共和国宪法》指出"国家发展体育事业，开展群众性的体育活动，增强人民体质"，规定了体育的受益人群为城乡全体居民；2022年6月修订的《中华人民共和国体育法》规定"国家扩大公益性和基础性公共体育服务供给，推动基本公共体育服务均等化，逐步健全全民覆盖、普惠共享、城乡一体的基本公共体育服务体系"（见表8-6），为城乡基本公共体育服务普惠共享提供了法规的根本诉求保障。

表8-6 城乡基本公共体育普惠共享的政策支持轨迹

时间	文件名称	目标任务
2018年3月	《中华人民共和国宪法》	国家发展体育事业，开展群众性的体育活动，增强人民体质
2019年1月	中央一号文件：《中共中央国务院关于坚持农业农村优先发展做好"三农"工作的若干意见》	推进城乡基本公共服务标准统一、制度并轨
2019年8月	《体育强国建设纲要》	逐步推动基本公共体育服务在地区、城乡、行业和人群间的均等化
2021年3月	《中华人民共和国国民经济和社会发展第十四个五年规划和2035年远景目标纲要》	推进城乡基本公共服务标准统一、制度并轨
2021年10月	《"十四五"体育发展规划》	促进体育均衡、充分发展
2021年12月	《国家标准化发展纲要》	重点健全公共体育文化技术标准，使发展成果更多更公平惠及全体人民
2021年12月	《"十四五"公共服务规划》	坚持以促进机会均等为核心，推动实现全体公民都能公平可及地获得大致均等的基本公共服务
2022年3月	《关于构建更高水平的全民健身公共服务体系的意见》	完善农村全民健身公共服务网络，逐步实现城乡服务内容和标准统一衔接

(续表)

时 间	文件名称	目标任务
2022年6月	《中华人民共和国体育法》	国家扩大公益性和基础性公共体育服务供给,推动基本公共体育服务均等化,逐步健全全民覆盖、普惠共享、城乡一体的基本公共体育服务体系

为缓解城乡体育发展不平衡与不充分的突出矛盾,国家相关政策亦致力于推动城乡体育走向均等化发展之势。2019年1月中央一号文件指出"推进城乡基本公共服务标准统一、制度并轨";2019年8月《体育强国建设纲要》提出"逐步推动基本公共体育服务在地区、城乡、行业和人群间的均等化";2021年3月《中华人民共和国国民经济和社会发展第十四个五年规划和2035年远景目标纲要》重申"推进城乡基本公共服务标准统一、制度并轨";2021年10月《"十四五"体育发展规划》指出"促进体育均衡、充分发展";2021年12月《"十四五"公共服务规划》提出"推动实现全体公民都能公平可及地获得大致均等的基本公共服务";2022年3月《关于构建更高水平的全民健身公共服务体系的意见》指出"完善农村全民健身公共服务网络,逐步实现城乡服务内容和标准统一衔接"(见表8-6)。可见,国家政策走向亦为城乡基本公共体育服务普惠共享提供了政策的根本诉求支撑。

2) 政府财政兜底,保障产品供给

城乡基本公共体育服务产品具有非排他性,决定了政府体育财政资金将为其提供兜底的资金支撑,以便推动城乡基本公共体育服务实现普惠共享。自乡村振兴战略实施以来,中央财政总计安排乡村振兴补助金6 933.14亿元,且呈现持续增长之势。其中,2022年中央财政安排乡村振兴补助金比2018年多589.05亿元,增长了55.52%(见图8-4)。中央财政投入走向体现的是国家政策的直接走向,将成为地方财政投入的发展引领。基于此,2021年广西壮族自治区财政厅下发通知,确定2021年乡村振兴补助资金5 860万元,用于支持基层建设15个公共体育服务设施项目。

3) 其他资源补充,拓宽多元融资渠道

我国地理广阔,乡村状况各异,决定了政府在乡村基本公共体育服务普惠共享中很难做到应有尽有,尤其在一些经济发达地区,城乡居民基本公共体育

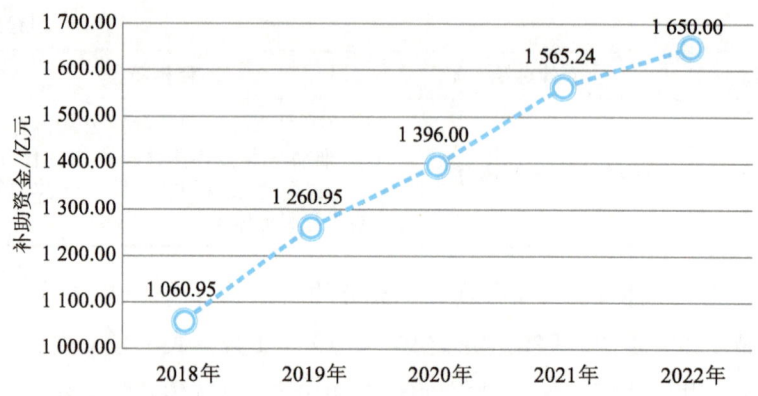

图 8-4　2018—2022 年中央财政安排乡村振兴补助资金

服务要求相对亦高,亟须非正式的保障资源,诸如下乡的体育企业、体育新乡贤等为政府分担城乡基本公共体育服务的压力。其中,体育新乡贤的社会捐赠和活动引领已经成为保障当前城乡基本公共体育服务普惠共享不可忽视的力量。毕竟,社会主义市场经济的发展浪潮造就了大批外出经商、从政或者求学的乡村精英人士,乡愁成为拴住他们的根,而且乡村传统文化中素有"饮水思源""惠泽乡里"等,促使乡村精英人士回乡捐物助力,成为乡村的体育新乡贤。目前,在东部沿海地区,体育新乡贤的捐赠已成规模,拓展了乡村体育社会治理的新空间,在为城乡基本公共体育服务普惠共享提供了个性保障的同时,亦保障了城乡体育地位在具体实施过程中的均等。

8.2.2　短板弥补:乡村体育优先发展保障机制

党的十九大报告提出我国社会主要矛盾已经转化为人们日益增长美好生活的需要与发展的不平衡和不充分矛盾。在体育领域,城乡体育发展的不平衡和不充分问题尤为突出,尤其是乡村体育的发展短板突出,将直接影响城乡体育融合发展的进程和高度。为此,推动乡村体育优先发展,从而保障弥补城乡体育融合发展的现实短板,成为建设"城乡互促、城乡互补、全面融合、共同繁荣"新型城乡关系的首要之举。

1) 农业农村优先发展,夯实政策保障

党的十九大报告提出实施乡村振兴战略,并指出"要坚持农业农村优先发展,按照产业兴旺、生态宜居、乡风文明、治理有效、生活富裕的总要求,建立健

8 我国城乡体育融合发展的现实困境及保障机制研究

全城乡融合发展体制机制和政策体系,加快推进农业农村现代化。"自此,坚持农业农村优先发展成为推动乡村振兴战略的重要原则之一,并最终被纳入《中华人民共和国乡村振兴促进法》(见表8-7)。乡村体育作为乡村振兴战略的重要组成,亦将追随乡村振兴战略之历史风潮,得到扶摇直上的优先发展之机。为此,坚持农业农村优先发展的乡村振兴战略,为乡村体育优先发展提供了坚实的政策保障。

表8-7 农业农村优先发展的政策支持轨迹

时 间	文件名称	目标任务
2017年10月	习近平在中国共产党第十九次全国代表大会上的报告	首次提出坚持农业农村优先发展
2018年1月	中央一号文件:《关于实施乡村振兴战略的意见》	重申坚持农业农村优先发展,在干部配备上优先考虑,在要素配置上优先满足,在资金投入上优先保障,在公共服务上优先安排,加快补齐农业农村短板
2018年9月	《乡村振兴发展战略规划(2018—2022)》	强调切实把农业农村优先发展落到实处
2019年1月	中央一号文件:《中共中央 国务院关于坚持农业农村优先发展做好"三农"工作的若干意见》	提出坚持农业农村优先发展总方针
2020年1月	中央一号文件:《中共中央 国务院关于抓好"三农"领域重点工作确保如期实现全面小康的意见》	坚持农业农村优先发展,落实五级书记抓乡村振兴
2021年1月	中央一号文件:《中共中央 国务院关于全面推进乡村振兴加快农业农村现代化的意见》	强化农业农村优先发展投入保障
2021年3月	《中华人民共和国国民经济和社会发展第十四个五年规划和2035年远景目标纲要》	优先发展农业农村,全面推进乡村振兴
2021年4月	《中华人民共和国乡村振兴促进法》	将"坚持农业农村优先发展"纳入法制保障
2022年2月	中央一号文件:《中共中央 国务院关于做好2022年推进乡村振兴重点工作的意见》	继续把农业农村作为一般公共预算优先保障领域,中央全面预算内投资进一步向农业农村倾斜,压实地方政府投入责任

(续表)

时间	文件名称	目标任务
2022年10月	习近平在中国共产党第二十次全国代表大会上的报告	坚持农业农村优先发展
2023年2月	中央一号文件:《中共中央 国务院关于做好2023年全面推进乡村振兴重点工作意见》	持续坚持农业农村优先发展

2) 政策性人才配置优先考虑,弥补人才短缺

建立健全政策性体育人才优先配置机制。持续坚持五级书记抓乡村振兴战略的责任机制,带动了一批文化水平高、政治素质好、工作能力强的年轻人加入乡村基层干部队伍,改善乡村基层干部队伍文化程度偏低、老龄化现象严重及社会治理专业化不足等困境,提升乡村体育治理人才的整体素养。此外,以体育部门为主导,建立健全社会体育指导员、体育志愿者及国民体质监测人员等政策性下乡体育人才的激励机制,激发各类体育人才下乡的内在动机,为协助体育部门开展乡村体育运动提供人才助力。

3) 资金优先扶持,提升服务质量

(1) 持续推进各级政府转移支付向乡村公共体育服务倾斜:坚持乡村公共体育服务优先发展的原则,保障各级政府转移支付优先支持乡村公共体育服务建设,逐步建立起覆盖城乡公共体育服务体系建设的体育财政支持体系。此外,各级政府转移支付支持乡村公共体育服务应积极扩大产品供给范畴,改变以往仅仅重视乡村体育设施等硬件建设的问题,加强对乡村体育人才培训、体育赛事举办、体育活动开展、体育组织扶持等软件建设,从而推动高质量的乡村全民健身公共服务体系建设。

(2) 协同社会合作之力共建乡村公共体育服务:乡村振兴战略作为国家长期发展战略,绝不仅仅是政府一家之责,亟须集全社会协同之力共同推进乡村振兴。为此,乡村公共体育服务亦需政府体育资金作为引导,发挥政府体育资金的杠杆作用,撬动社会资金、金融资金及公益资金对乡村公共体育服务的投入力度,采用PPP等合作模式,带动乡村公共体育服务投资渠道的多元化发展。

8.2.3　城乡共荣：城乡体育基础设施一体化发展保障机制

1) 城乡体育基础设施一体化布局，夯实城乡体育物质发展基础

（1）政策法规为城乡体育基础设施一体化布局提供根本支撑：2021年1月中央一号文件《中共中央 国务院关于全面推进乡村振兴加快农业农村现代化的意见》指出统筹县域基础设施空间布局；同年4月《中华人民共和国乡村振兴促进法》明确规定了优化城乡基础设施布局，逐步健全城乡一体的基本公共服务体系。此外，2019年8月《体育强国建设纲要》提出"统筹建设全民健身场地设施……鼓励创建休闲健身区、功能区和田园景区"。国家政策和法规既为城乡体育设施一体化发展指明了发展方向，又为城乡体育设施一体化发展提供了政策的支撑保障。

（2）政府为城乡体育基础设施一体化布局提供直接支撑：随着城乡交通网、信息网及乡村自然环境的日趋改善，乡村日益成为城市居民体育健身的新空间，城市亦转变为乡村居民日常体育活动的新选择，推动了城乡体育人口交流互动日益密切，亦推动了城乡体育健身圈建设的发展步伐。为此，政府立足于满足城乡居民多元化的体育需求，推动城乡体育基础设施一体化布局纳入全民健身发展规划，建立健全城乡体育基础设施一体化布局机制。

（3）"体育三下乡"的文化排斥为城乡体育基础设施一体化布局提供经验借鉴：在乡村支援城市发展的历史背景下，城乡体育基础设施在数量和质量上均呈现云泥之别。即使经历了城乡体育统筹发展和城乡一体化发展，带动了体育设施下乡，但由于现代体育的文化种子无法适应乡村体育文化的土壤，抑制了"体育三下乡"的预期成效，导致乡村体育基础设施的不足和浪费并存。在城乡体育融合发展时期，乡村体育设施建设应结合城乡体育各自的地理空间特色和体育人文优势，开展城乡体育基础设施一体化布局，规避乡村体育基础设施的不足与浪费并存现象。

2) 城乡体育基础设施一体化建设，提升城乡体育物质发展保障

（1）公共体育服务标准化为城乡体育基础设施一体化建设提供统一标准：《公共文化体育设施条例》指出公共文化体育设施的建设选址，应当符合人口集中、交通便利的原则；《国家基本公共文化服务指导标准（2015—2020

年)》提出"县级以上设立公共体育场;乡镇(街道)和村(社区)配置群众体育活动器材设备,或纳入基层综合文化设施整合设置";《国家基本公共服务标准(2021年版)》将公共体育服务纳入国家公共服务标准;2022年2月新出台的《体育标准化管理办法》明确强调各级体育行政主管部门应通过标准化提供公共服务。为此,公共体育服务标准化将为城乡体育基础设施一体化建设提供城乡统一的标准保障。

(2) 互联网等新型科技为城乡体育基础设施一体化建设提供科技支撑:随着互联网及智能手机在城乡的普及,加之我国工业科技的飞速发展,科技辅助日常体育健身成为时代发展的新趋势。2022年1月,《关于加强公共场所全民健身器材配建管理工作的意见》指出鼓励各地运用国家全民健身信息服务平台或其他信息技术手段,提升器材管理智能化水平和工作效率。支持各地将器材纳入公共体育设施电子地图。因此,科技赋能城乡体育设施一体化建设,有助于加速扩大城乡体育设施智能化的普及程度,从而提升城乡体育基础设施一体化建设的科技支撑水准。

3) 城乡体育基础设施一体化管护,增强城乡体育可持续发展保障

2022年1月,《关于加强公共场所全民健身器材配建管理工作的意见》指出体育部门要加强与财政部门的沟通协调,通过政府购买服务等多种方式组织专业力量开展检查,安排专人或发动社会体育组织、社会体育指导员等社会力量承接器材管护工作,形成长效机制,明晰了政府为城乡体育基础设施一体化管护提供资金支撑,体育企业组织通过服务外包等市场手段为城乡体育基础设施一体化管护提供技术支持,体育社会组织在体育业务开展过程中为城乡体育基础设施一体化管护提供必要的组织保障。可见,健全城乡体育基础设施一体化管护体制,为城乡体育可持续发展提供了必要保障。

8.2.4 城乡互补:乡村体育多元化发展保障机制

1) 国家政策保障乡村体育多元化发展政策体系确立

体育兴则乡村兴。但乡村又是迥异于城市的生产、生活及生态的空间复合体,注定了推进乡村体育振兴绝不能仅仅跟随城市体育发展的步伐,而是应该创造性地吸收城市体育发展的成果,推动乡村体育保有多元化的发展方向。

为此,党和国家的相关政策给予了乡村体育多元化发展极大的关注:2017年12月,农业部与国家体育总局联合发布《关于进一步加强农民体育工作的指导意见》,提出"紧密结合美丽宜居乡村、运动休闲特色小镇建设,科学规划和统筹建设农村体育场地设施,促进农民体育与乡村旅游、休闲农业融合发展,充分利用好农业多功能特点,鼓励创建休闲健身区、功能区和田园景区,探索创建乡村健身休闲产业和运动休闲特色乡村",为乡村体育多元化发展提供了政策支撑。随后,我国颁布的健康中国战略、体育强国战略及各类体育事业"十四五"发展规划对乡村体育多元化发展进行了明确规定(见表8-8),共同为乡村体育多元化发展提供了坚实的政策支撑。

表8-8 乡村体育多元化发展的政策支持轨迹

时间	文件名称	目标任务
2017年12月	《关于进一步加强农民体育工作的指导意见》	促进农民体育与乡村旅游、休闲农业融合发展,鼓励创建休闲健身区、功能区和田园景区,探索创建乡村健身休闲产业和运动休闲特色乡村
2019年7月	《健康中国行动(2019—2030年)》	鼓励个人至少掌握一项体育爱好或传统体育项目
2019年8月	《体育强国建设纲要》	大力发展群众喜闻乐见的运动项目,扶持推广各类民族民间民俗传统运动项目
2021年7月	《全民健身计划(2021—2025年)》	打造一批有影响力的体育旅游精品线路、精品赛事和示范基地,引导国家体育旅游示范区建设
2021年10月	《"十四五"体育发展规划》	鼓励各地依托可利用的水域、空域、森林、草原等特色自然资源,大力发展户外运动,推动体育与旅游、健康、养老等产业融合发展
2022年6月	《关于推进"十四五"农民体育高质量发展的指导意见》	结合农时农事农需,经常性举办具有农耕农趣农味的体育赛事活动,大力开展健康跑(走)、骑行、球类等健身活动

2)现代体育与传统体育共生机制丰富乡村体育多元化发展内涵

现代体育作为工业文明的结晶,其所具备的健身、娱乐、益智、育德及社会等功能,对加速推动我国广大乡村地区人民群众实现人的现代化的作用毋庸置疑,理应在乡村体育地区得到广泛推广。此外,乡村传统体育作为中华传统文化的传承载体,具备了乡村不同地区的身份识别符号功能,加之现代科学文化的修正,已经实现了由传统的"娱神"向现代的"娱人"的体育健身功能转化。

为此,乡村体育的土壤既需要播种现代体育的种子,亦需培育传统体育的苗圃,建立现代体育与传统体育共生机制,从而推进城乡体育互促发展。

3) 体育事业与体育产业共建机制拓展乡村体育多元化发展业态

发展乡村体育事业主要指乡村普惠性基本体育公共服务。乡村体育曾长期扮演城市体育现代化进程中的"输血者"角色,制约了乡村普惠性基本体育公共服务发展水平的提升。《中华人民共和国 2022 年国民经济和社会发展统计公报》显示,2022 年乡村地区常住人口 49 104 万人,占全国总人口的 34.8%。可见,乡村地区依旧保有人员之众,决定了为乡村地区供给高水平的普惠性基本体育公共服务,推动城乡居民共享体育现代化发展成果,依然是我国体育事业发展的重中之重。

此外,乡村体育还具备经济效能,诸如商业性体育赛事、体育运动特色小镇、乡村"体育+"新业态的培育等在乡村地区已经由星星之火发展成燎原之势,带动农民收入提高的同时,亦能够助推乡村产业实现兴旺发展。为此,构建高水平的乡村全民健身公共服务体系绝不能仅仅只是发展乡村体育事业,而是应建立体育事业与体育产业共同的发展机制,从而推进城乡体育互促发展。

4) 巩固体育扶贫成果,彰显乡村体育多元化发展功效

自乡村振兴战略实施以来,体育发挥了"体育扶贫"及"扶体育之贫"的作用。到 2020 年,我国脱贫攻坚取得全面胜利,乡村振兴步入巩固脱贫攻坚成果与乡村振兴相衔接的发展阶段。为此,国家体育相关政策开始转向巩固体育扶贫成果与乡村振兴相衔接。2021 年 4 月,《"十四五"时期全民健身设施补短板工程实施方案》指出加大对脱贫地区、革命老区、民族地区、边疆地区全民健身设施的倾斜力度。其中,2021—2022 年中央财政资金已经为重庆市、陕西省、甘肃省等西部省区的 2 000 个脱贫县的乡镇配套全民健身体育场地器材,彰显乡村体育助力乡村振兴的多元化发展功效。

8.2.5　全面融合:城乡体育要素合理流动保障机制

城乡体育要素合理流动的基础在于建立市场经济体制,发挥市场在资源配置中的决定性作用,从而推动城乡体育要素实现自由流通。但市场化手段并不是构建城乡体育要素合理流动的全部。毕竟乡村体育基础薄弱,仅靠市场的资源配置手段,不利于乡村体育要素单向流入乡村。为此,构建城乡体育要素合理流动机制还需发挥政府宏观调控的主导作用,破除阻碍城乡体育要素自由流动的体制和机制弊端,推动体育人才、资金、产业、组织等体育要素在乡村地区形成良性汇聚。

1) 国家政策法规助推城乡体育要素合理流动政策体系确立

推动城乡要素实现自由合理流动,是协调城乡发展关系、破除城乡发展二元结构、推进城乡融合发展的重要环节,一直被党和国家置于高度重视之列。从党的十九大报告提出乡村振兴战略,要求建立健全城乡融合发展的体制机制和政策体系,到 2022 年 3 月《中共中央 国务院关于加快建设全国统一大市场的意见》明确提出"打造统一的要素和资源市场",涉及城乡统一的土地、劳动力、资本、技术与数据、能源及生态环境市场,中央政府出台了一系列推进城乡要素实现自由合理流动的政策。其中,2021 年 4 月《中华人民共和国乡村振兴促进法》规定了"健全城乡融合发展的体制机制和政策体系,推动城乡要素有序流动、平等交换和公共资源均衡配置",为城乡要素合理流动提供了法规的根本支撑保障(见表 8-9)。体育要素作为城乡要素的重要组成部分,将跟随国家关于推进城乡要素实现自由合理流动的政策和法规之舰,推动城乡体育实现互补发展。

表 8-9　城乡要素自由流动的政策支持轨迹

时　间	文件名称	目标任务
2017 年 10 月	习近平在中国共产党第十九次代表大会上的报告	建立健全城乡融合发展的体制机制和政策体系
2018 年 1 月	中央一号文件:《关于实施乡村振兴战略的意见》	坚决破除体制机制弊端,使市场在资源配置中起决定性作用,更好发挥政府作用,推动城乡要素自由流动、平等交换
2018 年 9 月	《乡村振兴发展战略规划(2018—2022 年)》	强调推动城乡要素自由流动、平等交换
2019 年 4 月	《中共中央 国务院关于建立健全城乡融合发展体制机制和政策体系的意见》	坚决破除妨碍城乡要素自由流动和平等交换的体制机制壁垒,促进各类要素更多向乡村流动,在乡村形成人才、土地、资金、产业、信息汇聚的良性循环

(续表)

时 间	文件名称	目标任务
2021年1月	中央一号文件：《中共中央国务院关于全面推进乡村振兴加快农业农村现代化的意见》	把县域作为城乡融合发展的重要切入点，强化统筹谋划和顶层设计，破除城乡分割的体制弊端，加快打通城乡要素平等交换、双向流动的制度性通道
2021年3月	《中华人民共和国国民经济和社会发展第十四个五年规划和2035年远景目标纲要》	建立健全城乡要素平等交换、双向流动政策体系，促进要素更多向乡村流动，增强农业农村发展活力
2021年4月	《中华人民共和国乡村振兴促进法》	健全城乡融合发展的体制机制和政策体系，推动城乡要素有序流动、平等交换和公共资源均衡配置
2022年3月	《中共中央 国务院关于加快建设全国统一大市场的意见》	城乡统一的土地、劳动力、资本、技术与数据、能源及生态环境市场

2) 政府保障要素流动均衡

(1) 政府保障体育要素更多惠及乡村地区：当前我国城乡之间存在发展不平衡不充分的矛盾，其中，最大的不平衡为城乡不平衡，最大的不充分为乡村发展不充分。在新型城镇化和乡村振兴战略的双轮驱动下，体育具备经济、文化、生态等独特效能，有助于推动宜居宜业和美乡村建设，成为政府破解城乡发展不平衡不充分的重要工作抓手。在政府参与的城乡体育社会治理中，政府通过自身对城乡体育资源要素的宏观调控能力，为体育人才、资金、组织、设施等要素更多流向乡村地区提供保障，从而弥补乡村体育发展短板，加速乡村体育实现全面振兴，助力推动宜居宜业和美乡村建设。

(2) 政府保障农民工公共体育服务同等共享：《中华人民共和国2022年国民经济和社会发展统计公报》显示2022年全国农民工总量29 562万人，比上年增长1.1%。随着新型城镇化的持续推进，未来我国常驻城市的外来务工人口还将有可能持续保有数量增长。2022年中央一号文件明确指出推动基本公共服务供给由注重机构行政区域覆盖向注重常住人口服务覆盖转变，明确了地方政府保障农民工同等共享公共体育服务的工作职责。目前，不少地方政府已经将外出务工人员公共体育服务纳入本地全民健身发展规划，并结合城市自身的经济实力及外来务工人员的数量及体育活动特征，建立外来务工人员的体育培训、体育活动扶持、体育赛事举办等政府工作清单。

3) 市场构筑要素自由流通

(1) 市场构筑城乡体育产业要素自由流通:《户外运动产业发展规划(2022—2025年)》提出 2025 年全国户外运动产业总规模将超 3 万亿元,乡村因其具备无与伦比的自然优势,成为孕育户外运动产业的优良母体。企业创新的内涵亦是市场营销的内涵,即满足需要和创造市场。乡村体育产业巨量的市场需求,在市场平等交换机制的加持下,将吸引城市体育产业要素自由流向乡村,发挥下乡体育企业的自我才智,以便培育更加优质的乡村户外运动产业,满足城乡居民高层次的体育需求,进而推动城乡体育产业相关要素实现双向自由流通。

(2) 市场构筑公共体育服务要素自由流通:在现代社会治理中,构筑公共服务供给主体多元化,是满足城乡居民多层次公共服务需求的重要途径。在乡村公共体育服务供给中,市场主体可以通过政府购买公共体育服务等参与模式,推动公共体育服务要素自由流入乡村地区,从而为城乡居民提供更优质的乡村公共体育服务,亦可以改善乡村公共体育服务治理主体单一的发展困局。

9 城乡体育融合发展的基本路径研究

依据城乡体育融合发展在"经济""制度""文化""社会"及"生态"层面存在的现实困境,采用"五位一体"的布局,从体育产业、体育治理、体育文化、体育生活及体育环境全面构筑城乡体育融合发展的基本路径(见图9-1)。

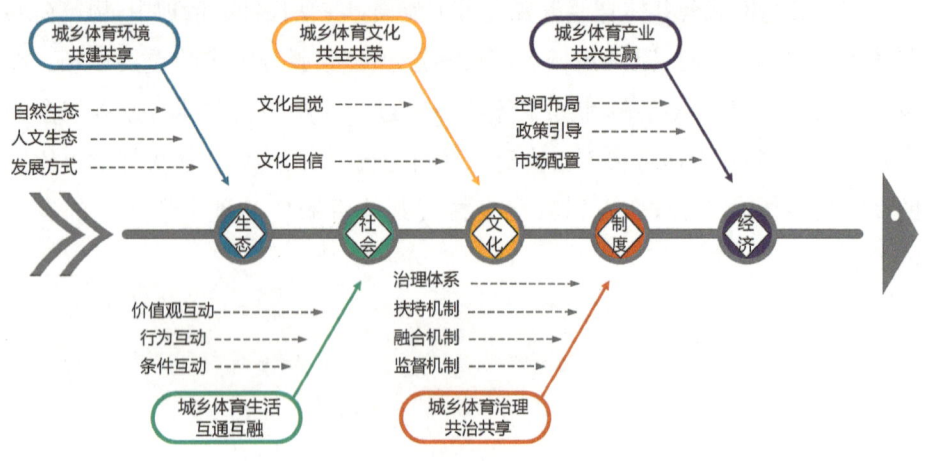

图9-1 城乡体育融合发展的基本路径图

9.1 经济循环:城乡体育产业共兴共赢

9.1.1 空间布局:优化乡村体育产业发展

随着城镇化进程的不断推进,一方面,城市体育服务产业日渐变成钢筋水泥封闭下的产物,与自然环境呈现天各一方的窘境,但人们对多样化生活需求的持续增强,迫使城市体育服务产业亟须将目光投入乡村地区,以寻找新的市场盈利点;另一方面,在城镇化初期,人口、资金等要素单向流入城市生产企业,推动了城市工业化程度的大幅度提高,但城市土地面积有限,且土地成本较高,加之近年来持续增长的用工成本,部分城市体育装备制造业开始向乡村地区转移。可见,乡村体育产业作为后发产业,已经具备了快速再成长的发展趋势,但仍需在地理空间布局层面认真筹划,以优化乡村体育产业的持续发展。

(1) 统筹体育产业空间布局:在乡村体育服务业层面,《户外运动产业发展规划(2022—2025年)》明确提出构建"五区三带"的空间布局,即北方冰雪运动引领区、华东户外运动示范区、中部户外运动体验区、华南户外运动休闲区、西南户外运动集聚区以及黄河文化户外运动带、长江水上运动带、滨海户外运动带,形成重点项目突出、比较优势显著、区域融合互动的发展格局。因此,乡村体育服务业应依托乡村独特的自然和文化资源,合理规划和布局,同时深化乡村"体育+"融合发展,避免乡村体育服务业产生低层次的同质化竞争及资源浪费。在乡村体育装备制造业方面,应依托乡村在交通、人工、土地、扶持政策等生产要素的产业发展优势,推动乡村体育装备制造业往内生性集群发展,以增强乡村体育装备制造业的市场竞争力。

(2) 统筹体育产业基础设施配套供给:乡村体育产业不能孤立于生产、生活等基础配套设施,否则乡村体育产业很难实现高质量带动上下游产业链的协同发展,如东北地区部分乡村雪场由于餐饮、住宿等不便利,出现了"滑雪在乡下,吃住在城市"的发展格局。为此,从空间布局角度,优化乡村体育产业发展还应持续改善乡村体育产业周边的交通网、医院、餐饮、住宿等基础配套设施,从而为全面提升乡村体育产业发展质量提供正向助力。

9.1.2 政策引导:推动城乡体育产业融合

十八届三中全会强调,经济体制改革的核心问题是处理好政府和市场的关系,使市场在资源配置中起决定性作用和更好发挥政府作用,其关键就是转变政府职能。2016年5月9日,国务院召开全国推进"放管服"改革电视电话会议,李克强总理提出深化简政放权放管结合优化服务,从而推动政府"放管服"改革向纵深发展。2014年《国务院关于加快发展体育产业促进体育消费的若干意见》中明确了体育产业作为拉动国民经济的重要产业的同时,也推动了体育产业"放管服"改革的发展。为此,在体育产业回归市场主导运营的背景下,政府在体育产业的发展中扮演的政策引导者的角色越发重要。为此,地方政府亟须在土地、人才、资金等方面做好政策引导工作。

1) 土地政策引导层面

在坚守农业耕地红线和乡村生态环境保护底线的前提下,统筹县域乡村体育产业建设用地规划,对乡村体育产业用地给予一定的建设用地的政策倾斜。

2) 人才政策引导层面

需要加快消除诸如户籍、宅基地等阻碍体育产业人才下乡的体制机制,同时制定柔性入股、职位保留、优先职称评聘等激励政策,引导体育创新创业人才投入乡村体育产业。

3) 资金政策引导层面

推动"体育+农业"纳入新型农业补贴政策,制定引导县级金融机构扶持乡村体育产业发展的政策,出台鼓励以市场化形式设立体育产业引导基金的政策,扶持和引导乡村体育产业实现兴旺发展。

9.1.3 市场配置:促进城乡体育产业共赢

1) 持续优化乡村体育产业的营商环境

相对于城市地区由市场经济所主导的开放竞争,传统乡村是由业缘、地缘及血缘构成,以伦理为主导的封闭体,对外来者讲究以礼待客的同时,也会对陌生人产生天然的距离感。虽然随着城镇化的快速推进,乡村以伦理为主导的封闭体被逐渐打破,但法治乡村依然任重道远,资本下乡所遭受的困境依然存在,甚至资本下乡所形成的"精英俘获"新闻不绝于耳。为此,推动体育产业的城乡市场配置,促进城乡体育产业共生共赢,亟须优化乡村营商环境。鼓励乡村集体以"自然资产+资金"的形式入股参与乡村体育产业分红,而市场开发及运营等专业事务交由企业运营,呈现"专业人做专业事"的高质量发展格局,以避免出现城市体育资本被乡村裹挟的风险,或者因出现"精英俘获"而损害大部分乡村居民利益的局面。

2）深挖乡村体育产业的自然及人文优势

实现城乡体育产业共赢，还需以满足城市居民的体育乡愁需求为出发点，深挖乡村独特的历史文化资源，打造独特的体育乡愁景观。同时，依托乡村山水林田湖草沙等特有的优势自然资源，推动商业性的攀岩、滑雪、潜水、海洋运动、越野自行车、房车、露营等户外运动产业下乡，创建户外运动网红打卡地，满足了城市居民对于"青山绿水好生态"的高层次体育环境的需求，亦实现了城乡体育产业共赢格局。

9.2 制度统筹：城乡体育治理共治共享

9.2.1 治理体系：推动城乡体育治理能力现代化

党的十八届三中全会提出了创新社会治理体制和改进社会治理方式，目的在于更大发挥社会和市场组织在社会治理中的重要作用，从而共同推进我国的社会建设事业由社会管理向社会治理转变。从"社会管理"到"社会治理"，一字之差的背后是我国社会治理结构和治理主体的变迁，标志着我国社会治理由"政府垂直管理"向"政府、市场及社会组织等多元治理主体的扁平化治理"的转变。但目前乡村体育治理还处于社会治理的后发领域，地方政府垄断乡村体育治理的现象严重，极易形成政府有限供给与民众多元需求的社会治理矛盾。

1）打造多元主体治理体系

在多元治理主体层面，亟须转变政府单核的乡村体育治理方式，引入乡村多元体育治理主体，积极引导社会捐赠、强化村民自治主体等方式激活城乡社会力量参与乡村体育建设，同时以购买服务、项目外包等市场机制吸引社会资本深度参与乡村体育治理，从而打造以党委领导为核心前提、政府为主导地位、社会组织及城乡居民为重要主体的乡村体育多元治理体制。

2）打破多元主体治理协同隔阂

在政府职能部门内部层面，需要厘清城乡体育高质量发展并非单独依靠体育部门一家之功，建立真实有效的城乡体育治理行政联谊制度，从而打破现今政府体育部门与文明办、发改委、人大等行政机关的内部沟通鸿沟。在政府和体育社会组织层面,亟须改变县域体育部门、体育协会与体育新乡贤、高素质农民等乡村体育人才队伍联系脱节的现状,建立体育新乡贤、高素质农民等乡村体育人才队伍参与乡村体育治理的激励机制,从而打破治理主体协同隔阂窘境,建立乡村体育多元主体协同治理体制。

3) 健全乡村体育治理普法体制

社会治理的基础在于以遵循法律为准绳,在法律规定的范围内行使城乡体育社会治理的权利,而乡村地区恰恰是体育普法的薄弱地区。为此,推动城乡体育治理能力现代化,还需要改变乡村体育普法工作短板,建立县、乡镇及村三级体育管理人员的体育普法责任,落实三级体育管理人员普法考核机制;转变社会力量体育普法积极性不高的现状,建立体育志愿人员的普法激励制度,从而健全乡村体育治理普法体制。

9.2.2 扶持机制:支持乡村体育优先发展

十九届五中全会提出优先发展农业农村,全面推进乡村振兴,而乡村体育作为乡村振兴的重要组成部分,夯实了扶持乡村体育优先发展的政策基础。目前乡村体育在资金投入、赛事供给及组织发展等方面欠缺严重,亟须建立支持乡村体育优先发展的扶持机制。

1) 建立乡村体育资金扶持机制

地方政府应依据优先支持乡村体育发展的相关政策,加大公共财政资金对乡村体育的供给力度;细化公共财政支持不同地区乡村体育的资金比例,避免因平均主义造成资金的不足和浪费;建立市场化的引导机制,鼓励社会资本深度参与乡村各类体育设施建设及活动;利用税收、冠名、社会荣誉等策略,建立引导社会资本对乡村体育事业的捐赠机制。

2) 建立乡村体育赛事流入机制

发挥城市体育的优势赛事资源,因地制宜地推动城市成熟的体育赛事下乡,从而建立由城到乡的转移制度;建立鼓励城市地区的社会及市场力量积极前往乡村举办各类群众性体育赛事的引导制度。例如贵州省"村BA"篮球赛事原本是在台江县城篮球馆举办的,因故临时转移到台盘村球场,最初取得不错的反响。于是,"快手杯"等一系列乡村振兴篮球赛事皆被安排到了台盘村,赛事的密集导致比赛一直被安排到天亮,加之村民的热爱,最终无意间促成了"村 BA"篮球赛事爆红网络,从而帮助台盘村顺势建立了承接城市篮球赛事下乡的流入机制。

3) 建立城市体育社会组织下乡发展机制

依据不同乡村地区的实际情况,适时降低各类体育社会组织下乡发展会员的门槛限制,并建立鼓励体育社会组织下乡的激励和监督机制;同时建立县文明办和体育部门的乡村体育志愿服务协作制度,共同开展高质量的乡村体育志愿服务平台建设。在调研江苏省徐州市贾汪区文明办和区体育部门以新文明实践站(所)协同开展乡村体育志愿服务建设时发现,当地民众可以通过微信手机小程序点击体育志愿服务。倘若村委一级的新文明实践站没有能力解决,需求将被上传到乡镇一级的新文明实践站;如果乡镇一级还没有能力解决,将被上传到区新文明实践中心进行统筹协调解决。

9.2.3 融合机制:推进城乡体育协同融合

随着我国体育强国建设拉开发展大幕,体育在政治、经济、文化、社会及生态等方面的功能逐步得到人们的认可和理解。加之体育具备极强的兼容性质,极易与卫生、科技、教育、旅游等方面实现协同融合发展。2016 年 12 月,国家旅游局和国家体育总局共同印发《关于大力发展体育旅游的指导意见》,走出了体育与旅游融合的关键一步。此后,体育与卫生、科技、教育、旅游等方面的融合逐渐崭露头角。为此,需要从"体育+"的融合机制层面,建立体育与卫生、科技、教育、旅游等方面的融合机制,从而推动城乡体育协同融合。

以体医融合为发展契机,加快县域全民健身数据平台建设,同时提升县域卫生部门的体育运动康复水平和体育治未病的能力,从而全面提升县域城乡体育的发展水平;以网络科技进步为发展契机,推动城乡居民借助智能手机开展体育健身,鼓励可穿戴智能体育设备进入城乡家庭,提高城乡体育参与者的科学健身水平;以体教融合为发展契机,鼓励体育部门和乡村学校以体育人才后备基地建设为抓手,向乡村输送专业教练员及提供乡村体育教师培训工作,提升乡村体育的整体水平;建议体育部门和乡村学校合作开展地方体育传统项目的文化保护工作,保障乡村体育传统项目的活态传承;以乡村"体育+"新业态为发展契机,借助乡村自然景观优势,鼓励城市体育产业进入乡村户外运动产业,拓展乡村体育旅游产品和服务供给;鼓励乡村地区开展体育旅游精品线路、精品赛事和示范基地的评比工作,鼓励乡村地区积极加入国家体育旅游示范区建设,提升乡村体育旅游的品质,助力乡村振兴。

9.2.4　监督机制:落实城乡体育共治共享

乡村振兴战略作为国家重大发展战略,加强监督管理是保证乡村振兴战略顺利有效推行的必要手段。乡村体育作为乡村振兴战略的重要组成部分,同时也是城市居民的心之所向,亦需要落实对乡村体育发展的监督机制,健全监督规章制度,以推动乡村体育实现高质量发展,最终落实城乡体育共治共享。

以实施乡村振兴战略为契机,建立乡村体育目标责任和考核评价制度;发挥县级全民健身领导小组对各级政府协同推进乡村体育工作的监督检查;县级政府体育部门定期对乡村体育工作开展督促检查;同级政府部门应向本级人民代表大会报告汇报乡村体育的建设工作;建立县级及以上政府财政、审计等部门按照乡村体育优先发展的原则对乡村体育资金使用监督的制度,落实政府内部监督机制。建立线上和线下多渠道的社会监督制度,推进社会对推进乡村体育工作的全方位监督;实施乡村体育建设项目布局、承接单位、工程进度及资金情况向社会公开的制度,畅通社会外部监督渠道。

9.3　文化互补:城乡体育文化共生共荣

9.3.1　文化自觉:传统与现代体育美美与共

1) 传统体育文化的自我觉醒在于人们对其的认知

传统体育文化作为乡土文化的重要组成部分,具有地缘文化特性,是乡村居民的身份识别符号,如人们提到杂技往往就联想到被誉为杂技之乡的吴桥县;乡村传统体育文化还以家国情怀为文化内核,是中华传统文化的血脉延续,如龙舟文化深深烙印了伟大诗人屈原的爱国情怀,是中华优秀体育文化的代表佳作。

2) 文化自觉还要面对传统与现代体育文化的反思

文化的相对性主张"每一种文化都有其独创性和充分价值,一切文化的价值都是相对的、平等的"。因此,乡村体育文化既不是檐上三寸雪,城市体育文化亦不能为外来惊鸿客。故,不能过度拔高根植于乡村的传统体育文化,也不能刻意矮化源自城市的现代体育文化,而是应该"各美其美",避免乡村传统体育文化落入泥古拘方的孤芳自赏之态。

3) 文化自觉还需理性审视传统与现代体育文化之争

源于城市的现代体育是以"竞争"为文化内核,与市场经济特征相契合,而根植于乡村的传统体育文化以"天人合一"为文化内核,与乡村独特的社会结构、行为准则及思维方式等相吻合。为此,城乡体育文化将不可避免地面临传统与现代之争,但城乡体育文化的碰撞还将演化"美人之美,美美与共"。

9.3.2　文化自信:重塑体育文化共同体

1) 传统体育文化借助现代科技重现

传统文化的生命力在于创造,需要把握时代脉搏,延续中华文化文脉。作为中华文明传承载体的乡村体育文化,在市场经济的冲击下,文化土壤发生了根本性变迁。发展初期,乡村传统体育文化之光可能会暗淡,但并不会自行消融,而是在时代的创造中实现与城市体育文化的相互适应,重绽光彩。如湖南湘西德夯苗寨的苗鼓、上刀梯、苗狮、板鞋、秋千、苗拳等传统体育项目资源以及"百狮会""苗鼓王大赛""赶秋"等富有浓郁民族特色的体育文化节会,利用现代化的舞台艺术表演形式,实现创造性的重生。

2) 城乡体育文化借助体育活动互融

体育文化的载体是体育活动,传统和现代体育活动皆具备极强的包容性,决定了二者可以实现文化互融,呈现润物细无声之态。譬如现代的体育比赛过程中,主办方经常会安排类似舞龙、舞狮、民间体育游戏等传统体育活动的展示。可见,传统体育活动在为现代体育比赛添彩的同时,亦促进传统与现代体育文化交相呼应。

3）城乡体育文化凭借文化互哺发展

文化具有互哺性特征决定了传统与现代体育文化能够各取其长。如武术项目中的体能训练需要借助现代化的体育健身设备，甚至需要计算机技术辅助训练，展示了传统体育项目主动吸收了现代体育指导规范、科学化健身等方面的营养；而城市体育公园、沿河步道等体育场地设施的布局和建设，则展现了乡村体育文化"天人合一"的理念为现代城市体育设施建设提供了营养滋润，体现了闹市中依然留存着人与自然的和谐共生。

9.4 社会互动：城乡体育生活互融互通

9.4.1 价值观互动：城乡体育健康观念互融互通

体育价值观是体育的价值在人们头脑中的反映，或者说是关于体育价值的基本观点、基本看法，是指导人们对体育问题作价值判断、价值取向的基本原则。此外，体育价值观的形成受个人教育经历及社会文化状况的影响极大。在城乡二元发展时期，城乡体育教育呈现天壤之别，甚至部分乡村地区体育课都很难保证，乡村学校体育很难承担起推动城乡体育健康观念互融互通的社会重任；加之城乡体育二元所造成的城乡体育价值观互动渠道基本封闭，更何谈推动城乡体育健康观念互融互通。党的十九大报告提出乡村振兴战略需坚持城乡融合发展之路，标志着我国群众体育事业亦跟随城乡社会结构的变革，步入城乡体育融合发展阶段。为此，推动城乡体育健康观念互融互通，成为实现城乡体育社会互动的灵魂所在。

1）政策引导

以乡村振兴战略为契机，地方政府应加快制定推动城乡体育高质量协同发展的相关政策，并依法落实优先推动乡村体育发展的组织责任，加快健康中国、体育强国、全民健身等重大体育发展战略的落地。

2）深化合作

以体医融合为契机，深化政府体育部门、卫生部门、医院、科研机构及社会资本等合作进程,协力推动体医融合成果的落地,落实体育促进健康关口前移。此外,应以体教融合为契机,深化政府教育部门和体育部门的协作,共同提升城乡学校体育对促进学生体质健康的实效,尤其是真正落实健康教育、终身体育等健康理念走进乡村学校体育课堂。

3) 加强宣传

当前正处于网络化时代,各类网络宣传媒体已逐渐渗入城乡角角落落,尤其是各类自媒体平台。故,在特定的体育节日或时段,需重点加持对体育健康相关内容的流量推送。此外,鉴于前述调研发现,手机使用与农民年龄、文化素质等密切相关,且目前乡村居民老龄化和教育水平层次低的问题严重,乡村留守群体特别是老龄群体对手机功能的适应能力不足,很难享受到数字红利。故,还需加强线下乡村体育的宣传工作,诸如举办体育活动、体育宣传栏、体育标语等等。

9.4.2　行为互动:城乡体育生活行为互促互进

城乡体育价值观互动作为体育思维形态领域的互动,是城乡体育社会互动的灵魂,因而在形态上呈现的是隐性。而城乡体育生活行为互促互进,则是实实在在的行为互动,是城乡体育社会互动的显性行为表现。为此,在城乡体育融合发展阶段,推动城乡体育生活行为互促互进,重点在于促进城乡居民在体育赛事参与、体育指导推进、体育活动开展及体育消费提升等体育生活行为上互促互进。

1) 城乡居民体育赛事参与互促互进

体育赛事作为凝聚城乡居民集体记忆、推动全民健身发展的活动载体,亟须重新谋划城乡群众性体育赛事举办的时间、地点及举办方式等等,探索城乡居民共同参与体育赛事的机制。近年来,国家和地方政府在城乡居民共同参与体育赛事中做出诸多的努力和探索,比如全国农民体育健身大赛融入中国农民丰收节的庆祝活动,将全民健身活动与农耕文化紧密融合,让更多参与者通过体育健身感受农情、体验农趣、品味农味,通过品牌赛事引领,不断强化农民的健身意识,丰富其精神文化生活,推进文明乡风深入人心。

2) 城乡居民体育指导推进互促互进

自乡村振兴战略实施以来,为推动乡村体育实现高质量发展,先后颁布

《关于体育扶贫工程的实施意见》及《关于推进"十四五"农民体育高质量发展的指导意见》等,其中皆涉及推动体育社会组织向乡村地区延伸,目的在于加强乡村体育活动指导工作。因此,应以乡村振兴战略和体育强国建设为依托,推动城市体育社会组织及个人积极下乡参与乡村体育指导工作,规范乡村体育居民的日常体育锻炼行为;发挥部分乡村传统体育活动项目发展优势,为城市居民学习及参与乡村传统体育活动提供现实指导。

3) 城乡居民体育活动开展互促互进

以体育社会组织或民间草根体育组织为引领,鼓励乡村居民到县域深度参与体育锻炼;加快推进城乡体育标准化建设,推动乡村体育活动项目与乡村自然资源或历史人文资源的有机融合,引领城市居民主动下乡参与体育休闲的行为。随着体育的健身、经济、社会等价值和功能在乡村社会中逐渐得到认可,体育在农民丰收节庆中开始绽放光芒。比如 2022 年 9 月,第五个农民丰收节庆中乡村排球、山村马拉松、柚子运动会等乡村体育活动的"农味农趣"渐浓。乡村"农味农趣"体育活动的开展,在满足乡村居民文化生活需求的同时,还吸引了众多城市居民的下乡参与,实现了城乡居民在乡村场域体育活动开展的互促互进。

4) 城乡居民体育消费提升互促互进

培养乡村居民的体育消费行为,引导乡村居民由"医疗支出转向体育健康投入",由"购买体育实体转向服务类体育消费"。此外,2022 年 11 月,国家体育总局、发展改革委、工信部等八部门联合印发《户外运动产业发展规划(2022—2025 年)》,提出到 2025 年,全国户外运动产业总规模将超 3 万亿元,为城市居民下乡参与乡村户外运动产业消费提供政策加持。因此,应以建设和创建体育小镇、乡村体育旅游带、冰雪丝路带等为载体,以体育产业政策加持和经济增长为依托,积极推动乡村户外运动产业的发展步伐,吸引广大城市户外运动消费群体,从而扩大乡村体育服务产业的消费体量。

9.4.3 条件互动:城乡体育生活基础协同发展

体育价值观和体育行为的互动是思想和行动的互动,要求是身心一统,文化的本质为知行合一。但推动城乡居民体育社会互动的知行合一,还需要物质基础的支撑,即城乡体育生活基础协同发展。

1) 优先支持乡村体育场地建设

随着2020年我国脱贫攻坚获得了全面胜利,乡村发展进入全面振兴发展阶段,乡村体育优先发展地位得到了持续巩固。其中,推进全民健身体育场地设施建设,尤其是乡村体育场地设施补短板工程被纳入《"十四五"体育发展规划》。为此,应持续全面提升乡村体育场地的数量和质量,支持乡村建设兼具生活和健身功能的室内体育场馆,支持有条件的乡村建设运动休闲相融合的乡村体育公园。

2) 持续推进体育场馆低收费政策

在调研中发现,虽然城乡居民对城乡公共体育场馆贯彻执行低收费或者不收费政策的满意度极高,但是现实社会中,诸如坐落在县城或部分区内的诸多中央管理企业,甚至包括稍有名气的县城高级中学、大量体育场馆依然被锁在高墙大院之内,无法为全民健身提供有力的体育场地支撑。为此,还应持续推进以低收费补贴为引领,城乡范围内的公共体育场馆设施以低收费或者不收费的形式面向城乡居民开放的政策。近年来,不少地方政府在推动央企体育场地执行低收费政策方面也做出过努力。其中,2021年江苏省无锡市人民代表大会组织的新版《无锡市全民健身条例》的修订座谈会中,无锡市发展和改革委员会提出将无锡全市范围内央企的体育场地全部纳入低收费开放,以保障全民健身运动的开展,得到了与会人员的一致认可。

3) 规范举办城乡体育赛事的保险保障

鼓励保险公司将体育伤害相关保险产品推广到乡村地区,并逐步推动全域群众体育赛事运动员保险全覆盖,为城乡体育赛事提供持续的保险保障,从而打消了创办城乡体育赛事的风险顾虑。

4) 统筹县域社会体育指导员数据库的建设

数字化的推进,对城乡体育指导工作与时俱进提出了新要求。虽然国家体育总局相关部门已经开始尝试开发全国社会体育指导员信息管理平台建设,且城乡体育爱好者可以在平台获取体育健身视频指导和体育指导信息,但依然无法获取面对面的体育信息指导服务。为此,打造便民的城乡统一的社会体育指导员服务平台建设依然需要持续推进。

9.5 生态繁荣：城乡体育环境共建共保

9.5.1 自然生态：乡村生态保护修复

1) 乡村体育生态空间城乡共保

树立城乡空间共同体意识，严格管控城市发展破坏乡村自然生态空间，实现乡村自然生态空间城乡共保。2004年国务院办公厅颁布《国务院办公厅关于暂停新建高尔夫球场的通知》（国办发〔2004〕1号），目的在于整治"一些地方高尔夫球场建设过多过滥，占用大量土地；有的违反规定非法征占农民集体土地，擅自占用耕地，严重损害了国家和农民利益；有的借建高尔夫球场名义，变相搞房地产开发"等破坏城乡自然环境的乱象，推动合理利用和保护土地资源，遏制高尔夫球场的盲目建设，避免侵占乡村生态自然空间。

2) 体育修复城乡自然生态

运用"体育＋"统筹对山水林田湖草沙进行系统生态修复，赋予荒漠化、石漠化、废弃矿山、塌陷区等资源新的生命，实现乡村废弃生态资源城乡共建。近年来，随着户外运动的持续升热，一些废弃的矿坑被年轻人发掘，成为潜水、自行车、轮滑等体育运动探险的乐园；一些户外土坡，成为汽车发烧友的聚集地；甚至在一些沙漠地区，滑沙已经成为一种时尚体育运动。截至2021年底，全国户外运动参与人数已超过4亿人。《户外运动产业发展规划（2022—2025年）》明确提出"深入贯彻'两山'理念，增强生态环境保护与生态价值转化意识，在保护生态环境的基础上引导户外运动项目绿色开发"。此外，《国务院办公厅关于促进全民健身和体育消费推动体育产业高质量发展的意见》鼓励符合条件的"四荒"（荒山、荒沟、荒丘、荒滩）土地发展体育产业。为此，应借助户外运动产业发展的东风，将生态修复融入户外运动可持续发展基因，从而全面提升体育修复城乡自然生态的能力。

9.5.2 人文生态：体育乡愁共塑共享

1) 留得住体育乡愁的传承

挖掘和保护民间体育活动，将特色民间体育活动纳入学校乡土课程，并利用传统节庆日进行城乡展演,多层次演绎体育乡愁的传承。如列入国家非物质文化遗产名录的南丰傩舞,通过进校园及乡村节庆展演等活动,由封建社会的"娱神"转变为现今以健身为主导的"娱人",实现了傩舞的活态传承和华丽转身。

2) 塑得起体育乡愁的风姿

运用建筑生态美学的理念,考虑将体育场地和设施与乡村生产、生活及生态空间融为一体,突出乡村全民健身的独特之处。为此,乡村现代体育设施并不是来自城市高高在上的"阳春白雪",而是充满农趣农味的"下里巴人",应与乡村地区的自然风貌应景而设,加速实现乡村体育设施乡土化的进程。

3) 凝得成体育乡愁的内核

《"十四五"体育发展规划》明确了鼓励各地利用当地特色和资源优势,培育全民健身品牌赛事活动,为城市体育赛事融合乡村自然和人文景致提供了直接的政策导向。为此,应推动城市体育赛事向乡村地区转移,实现城市体育赛事的乡村再建设,吸引城乡居民共同融入体育赛事之乐,从而塑造以体育赛事为主线的乡村集体记忆。

9.5.3 发展方式:城乡体育绿色发展

1) 建立乡村"体育+"新业态开发激励机制

以环境承载力为价值的乡村"体育+"新业态,"追求的是人与自然的和谐发展,而非传统经济征服自然"。因此,乡村"体育+"新业态是以乡村的绿水青山、人文历史等乡村原生态资源构筑的"乡愁梦",而非依靠密集劳动力和资本聚集发展的传统经济。为此,应加快乡村"体育+"的行业试点工作,树立行业发展模式典范,完善新型农业及乡村体育产业引导基金补贴政策制度。

2) 完善乡村"体育+"新业态生态监督机制

主动转变政府在市场经济中的引导者、监督者及服务者角色,加快推进类似管委会或者城投集团等开发乡村"体育+"新业态的退出机制,畅通乡村生态环境的社会监督渠道,形成多元化的乡村体育生态环境监督机制。

10 研究结论、建议与不足

10.1 研究结论

（1）经过70多年的历史衍化，我国城乡体育发展先后经历了城乡体育兼顾发展、城乡体育分离发展、城乡体育关系调整、城乡体育统筹发展、城乡体育发展一体化、城乡体育融合发展等六个发展阶段，逐步推动了城乡体育发展由对立走向融合的历史衍化进程。

（2）虽然我国城乡体育要素基本实现了自由流通，但实现城乡体育资源要素合理配置依然道阻且长。其中，乡村体育人口整体素养偏低、高质量体育基础设施有待进一步完善等原因，导致城乡体育要素融合承接基础薄弱；在城乡体育要素内部配置结构中，优先供给体育设施等硬件体育资源，而体育人才、体育竞赛、体育组织等资源配置严重欠缺，导致城乡体育要素配置结构失衡；部分乡村地区存在政府"垄断式"供给，导致城乡体育要素供给主体单一，很难真正满足城乡居民多元化的体育需求；在城乡体育资源协同配置中，体育人才、体育组织等主体要素与体育科技等客体要素存在协同融合不足，体育设施、体育竞赛、体育科技、体育文化等客体要素亦存在协同融合不足，导致乡村体育设施的智能化和乡村体育活动的个性化程度不高。

（3）探究国内外城乡体育融合发展典型案例的运行机理和治理机制发现：推动城乡体育融合发展离不开政府所带来的自上而下的城乡纵向融合；推动乡村体育产业实现城乡横向融合，应立足市场发展规律，合理谋划城乡体育资源要素的合理配置，并积极培育独特的体育IP；在城乡体育融合发展中，应充分认识乡村体育文化的优势,推动城乡体育文化要素实现互促发展,塑造乡村个性体育灵魂;在城乡体育融合发展中,乡村体育既需要城市的体育助力,更应充分调动农民的积极性、主动性和创造性,发动和组织农民积极投身乡村体育发展的社会实践;在城乡体育融合发展视角下,乡村体育需坚持绿色发展的可持续发展之路。

(4) 解构城乡体育融合发展的内在机理:城乡体育人才、体育资金、体育技术及体育产业等要素基本实现了城乡双向互动,为促成城乡体育融合发展之局提供了必要的前提条件;城乡交通网、信息网及环境承载力的改善,为构建城乡体育融合发展之路夯实了发展基础;城乡体育融合发展的结果是推动体育消费提档升级、实现城乡体育标准化及促进全民健康与全民健身深度融合,从而构筑更高水平的公共体育服务体系。

(5) 我国城乡体育要素合理配置的内容主要包括体育人才、组织、资金、科技、设施、文化及比赛等体育资源要素。其中,体育人才要素是核心基础,体育资金要素是发展根本,体育设施要素是重要支撑,体育组织要素是发展保障,体育科技要素是重要引擎,体育文化要素是发展载体,体育比赛要素是重要抓手,共同构成城乡体育要素合理配置的逻辑结构。

(6) 我国还处于全面推进乡村振兴的初始阶段,坚持城乡体育融合发展还存在一系列现实难题。其中,城乡体育产业共兴共赢局面未形成,城乡体育治理共治共享制度统筹不完善,城乡体育生活互融互通渠道不畅通,城乡体育文化共生共荣景象失衡及城乡体育环境共建共保功能不突出。

10.2 研究建议

(1) 体育人才、组织、资金、设施、科技、赛事等资源是城市优势体育资源要素,而体育文化是乡村优势体育资源要素。为此,实现城乡体育要素合理配置,应充分发挥政府在保障乡村体育优先发展中的资源配置之力,推动城市更多的优势体育资源要素汇聚乡村,同时亦发挥乡村体育的文化优势,促动城乡体育资源要素形成互补互促之势。

(2) 从"地位均等、短板弥补、城乡共荣、城乡互促、全面融合"出发,构建以城乡体育普惠共享保障机制为前提保障,以城乡体育要素合理流动、乡村体育多元化发展等保障机制为支撑的"工业凳模型"保障机制,共同为城乡体育融合发展提供坚固平稳的保障支撑。

(3) 采用"经济、制度、文化、社会、生态"层面五位一体的布局,充分发挥政府、市场及社会在保障城乡体育资源均衡、体育要素自由流通及体育组织专业化效能等方面的作用,从体育产业、体育治理、体育文化、体育生活及体育环境等方面全面构筑城乡体育融合发展的基本路径。

10.3 研究不足

(1) 三年疫情严重影响了前往乡村地区发放问卷及回收,甚至问卷的发放区域还得依据疫情状况随时调整。此外,疫情对交通出行的限制,导致无法进行大范围的访谈及调研,导致对部分中部及西部地区的访谈及调研工作还存在不足之处。

(2) 研究虽然涉及城乡体育融合发展的内在机理、要素配置、保障机制及基本路径,但关于城乡体育融合发展的评价指标体系及验证研究还有待进一步拓展。

附 录

【附录1】　　　　村民调查问卷

我国城乡体育融合发展——村民调查问卷

尊敬的村民朋友：

　　您好！我们是受上海体育学院委托的调研员。我们正在进行一项社会调查，目的是了解我国城乡体育融合发展中的基本状况及存在的问题。经过严格的科学抽样，我们选中了您作为匿名调查对象。问卷中问题的回答，没有对错之分，您只要根据平时的想法和实际情况在"□"或"1、2、3、4、5"处打"√"，在＿＿＿中填写内容就行。对于您的作答，我们将按照《中华人民共和国统计法》的规定绝对保密，并且只用于统计分析，请您不要有任何顾虑。希望您协助我们完成此次调查，谢谢您的配合！

　　您属于：＿＿＿＿省＿＿＿＿市＿＿＿＿县(市、区)＿＿＿＿镇(街道)＿＿＿＿村

A 部分：个人基本情况

A01. 您的性别是：
　　□1. 男　　　　□2. 女

A02. 您的年龄是：
　　□1. 18周岁及以下　　□2. 19～30周岁　　□3. 31～45周岁
　　□4. 46～59周岁　　　□5. 60～69周岁　　□6. 70周岁及以上

A03. 您的学历是：
　　□1. 小学及以下　　　□2. 初中　　　　　□3. 高中或中专

☐4. 大专　　　　☐5. 本科　　　　☐6. 研究生

A04. 您的职业、身份是：
　　☐1. 乡镇干部　　　☐2. 村干部　　　☐3. 农民（种地）
　　☐4. 外出打工者　　☐5. 半工半农　　☐6. 个体工商户
　　☐7. 教师　　　　　☐8. 其他_____

A05. 您家去年全年的总收入大概为：
　　☐1. 0.5万元以下　　☐2. 0.5万～1万元　　☐3. 1万～1.5万元
　　☐4. 1.5万～2万元　　☐5. 2万～3万元　　　☐6. 3万～5万元
　　☐7. 5万～10万元　　☐8. 10万元及以上

B部分：村民体育活动参与情况

B01. 您每周参加几次体育活动？
　　☐1. 每周3次以上　　☐2. 每周1～3次　　☐3. 不固定,偶尔参加
　　☐4. 从不参加（请跳至C01）

B02. 您每次大概活动多长时间？
　　☐1. 少于30分钟　　☐2. 30～60分钟　　☐3. 61～90分钟
　　☐4. 多于90分钟

B03. 您在哪个时间段参加体育活动比较多？
　　☐1. 清晨　　☐2. 上午　　☐3. 下午　　☐4. 傍晚　　☐5. 晚上

B04. 周末与平时相比,您参与体育活动的时间及次数有什么差别？
　　☐1. 周末明显多于平时　　☐2. 平时明显多于周末
　　☐3. 二者无明显差别

B05. 农忙和农闲时节相比,您参与体育活动的时间及次数有什么差别？
　　☐1. 农忙时节多于农闲时节　　☐2. 农闲时节多于农忙时节
　　☐3. 二者无明显差别

B06. 您一般都参加哪些体育项目？（最多选3项）
　　☐1. 散步或走跑　　☐2. 乒乓球　　☐3. 篮球

☐4. 羽毛球　　　　☐5. 广场舞　　　　☐6. 棋牌类

☐7. "民俗、民间、民族"体育项目　　☐8. 其他_____

B07. 您一般都通过哪些渠道接受体育培训？（可多选）

☐1. 手机网络平台　　☐2. 县体育局培训　　☐3. 求助县城体育达人

☐4. 自费请教练　　　☐5. 体育电视节目　　☐6. 乡镇文化站培训

☐7. 村文明实践站培训　☐8. 其他_____　☐9. 从没培训

B08. 您获取体育信息的渠道有哪些？（可多选）

☐1. 手机APP　　　　☐2. 体育电视节目　　☐3. 体育宣传栏

☐4. 报纸或宣传册　　☐5. 体育培训　　　　☐6. 电脑网络

☐7. 和县城朋友聊天　☐8. 县级政府体育宣传　☐9. 其他_____

☐10. 从未获取体育信息

B09. 您近一年中有没有到县城参加过体育活动？

☐1. 有，一周几次　☐2. 有，一月几次　☐3. 有，一年几次

☐4. 从不去县城参加（跳至B14）

B10. 您到县城参加体育活动的原因是什么？（可多选）

☐1. 参加组织活动　　☐2. 参加体育比赛　　☐3. 参加体育培训

☐4. 寻找体育指导　　☐5. 场地优于乡村

☐6. 在县城居住或工作　☐7. 其他_____

B11. 您在县城加入了哪些体育组织？（可多选）

☐1. 自发体育组织　　☐2. 单项体育协会　　☐3. 企业体育组织

☐4. 其他_____　☐5. 没有加入体育组织

B12. 您在县城参加过哪些体育比赛？（可多选）

☐1. 企业组织的体育比赛

☐2. 单项体育协会组织的体育比赛

☐3. 个人或兴趣团伙组织的体育比赛

☐4. 其他

☐5. 没有参加体育比赛

B13. 您到县城参加体育活动或者比赛,曾遇到过哪些困难?(最多选3项)

☐ 1. 经济条件限制　　☐ 2. 交通不便　　☐ 3. 受到歧视

☐ 4. 找不到体育场地　　☐ 5. 找不到体育组织

☐ 6. 难以融入体育组织　　☐ 7. 其他_____

B14. 您从未去县城参加体育活动的原因有哪些?(最多选3项)

☐ 1. 交通不便　　☐ 2. 缺组织引导　　☐ 3. 经济条件限制

☐ 4. 害怕歧视　　☐ 5. 没时间　　☐ 6. 没兴趣

☐ 7. 不自信　　☐ 8. 其他_____

C部分:城乡体育要素融合状况

C01. 您村里的公共体育设施由谁来提供?(可多选)

☐ 1. 村委会购买　　☐ 2. 乡镇政府发放　　☐ 3. 村民或乡镇企业捐赠

☐ 4. 体彩基金捐赠　　☐ 5. 县体育局发送　　☐ 6. 县城居民或企业捐赠

☐ 7. 其他_____

C02. 您村里的体育设施有没有纳入全县域范围的体育健身电子地图?

☐ 1. 有,查询方便　　☐ 2. 有,查询不方便　　☐ 3. 没有　　☐ 4. 不知道

C03. 您村里体育组织领头人是什么背景?(可多选)

☐ 1. 有过外出务工经历的村民　　☐ 2. 由城返乡的退休人员

☐ 3. 没有外出务工经历的村民　　☐ 4. 挂职的村官或志愿者

☐ 5. 城市居住,工作在村里的人员

☐ 6. 乡村体育教师或乡镇干部

☐ 7. 其他_____　　☐ 8. 不知道

☐ 9. 没有体育组织(跳至C05)

C04. 您村里的体育组织去县城参加过哪些体育比赛?

☐ 1. 单项体育协会举办的体育比赛

☐ 2. 个人或兴趣团伙自发举办的体育比赛

☐ 3. 企业组织的体育比赛

☐4. 其他_____

☐5. 没有参加过体育比赛

☐6. 不知道

C05. 自2017年,在您村里举办体育比赛或者活动的体育组织,有哪些来自县城?（可多选）

☐1. 县城企业　　☐2. 单项体育协会　　☐3. 县体育局或其他政府部门

☐4. 自发体育组织　☐5. 其他_____　☐6. 没有县城的体育组织

☐7. 不知道　　　☐8. 暂没举办过比赛(跳至C08)

C06. 您村里举办体育比赛经费的渠道,有哪些来自县城?（可多选）

☐1. 县城人员报名费用　☐2. 县级政府拨款　　☐3. 体彩基金

☐4. 县城个人或企业捐助　☐5. 比赛广告收入　☐6. 其他_____

☐7. 暂无县城资金渠道　　☐8. 不知道

C07. 您村里体育比赛的参与人员,有哪些来自县城?（可多选）

☐1. 县城务工的本地居民　☐2. 县城定居的本地居民

☐3. 由城返乡的退休人员　☐4. 县城务工的外地居民

☐5. 挂职的村官或志愿者　☐6. 除上述以外的县城居民

☐7. 其他_____　　☐8. 没有县城参赛人员　　☐9. 不知道

C08. 您村里的社会体育指导员是什么背景?（可多选）

☐1. 有过外出务工经历的村民　　☐2. 由城返乡的退休人员

☐3. 没有外出务工经历的村民　　☐4. 挂职的村官或志愿者

☐5. 城市居住,工作在村里的人员

☐6. 乡村体育教师或乡镇干部

☐7. 其他_____

☐8. 没有社会体育指导员　　　　☐9. 不知道

C09. 您村的新文明实践站是否提供体育志愿服务?

☐1. 有,服务好　　☐2. 有,服务一般　　☐3. 暂时没有体育志愿服务

C10. 自2017年以来,您村里或者邻近村镇举办过(如有,请填写名称_____)的民俗活动或者乡村旅游中融合了哪些体育元素?（可多选）

☐1. 舞龙或舞狮　　☐2. 体育游戏　　☐3. 舞蹈　　☐4. 划船

☐5. 武术　　　　☐6. 钓鱼　　　　☐7. 徒步或登山　☐8. 户外露营

☐9. 骑行　　　　☐10. 游泳　　　　☐11. 其他

☐12. 没有(跳至C12)

C11. 上述民俗活动(或者乡村旅游)有没有吸引城市人员参与？

☐1. 有,很多　　☐2. 有,偶尔参与　　☐3. 没有

C12. 您对城市人员下乡参加民俗活动或者乡村旅游的态度？

☐1. 非常不欢迎　　☐2. 不欢迎　　☐3. 无所谓

☐4. 欢迎　　　　　☐5. 非常欢迎

D 部分

D1. 您对当下城乡体育要素融合的满意程度评价：

项目内容	非常不满意→非常满意				
1. 您对县城居民下乡参加比赛或者活动便利的满意程度	1	2	3	4	5
2. 您对乡村居民参加县城比赛或者活动便利的满意程度	1	2	3	4	5
3. 您对县级体育财政对乡村体育发展资金支持的满意程度	1	2	3	4	5
4. 您对县城居民或企业对乡村体育发展资金捐赠的满意程度	1	2	3	4	5
5. 您对县城公共体育场地设施免费或低收费开放的满意程度	1	2	3	4	5
6. 您对当下县域城乡体育设施一体化布局的满意程度	1	2	3	4	5
7. 您对县域体育健身设施电子地图建设的满意程度	1	2	3	4	5
8. 您对县体育部门在乡村地区举办体育培训次数的满意程度	1	2	3	4	5
9. 您对县体育部门在乡村地区举办体育培训质量的满意程度	1	2	3	4	5
10. 您对本村社会体育指导员人数的满意程度	1	2	3	4	5
11. 您对乡村全民健身监测站覆盖范围的满意程度	1	2	3	4	5
12. 您对县体育部门在乡村地区举办体育比赛数量的满意程度	1	2	3	4	5
13. 您对县体育部门在乡村地区举办体育比赛质量的满意程度	1	2	3	4	5

(续表)

项目内容	非常不满意→非常满意				
14. 您对城乡统一体育比赛或活动信息交流网络平台建设的满意程度	1	2	3	4	5
15. 您对县体育部门在乡村地区举办体育宣传活动次数的满意程度	1	2	3	4	5
16. 您对县体育部门在乡村地区举办体育宣传活动质量的满意程度	1	2	3	4	5
17. 您对乡村传统体育挖掘和保护保障工作的满意程度	1	2	3	4	5
18. 您对"乡村体育＋旅游"等产业开发工作的满意程度	1	2	3	4	5

D2. 您对城乡体育融合发展还有什么好的建议？

_____
_____
_____
_____

再次感谢您的支持！

联系地址：上海体育学院，上海市杨浦区清源环路 531 号
联系人：　　　联系方式：　　　邮编：200438

2021 年 5 月 10 日

【附录2】　（县城/乡镇/村落）专家调查问卷

我国城乡体育融合发展——（县城/乡镇/村落）专家调查问卷

> 尊敬的乡村体育管理专家：
> 　　您好！我们是受上海体育学院委托的调研员。我们正在进行一项社会调查，目的是了解我国城乡体育融合发展中的基本状况及存在的问题。经过严格的科学抽样，我们选中了您作为匿名调查对象。问卷中问题的回答，没有对错之分，您只要根据平时的想法和实际情况在"□"或"1、2、3、4、5"处打"√"，在＿＿中填写内容就行。对于您的作答，我们将按照《中华人民共和国统计法》的规定绝对保密，并且只用于统计分析，请您不要有任何顾虑。希望您协助我们完成此次调查，谢谢您的配合！

　　您属于：＿＿＿＿省＿＿＿＿市＿＿＿＿县(市、区)＿＿＿＿镇(街道)＿＿＿＿村

1. 您的性别是：

    □1. 男　　　　　　□2. 女

2. 您的年龄是：

    □1. 18～30周岁　　□2. 31～45周岁　　□3. 46～59周岁
    □4. 60～69周岁　　□5. 70周岁及以上

3. 您的学历是：

    □1. 小学及以下　　□2. 初中　　　　　□3. 高中或中专
    □4. 大专　　　　　□5. 本科　　　　　□6. 研究生

4. 您是专职体育领导还是兼职？

    □1. 专职　　　　　□2. 兼职

5. 您工作所辖区域是哪里？

    □1. 村委　　　　　□2. 乡镇　　　　　□3. 县城（区）

6. 您工作所辖区域有没有成立主要领导人参与的全民健身领导小组？

    □1. 有　　　　　　□2. 没有

7. 您工作所辖区域有没有准备或已经制定"'十四五'全民健身计划发展规划"?
   □1. 有,自己制定　　□2. 有,外聘专家制定　　□3. 没有

8. 您认为您工作所辖区域邀请体育院校的相关专家指导本级的体育发展工作存在哪些困难? (最多选 3 项)
   □1. 不需要指导　　□2. 缺乏联络平台　　□3. 担心请不起
   □4. 担心请不来　　□5. 担心领导不支持　　□6. 担心效果不明显
   □7. 其他_____

9. 您工作所辖区域的体育工作是否征求过具有体育才能的返乡创业人员或本地在外体育专业人才的意见?
   □1. 本级工作暂时不需要　　□2. 需要,但没有此类人才
   □3. 征求过,但效果不佳　　□4. 征求过,有实际效果
   □5. 其他_____

10. 您工作所辖区域每年接受县体育局组织的体育培训次数是多少?
    □1. 10 次以上/年　　□2. 7~9 次/年　　□3. 4~6 次/年
    □4. 1~3 次/年　　□5. 0 次/年(请跳过 11~12)

11. 上述体育培训的对象主要有哪些? (可多选)
    □1. 本地户籍常住居民　　□2. 本地外出务工人员
    □3. 外来务工人员　　□4. 其他_____

12. 上述体育培训的渠道有哪些? (可多选)
    □1. 线上培训(不可回放)　　□2. 线上培训(可回放)
    □3. 线下培训　　□4. 其他_____

13. 自 2017 年以来,您工作所辖区域接收过县体育局发放的哪些体育设施? (可多选)
    □1. 篮球架　　□2. 乒乓球台　　□3. 一代健身路径
    □4. 广场舞音响　　□5. 台球桌　　□6. 单双杠
    □7. 二代健身路径　　□8. 棋牌类用具　　□9. 笼式足球场
    □7. 共享健身舱　　□10. 其他_____

14. 您工作所辖的乡村地区,体育设施建造时遇到哪些困难?(最多选3项)

　　☐1. 公共用地困难　　　　　　☐2. 村委会没钱建配套高标准场地

　　☐3. 缺人绘制体育场标线　　　☐4. 周边村民抵制

　　☐5. 设施统一配送,部分不适合基层　　☐6. 其他_____

　　☐7. 没有困难

15. 针对部分乡村地区遇到公共体育用地困难的情况,您工作所辖区域是如何解决这一难题的?

　　☐1. 实在太困难没法解决　　　☐2. 借助其他公共用地

　　☐3. 集体建设用地内部置换　　☐4. 全民健身领导小组解决

　　☐5. 用地不困难　　　　　　　☐6. 其他_____

16. 您认为现阶段城乡体育设施共享存在哪些实际困难?(最多选3项)

　　☐1. 乡村体育场地和设施单一

　　☐2. 部分乡村体育场地和设施达不到运动要求

　　☐3. 部分体育设施不开放

　　☐4. 县域体育场地电子地图缺乏或使用不便利

　　☐5. 体育设施维护困难　　　　☐6. 其他_____

　　☐7. 没有困难

17. 自2017年以来,您工作所辖区域接受过县体育局输送的哪些体育比赛?(可多选)

　　☐1. 综合性运动会　　☐2. 篮球赛　　☐3. 羽毛球赛

　　☐4. 足球赛　　　　　☐5. 网球赛　　☐6. 门球赛

　　☐7. 舞蹈比赛　　　　☐8. 游泳比赛　☐9. 排球赛

　　☐10. 登山或跑步比赛　☐11. 其他_____

　　☐12. 没有

18. 您认为阻碍县体育系统的体育比赛由县城向乡村地区流通的因素有哪些?(最多选3项)

　　☐1. 乡村体育人才匮乏　　　　☐2. 乡村体育硬件设施不足

　　☐3. 乡村安全保障能力不足　　☐4. 体协乡村渗透力低

☐5. 县级体育财政支持度低 ☐6. 比赛项目未考虑乡村特点
☐7. 乡村体彩金支持低 ☐8. 乡村体育群众基础薄弱
☐9. 其他_____

19. 您工作所辖区域的乡村体育组织来县城参加体育系统的比赛存在哪些困难？（最多选3项）
    ☐1. 县体育比赛技术门槛高 ☐2. 乡村体育资金支持不足
    ☐3. 交通不便利 ☐4. 县体育比赛报名门槛高
    ☐5. 县财政扶持资金不足 ☐6. 没有困难
    ☐7. 其他_____

20. 您认为单项体育协会在乡村地区发展会员单位存在哪些客观困难？（可多选）
    ☐1. 协会资金不足 ☐2. 协会入会门槛高 ☐3. 体育部门无法监管
    ☐4. 其他_____

21. 县级体育系统向您工作所辖的乡村地区使用过哪些体育宣传渠道？（可多选）
    ☐1. 传统媒体 ☐2. 网站或自媒体 ☐3. 宣传栏或宣传标语
    ☐4. 专项体育活动宣传 ☐5. 暂未举办过体育文化宣传
    ☐6. 其他_____

22. 您的工作所辖区域对乡村传统体育项目挖掘和保护采取过哪些措施？（可多选）
    ☐1. 推广到学校
    ☐2. 纳入体育发展规划
    ☐3. 融入民俗节日或旅游
    ☐4. 鼓励民间挖掘和保护
    ☐5. 其他_____
    ☐6. 暂未开展挖掘和保护工作(请跳过23)

23. 乡村传统体育项目挖掘和保护的主要力量有哪些？（可多选）
    ☐1. 乡村有志之士 ☐2. 政府体育部门 ☐3. 由城返乡的退休人员

☐4. 乡村体育教师 ☐5. 单项体育协会 ☐6. 体育院校师生
☐7. 其他_____

24. 您工作所辖区乡村"体育＋文化或旅游"等新业态产品的生产主体是什么？（可多选）

☐1. 县级政府 ☐2. 乡镇政府 ☐3. 村委会
☐4. 城市企业 ☐5. 村合作社 ☐6. 其他_____
☐7. 没有举办（请跳过25～26）

25. 您工作所辖区乡村"体育＋文化或旅游"等新业态产品的客户群体有哪些？（可多选）

☐1. 本地乡村常住居民 ☐2. 本地城市常住居民
☐3. 外地体育爱好者 ☐4. 参加县域社会实践课的中小学生
☐5. 其他_____

26. 您工作所辖区的乡村"体育＋文化或旅游"等新业态运行的资金来源是什么？（可多选）

☐1. 村民入股 ☐2. 村委会出资
☐3. 政府财政拨款 ☐4. 发放政府债券
☐5. 企业融资 ☐6. 村合作社出资
☐7. 金融机构贷款 ☐8. 其他_____

2021年4月29日，《乡村振兴促进法》由十三届全国人大常委会第二十八次会议表决通过，自2021年6月1日起施行。该法是我国第一部直接以"乡村振兴"命名的法律，也是一部全面指导和促进乡村振兴的法律。（请回答27～29题）

27. 您认为《乡村振兴促进法》对于促进城乡体育融合发展有什么战略意义？（可多选）

☐1. 为城乡体育融合发展提供制度保障
☐2. 为城乡体育融合发展明确应对原则
☐3. 提升乡村体育发展地位

☐4. 为地方特色体育预留创新空间

☐5. 其他＿＿＿＿＿＿＿＿＿＿＿＿＿＿

28. 您认为《乡村振兴促进法》如何真正落实到促进乡村体育发展？（可多选）

　　☐1. 落实乡村体育主体责任　　☐2. 细化乡村体育评价体系

　　☐3. 强化乡村居民主体地位　　☐4. 深化涉农法制协同促进

　　☐5. 法律良好宣传学习氛围　　☐6. 其他＿＿＿＿＿＿＿＿＿＿

29. 您对于《乡村振兴促进法》促进城乡体育融合发展还存在哪些忧虑？（最多选3项）

　　☐1. 法律刚性弱化　　　　　　☐2. 法律执行成本高

　　☐3. 法律监督和评价易"定量化"

　　☐4. 法律执行中城乡体育发展"一刀切"

　　☐5. 法律不足以扭转乡村体育的根本地位　　☐6. 其他＿＿＿＿＿

30. 您在多大程度上认可下面各项是影响您所在地区城乡体育融合发展的限制因素：

项目内容	非常不赞同→非常赞同				
1. 乡村体育人口流失严重	1	2	3	4	5
2. 乡村体育人口结构老龄化严重	1	2	3	4	5
3. 乡村体育比赛或活动与县城完全一样,对县城居民没吸引力	1	2	3	4	5
4. 城乡统一体育比赛和活动网络交流平台的建设不足	1	2	3	4	5
5. 县域内城乡交通网不便利	1	2	3	4	5
6. 县体育系统向乡村输入的体育比赛数量少	1	2	3	4	5
7. 乡村地区自发的体育比赛数量少	1	2	3	4	5
8. 乡村地区社会体育指导员数量少	1	2	3	4	5
9. 乡村地区(专职或兼职)体育管理工作人员数量少	1	2	3	4	5
10. 县体育局对乡村地区体育行政管理工作直接管辖权限小	1	2	3	4	5
11. 县各单项体育协会发展乡村会员单位难度高	1	2	3	4	5
12. 乡村地区体育培训次数少	1	2	3	4	5
13. 乡村地区国民体质监测站覆盖面小	1	2	3	4	5

(续表)

项目内容	非常不赞同→非常赞同				
14. 乡村人均体育场地面积少	1	2	3	4	5
15. 乡村体育设施的供给，乡镇政府及村委会缺乏自主选择权	1	2	3	4	5
16. 城乡体育设施一体化建设规划缺乏	1	2	3	4	5
17. 覆盖城乡公共体育设施电子地图缺失或使用不便利	1	2	3	4	5
18. 城乡公共体育场地设施免费或低收费保障措施不足	1	2	3	4	5
19. 城乡体育公共建设用地困难	1	2	3	4	5
20. 体育彩票基金用于乡村体育发展的资金支持不足	1	2	3	4	5
21. 县体育财政用于支持乡村体育活动发展的资金不足	1	2	3	4	5
22. 乡镇政府或村委会用于支持乡村体育活动开展的资金不足	1	2	3	4	5
23. 乡村体育产业开发缺乏专业人才和企业	1	2	3	4	5
24. 乡村体育产业的政策支持力度不足	1	2	3	4	5
25. 乡村传统体育文化挖掘和保护的社会力量不足	1	2	3	4	5
26. 乡村传统体育文化挖掘和保护的政府投入不足	1	2	3	4	5
27. 缺乏研究所或高等院校乡村体育科研人才与成果支持	1	2	3	4	5
28. 县域群众体育缺乏高质量长期发展规划	1	2	3	4	5

31. 您对城乡体育融合发展还有什么好的建议？

_____

_____

_____

_____

再次感谢您的支持！

联系地址：上海体育学院，上海市杨浦区清源环路531号

联系人：　　　联系方式：　　　邮编：200438

2021年5月10日

【附录3】 部分乡村体育管理专家访谈节选

1. 百丈时尚体育小镇相关访谈

访谈地点：泰顺县体育发展中心

访谈时间：2021年9月19日

访谈对象：泰顺县文体广电旅游局体育产业相关负责人

访谈内容：

问：百丈时尚体育小镇为什么选择在百丈镇？

答： 百丈时尚体育小镇所在地的百丈镇，原来是和福建进行水上通商的主要通道，被称为"泰顺的小上海"。后来因兴建珊溪水利枢纽工程，百丈镇逐渐由繁华的商品交换中心变得人丁惨淡。但百丈镇的自然生态环境特别优美，四周都是山，而且境内的飞云湖是直接给温州市区供水，被称为温州人的"大水缸"。我们泰顺比较重视乡村体育产业开发，于是县政府以县长为专班，以水源保护和生态发展为导向，以推进百丈镇库区产业结构转型升级为目标，依托飞云湖的自然生态资源和历史文化资源，大力发展体育运动产业。近年来百丈体育小镇先后被列入温州首批特色小镇创建名单和全省首批运动休闲小镇培育名单，入选国家体育产业典型案例，创成国家AAA级旅游景区，飞云湖入选"浙江十大运动休闲湖泊"，荣获"美丽浙江十佳特色体验地之一"、国家级生态镇、温州市首个国家级林园镇和国家级卫生镇等称号。

问：百丈时尚体育小镇为什么走特色差异化体育小镇之路？

答： 现代人对体育休闲的需求越来越高，而且更倾向于在自然山水中追求体育休闲。于是，我们结合飞云湖的水上运动资源和百丈四季如春的青山，先后引进国家青年赛艇队、浙江省皮划艇队、辽宁省皮划艇队等多支专业体育运动队伍近500人进驻百丈飞云湖国家水上运动训练基地；成功举办了全国露营大会、山地户外运动挑战赛、温州市第十届运动会皮划艇比赛、全国青少年赛艇训练营、无人机航拍大赛、全民运动会、飞云湖公开水域游泳比赛、垂钓大赛等时尚体育赛事。除了赛事，我们还规划了野外露营场地、观景台等满足不同人群的体育休闲需求。2018年百丈时尚体育小镇已成功被列入首批省级运动休闲小镇培育名单，并获得国家发改委公众号发文推介。

问：百丈时尚体育小镇的规划有哪些特点？

答：2017年，泰顺县政府与央企华录集团易华录投资管理有限公司签订了关于共同开发百丈时尚体育小镇的战略合作框架协议，从战略、空间、项目、产业、投融资五位一体对环飞云湖18.74平方公里进行科学的规划和布局，构建"一轴三心三组团两区"的"轴带状"空间结构，建设八大功能区，绘制百丈时尚体育小镇的发展。此外，百丈体育时尚小镇还委托杭州商大旅游规划设计院进行规划，内容涉及绿色产业、旅游产品、体育特色文化、智慧景区、游客导入等重点内容，并且还编制AAAA级旅游景区创建规划。总之，我们坚守百丈体育时尚小镇的规划必须依托百丈自然山水，从自然山水中寻求产业发展良机。

问：百丈时尚体育小镇如何在生产和生活中践行产业绿色发展？

答：首先，是严格的生态保护。紧扣飞云湖不能进行农业开发的抓手，为避免农药化肥等污染飞云湖的水体，安排专人对飞云湖进行渔业监护，避免村民通过非法手段进行电鱼或药鱼的行为。其次，发展乡村旅游产业。自兴建百丈时尚体育小镇以来，前往旅游的游客遍布整个华东地区，小镇的旅游成为主要支撑产业。其中，文化创意街区中的小镇书房还被人民网等多家主流媒体报道。此外，注重农旅体旅融合发展。每年政府都会通过举办体育赛事、水果采摘相融合等活动，推动百丈农产品的销售，同时带动地方农家乐、民宿行业的兴起，践行"绿水青山"就是"金山银山"的绿色产业发展道路。

2. 海澜飞马水城相关访谈

访谈时间：2021年10月27日

访谈地点：江阴市南闸街道会议室

访谈对象：江阴市文体广电和旅游局产业科相关负责人

访谈内容：

问：能介绍一下海澜飞马水城的相关概况吗？

答：海澜飞马水城由海澜集团投资兴建，在我们江阴市新桥镇，是我们江阴市体育产业的名片。海澜飞马水城主要是马文化，包含马术训练、马术表演、马术赛事、马文化展示，还包含了酒店及住宿，是休闲度假为一体的综合性马术文化旅游综合体。2022年海澜飞马水城荣获"2022中国体育旅游精品项目""长三角地区最佳旅游目的地""中国最具特色马文化主题旅游景区"以及"中国体育旅游十佳精品景区"等称号。

问： 能介绍一下海澜飞马水城的赛事举办状况吗？

答： 得益于海澜飞马水城的马文化特色，先后举办了国际马术峰会、马术盛装舞步锦标赛、全国马术三项赛冠军赛、第十三届全国运动会马术三项赛预选赛以及江苏省青少年马术锦标赛等多场大型马术赛事，使得我们江阴市在全省的乡村体育赛事的能级中处于绝对领先的地位。

问： 能介绍一下海澜飞马水城其他体育产业的发展状况吗？

答： 海澜飞马水城的海澜集团还引进了江苏省的竞技体育资源，比如武术队、柔道队及摔跤队等，推动东武太极研修院新桥分院、江苏省武术队新桥集训基地、江苏省摔跤柔道队新桥集训基地正式落户海澜飞马水城，目的在于探索"武术＋旅游"的体旅融合路径。海澜集团的领导层特别青睐太极拳，专程到河南省焦作市开展太极文化及康养产业资源的跨省合作，丰富海澜飞马水城的体育旅游产业内容。

问： 能介绍一下海澜飞马水城对当地民众的体育惠及吗？

答： 海澜飞马水城的主大门是没有门票的，而且美术馆还免费开放。到了晚上，海澜飞马水城职工就会统一着装和附近的村民一起跳广场舞，大约有500人，场面还是很震撼的，还吸引了众多游客参加，已经成为海澜飞马水城的网红景点。此外，海澜集团还在新桥镇建设了室内广场舞场地，下雨的季节可以在室内进行，做到一年四季广场舞风雨无阻。江阴市广场舞协会每年都可以免费使用海澜集团的室内广场舞场地，举办年度广场舞春晚年会，精彩程度不亚于春晚。

问： 能介绍一下政府对海澜飞马水城的引导政策吗？

答： 近年来，江苏省体育旅游服务业取得了巨大发展，离不开政府的政策引导和培育。关于海澜飞马水城，省体育局、无锡市体育局、无锡市文化广电和旅游局、江阴市文体广电和旅游局、新桥镇人民政府、海澜集团联合签署《联合打造体旅融合示范基地》战略合作协议,利用海澜飞马水城的马文化产业优势,打造体旅产业融合示范镇。此外,无锡市与江阴市还达成共建飞马水城省级体旅融合示范基地的协议。海澜飞马水城已经入选中国体育旅游精品项目,每年由江苏省推介发布"江苏时尚体育好去处"。

3. 台盘村"村BA"相关访谈

访谈时间:2022年8月17日

访谈地点:台盘村村委会

访谈对象:台盘村村干部

访谈内容:

问:在凯里市和台江县,台盘乡的交通区位优势有哪些?

答:台盘乡到台江县城大约有23公里,距离州府所在地凯里大约26公里。现在台盘乡有320国道和镇台旅游公路,且台盘到凯里二龙的城市主干道已经建成通车,交通便利。年轻人平时去台江县城和凯里都喜欢自己开车,年龄大一些的村民一般是坐城乡公交到城里,进城还是非常方便的。

问:台江县工业园区是在台盘乡吗?吸纳台盘乡人口就业状况怎么样?

答:台江县工业园区不在台盘乡,而是在革一镇,但台盘乡和革一镇紧挨在一起。平时有一些手工活也会直接放在台盘做,另外很多台盘人在工业园就业,但绝大多数台盘乡村民都在江苏、浙江、广东等地打工。

问:能聊聊村篮球赛的举办历史吗?和"吃新节"有什么关系?

答:最早的村篮球赛事在新中国成立之前,大概1930年到1940年之间,年纪大的老人都知道。此外,我们苗族的"吃新节"就是"吃新米节",是黔东南州中部的传统祭祀节日,类似春节一样的隆重。在外的村民基本上都会赶回来过节,而且农村地区的活动会更热烈,通常都会举办斗鸡、斗牛及篮球比赛活动。我们村无论老人还是小孩都非常喜欢篮球赛事,基本上都能上场玩两下。于是,在吃新节举办篮球赛事就逐渐成为我们村最隆重的庆祝活动,而且周围村庄及乡镇的村民一般都会开车或者骑车过来观看篮球赛事。

问：能聊聊今年举办"村BA"篮球赛事举办的起因及火爆程度吗？

答： 今年的篮球赛事原本是放在台江县城体育馆举办的，但村里负责举办篮球赛的年轻人积极向县体育局及县篮球协会争取，将篮球赛事放在我们村新建的球场举办。比赛过程中，周围村民都过来观看比赛，并在抖音和快手进行现场直播，没想到一下子就在抖音和快手上火了。后来，北京的报社及电视台都派记者来采访，很多湖南的外地人专程开车过来看比赛，观众就更多了，甚至为了看篮球比赛，我们街道卖梯子的商户的梯子都被抢空了，而且我们在手机上也看到姚明都关注了我们的篮球赛事。

问：能聊聊今年"村BA"篮球赛事的主办方和赛事的资金来源渠道吗？

答： 篮球赛事的主办方是我们村专门负责举办篮球赛事的一些年轻人，而且是一代代传承下来的。他们平时在外打工，吃新节的时候会提前回来商量篮球赛事的举办。举办篮球赛事的资金一般都是村民自己募捐，从十元到几百元不等。举办赛事的年轻人还会去镇里的商铺呼吁商铺积极募捐。而且资金的使用都有公示，就在村委会前面的公示栏里。

问：能聊聊今年"村BA"篮球赛事的参赛方及"天亮文化"吗？

答： 来我们村参赛的队伍很多，包括工业园区也会组队，还有凯里市的、台江县城的很多队伍。当然我们村也派队伍参加了，但也怕别人说闲话，所以在比赛前就明确了我们村的篮球队一定不能获得冠军。所谓的天亮文化，其实也是因为前期篮球赛报名的队伍比较多，而且赛程的安排比较紧张，所以好多场次都排在了后半夜，比赛结束或者比赛还没打完，天就亮了。

问：政府在今年"村BA"篮球赛事举办时起了哪些支撑作用？

答： 政府提供的资金并不多，基本上都是我们村民自己无偿赞助的。但是政府组织医护人员在现场，万一观众和运动员出现状况，都可以及时通过救护车送到台江县城医院或凯里市的医院。此外，还有很多警察在路口执勤，对来往车辆进行交通引导，而且在篮球比赛期间政府还进行了反诈宣传。总之，整个篮球赛事举办期间，我们台盘村的治安状况特别好。

问：今年"村BA"篮球赛事爆火后，对村里经济发展有哪些影响？

答： 真没想到篮球能这么火！最让我们高兴的是，现在村里的年轻人都回来了,而且都打算在家乡开创自己的事业,我们村委会也想借这一波流量进行产业开发。目前我们正在筹办台盘村村民大会,准备在会上推出建设商业街、民俗小吃街,甚至创办篮球训练基地的计划,想进一步把村委会前面的篮球场地打造为乡村篮球网红打卡地,把乡村特色旅游产业搞起来。

4. 江苏省贾汪区某镇体育要素配置现状访谈

访谈时间:2021 年 5 月 12 日

访谈地点:镇政府会议室

访谈对象:镇政府分管乡村文化的相关领导

访谈内容:

问: 能简要介绍一下全镇的人口流动现状吗?

答: 我镇地处苏北地区,经济发展相对较为滞后,人员社会外流严重,在镇区及乡村基本上看不到男性青壮年人口。留守老人、留守学生及留守妇女现象较为严重。

问: 能介绍一下新文明实践及体育志愿服务的建设经验吗?

答: 2018 年 8 月,贾汪区成为全国首批 50 个新时代文明实践中心建设试点之一;2020 年 5 月,贾汪区成为中宣部、中央文明办确定的十个新时代文明实践中心建设"先行试验区"之一;2021 年 11 月,贾汪区作为江苏唯一一家代表单位,向全国分享贾汪区新时代文明实践中心试点建设经验与成效。目前,乡村体育志愿服务已经扎根贾汪乡村,村民直接可以在手机上点击体育志愿服务小程序完成免费下单,先由村新文明实践站提供相应的体育志愿指导服务。当村新文明实践站无法满足村民需求时,转由镇新文明实践所提供,镇新文明实践所无法供给,则提交区新文明实践中心统一协调体育志愿资源。贾汪的乡村体育志愿服务,解决了社会体育指导员无法进村的体制性难题。

问: 能简要介绍一下体育设施下乡的现状及面临的难题吗?

答: 目前由徐州市及区体育部门提供的体育设施已经遍及每个行政村,篮球场地依照要求必须为硬质场地,而且村镇新文明实践站所皆配备了室内健身设备,包括跑步机等专业健身器材,甚至七人制人工草坪的笼式足球场也已经有了。此外,徐州市的高校及爱心人士还向乡村地区捐赠了体育器材。但目前体育设施的维护还存在很大的困难,乡村地区男性劳动力少,没人会修体育设施,有的体育设施因缺一个小零件只能直接报废。此外,大多数乡村的体育设施都是政府提供的,种类比较单一,还是不能真正满足老百姓的体育需求。

问:能简要介绍一下本区域国民体质监测的智能化现状及遇到的难题吗?

答:目前国民体质监测由徐州市体育局派专业人员进行监测。现在的监测设备,使用手机扫码就可以进行操作,最后电脑打印出一份健身处方,智能化程度很高。但是国民体质监测站覆盖面不够,仅仅只能落在镇文化站这一层级。国民体质监测人员往往都在工作日下乡,但村民基本上都在上班或者务农,村民很少主动过来,而且参与的村民还得是看我个人情面才能请得动,工作越来越被动了。

问:能简要介绍一下本区域乡村体育比赛的现状及遇到的难题吗?

答:目前乡村体育比赛因为疫情已经暂停了。疫情之前,每年有秋季篮球赛、冬季拔河赛等,但是规模都比较小,参与群体都是附近经常锻炼的村民和个体经营户。不过乡镇里有好几支广场舞队伍,经常到区里参加比赛,但是因为疫情目前都停滞了。

问:能简要介绍一下本区域乡村体育培训的现状及遇到的难题吗?

答:体育培训的工作有点类似国民体质监测的工作,一方面区体育培训的老师大都是工作日下乡,村民都在上班或在地里干活,村民都是看在我个人的面子上才来,效果并不理想;另一方面,现在村民大都是自己通过抖音或者快手参加体育培训,尤其是广场舞。

5. 浙江省宁海县强蛟镇某村体育要素配置现状访谈

访谈时间:2021年9月10日

访谈地点:村文化礼堂

访谈对象:村干部

访谈内容:

问:能简要介绍一下本村的人口流动及产业发展现状吗?

答:我们本村村民大约有1000口,但外地务工人员少说得有几万人吧,具体数字说不清楚。我们村的产业主要是五金件加工和生产小家电,其中小家电都是出口产品,大老板比较多。

问:能简要介绍一下本村成功人士捐赠体育设施的情况吗?

答: 我们村的体育设施基本上都是由政府发放的,但新文化礼堂的体育设施是村委自己购买的,篮球场地旁边的公园长廊都是老板们捐助的。空闲时,村民在长廊里打扑克、下象棋、散步,下雨时长廊还可以当作广场舞场地。另外,县体育局还在我们村建设了门球场地,以后县内的门球比赛都要放在我们村举行。

问:能简要介绍一下本村体育组织的发展状况吗?

答: 我们村还有几个体育组织,包括登山队、门球队、篮球队以及我负责的广场舞。登山队一般早上沿着村周边的国家登山健身步道进行活动,我也是登山队的一员。

问:能简要介绍一下本村体育活动资金的来源吗?

答: 我们村的体育活动资金基本上都是由我们村的老板们赞助,基本上每个活动的资金都很充足。

问:能简要介绍一下本村村民到县城参与城乡体育比赛活动的现状吗?

答: 我们村很多人在村里和县城都有房子,平时开车来往县城比较普遍。在疫情之前,村里篮球队经常去县城参加比赛或者邀请别的球队来我们村比赛。还有,强蛟镇的足球在宁波地区比较出名,我们村有人在镇足球队踢球,经常在县城和镇上踢足球赛。

问:能简要介绍本村村民接受体育培训的现状及遇到的难题吗?

答: 我们村民对于体育培训还是很欢迎的,基本上没什么难题,一般都是把老师请到村文化礼堂。但也麻烦帮我们向县体育局说一下,多给我们增加一些广场舞、减肥、武术等体育培训。

问:能简要介绍本村有哪些智能体育设施吗?

答: 智能体育设施在村里还真没见过。文化礼堂里的室内跑步机不知道算不算,如果不算,我们村还真没有智能体育设施。

6. 黑龙江省齐齐哈尔市某区乡村体育要素配置现状访谈

访谈时间：2022年2月23日

访谈地点：区政府会议

访谈对象：区群体科相关负责人

访谈内容：

问：能简要介绍一下乡村人口的现状吗？

答：目前我区总共人口大约7万人，其中城区常住人口约4万人，乡村人口约3万人。目前乡村人口流失极其严重，部分乡村地区甚至不足5户留守农民。

问：能简要介绍一下体育设施下乡的现状及面临的难题吗？

答：目前，乡村振兴的提出获得了省及市的体育财政支持，大批体育设施发放到乡村地区。但由于人口稀少，体育设施闲置现象普遍，浪费现象比较严重。后来，咱们区专门安排专员到乡镇、村落进行民众体育需求调研，将民众体育设施需求进行整合，进行城乡一体化布局。

问：乡村振兴中体育做了哪些助力的工作？

答：乡村振兴战略实施以后，由齐齐哈尔市体育局统一部署，推动体育干部驻村帮扶。在驻村干部的努力下，乡村修建了许多广场舞场地及配置了众多的体育器材。此外，驻村干部还将农民的农产品带进了齐齐哈尔市所属运动队和机关的食堂，拓展了农民的农产品销路。

问：能简要介绍北京冬奥会举办对当地冰雪运动的影响吗？

答：北京冬奥会举办期间，咱们区的冰场和雪场天天人员爆满。其中，靠近城郊的一个乡村小水塘，每天都有城区滑冰爱好者开车过去滑冰及打冰球。区体育局联合区冰球协会还乘机在此处举办了群众冰球比赛，周边的村民也纷纷组队参加，甚至齐齐哈尔市区的冰球爱好者也组队报名，场面特别火爆。

问：能简要介绍体育组织（包括冰雪企业组织）下乡的现状及面临的难题吗？

答：类似体育协会的体育社会组织目前很难下乡，而且体育部门对体育协会无法直接监管。比如曾经出现过资助体育协会下乡的体育经费被组织成员挪用的现象,后来就不敢给体育活动经费了。但目前很多企业到乡下办雪场积极性非常高,甚至哈尔滨、北京地区的多家企业已经与市政府及体育局进行实质性接洽,冰雪产业将是东北地区乡村最重要的体育产业。但乡村雪场还存在一个老大难问题,如果对环境监管不到位,将会对地下水源、生物多样性、山区的自然生态等造成严重影响,这也是我所担忧的。

参考文献

[1] 马克思,恩格斯.资本论:第1卷[M].北京:人民出版社,2004.

[2] 李洪涛.乡村振兴国际经验比较与启示[M].北京:中国农业出版社,2019.

[3] 潘晓成.论城乡关系:从分离到融合的历史与现实[M].北京:人民日报出版社,2019.

[4] 潘华.德国体育史[M].北京:人民体育出版社,2019.

[5] 刘祖云,等.乡村振兴学术观察:2018[M].南京:江苏人民出版社,2019.

[6] 江泽林.农业现代化、城镇化与城乡融合发展[M].北京:中国社会科学出版社,2018.

[7] 徐同文.城乡一体化体制对策研究[M].北京:人民出版社,2011.

[8] 费孝通.乡土中国[M].上海:上海人民出版社,2007.

[9] 郑杭生.社会学概论新修[M].5版.北京:中国人民大学出版社,2019.

[10] 周西宽.体育基本理论教程[M].北京:人民体育出版社,2004.

[11] 黄郁成.城市化与乡村振兴[M].上海:上海人民出版社,2019.

[12] 张新,凡红,郭红卫,等.英国体育史[M].北京:人民体育出版社,2019.

[13] 国家体育总局编写组.深入学习习近平关于体育的重要论述[M].北京:人民出版社,2022.

[14] 张克俊,高杰,方茜,等.健全城乡融合发展的要素平等交换体制机制研究[M].北京:科学出版社,2020.

[15] 国家体育总局.新中国体育70年:综合卷[M].北京:人民出版社,2019.

[16] 傅砚农,曹守和.新中国体育指导思想研究[M].北京:人民出版社,2012.

[17] 白雪秋,聂志红,黄俊立,等.乡村振兴与中国特色城乡融合发展[M].北京:国家行政学院出版社,2018.

[18] 国家体委政策研究室.体育运动文件选编:1949—1981[M].北京:人民体育出版社,1982.

[19] 陈玉萍.体育旅游危机事件网络舆情诱发、演化与治理研究[D].上海:上海体育学院,2021.

[20] 曹海妃.浙江省首批运动休闲小镇发展现状研究[D].杭州:杭州师范大学,2019.

[21] 任海.乡村振兴战略与中国特色城乡体育融合发展[J].上海体育学院学报,2021,45(1):1-8.

[22] 刘玉.发达国家体育公共服务均等化政策及启示[J].上海体育学院学报,2010,34(3):1-5.

[23] 党国英.中国乡村社会治理现状与展望[J].华中师范大学学报(人文社会科学版),2017,56(3):2-7.

[24] 陈锡文.推动城乡发展一体化[J].求是,2012(23):28-31.

[25] 朱启臻.挖掘乡村价值推动乡村振兴[J].农村工作通讯,2018(14):39.

[26] 张克俊,杜婵.从城乡统筹、城乡一体化到城乡融合发展:继承与升华[J].农村经济,2019(11):19-26.

[27] 骆秉全,郑飞.首都城乡体育发展一体化指标体系与实证研究[J].体育科学,2010,30(11):24-33.

[28] 吴重庆,张慧鹏.以农民组织化重建乡村主体性:新时代乡村振兴的基础[J].中国农业大学学报(社会科学版),2018,35(3):74-81.

[29] 白晋湘,万义,白蓝.乡村振兴战略背景下村落体育非物质文化遗产保护的治理研究[J].北京体育大学学报,2018,41(10):1-7.

[30] 孙葆丽,杨文学,潘建林,等."文化大革命"时期的群众体育[J].武汉体育学院学报,1999,33(6):6-8.

[31] 钟秉枢,张建会,刘兰.用体育的力量,推进乡风文明、治理有效:来自广西乡村振兴的体育实践[J].北京体育大学学报,2019,42(3):21-31.

[32] 董鹏,程传银,赵富学,等.体育新乡贤:概念厘定、时代价值与发展路径

[J].武汉体育学院学报,2018,52(9):32-38.

[33] 张小林.乡村概念辨析[J].地理学报,1998,53(4):365-371.

[34] 王军.乡村振兴视阈下城乡体育融合发展的动因、条件与对策[J].西安体育学院学报,2019,36(1):65-69.

[35] 方春妮.国外运动鞋业集群的成功机制与启示:以意大利蒙特贝卢纳运动鞋生产基地为例[J].武汉体育学院学报,2009,43(2):48-51.

[36] 马进,田雨普.和谐社会构建中城乡群众体育统筹发展的思考[J].西安体育学院学报,2009,26(6):665-667.

[37] 肖林鹏,李宗浩,杨晓晨.公共体育服务概念及其理论分析[J].天津体育学院学报,2007,22(2):97-101.

[38] 高瑞琴,朱启臻.何以为根:乡村文化的价值意蕴与振兴路径:基于《把根留住》一书的思考[J].中国农业大学学报(社会科学版),2019,36(3):103-110.

[39] 汪来杰.西方国家公共服务的变化:轨迹与特征[J].社会主义研究,2007(6):89-92.

[40] 国家统计局.第三次全国农业普查主要数据公报(第五号)[EB/OL].[2017-12-16]. http://www.stats.gov.cn/tjsj/tjgb/nypcgb/qgnypcgb/201712/t20171215_1563599.html.

[41] 国家体育总局.第六次全国体育场地普查数据公报[EB/OL].[2014-12-26]. https://www.sport.gov.cn/n4/n210/n218/c328625/content.html.

[42] 中国旅游研究院.中国旅游研究院和马蜂窝旅游联合发布《中国冰雪旅游消费大数据报告(2022)》[EB/OL].[2022-01-11]. http://www.ctaweb.org.cn/cta/gzdt/202201/b862a90770a847e0a2d976c129422f85.shtml.

[43] 北青网.中国九成以上农村家庭拥有至少1部智能手机[EB/OL].[2022-05-06]. https://t.ynet.cn/baijia/32726364.html.

[44] 运营商财经网.三大运营商在数字乡村方面哪家强?其实行政村网络覆盖率都挺高![EB/OL].[2022-10-23]. https://baijiahao.baidu.com/

s?id=17473991365946846&wfr=spider&for=pc.

[45] 东方财富网.市场调研报告:预测在2025年中国智能手表市场规模超过400亿元[EB/OL].[2022-08-23].https://caifuhao.eastmoney.com/news/20220823162226934523020.

[46] 上游新闻.阿里巴巴发布"十一"消费趋势报告:乡村振兴提速下沉市场呈现网购高频化+消费升级趋势[EB/OL].[2021-10-06].https://www.163.com/dy/article/GLL0FDUN053469M5.html.

[47] 财政部.关于2022年中央对地方转移支付预算的说明[EB/OL].http://yss.mof.gov.cn/2022zyczys/202203/t20220324_3797804.htm.

[48] 产业信息网.2021年中国乡村旅游游客数量、旅游花费及发展趋势分析[EB/OL].[2021-11-23].https://www.chyxx.com/industry/202111/986974.html.

[49] 腾讯云.信息化、数字化、智能化,你能分清吗?[EB/OL].https://cloud.tencent.com/developer/news/706340.

[50] 新京报网.帐篷卖到供不应求,露营热"带飞"了谁?[EB/OL].[2022-05-13].https://www.bjnews.com.cn/detail/1652418853168631.html.

[51] 杭州电商.2022淘宝天猫露营趋势白皮书:露营帐篷消费份额最大[EB/OL].[2022-06-20].https://mp.weixin.qq.com/s?__biz=MzA3NzMwOTczNw==&mid=2650680721&idx=2&sn=f4f6c1210744a1ae99494f64a74ea522&chksm=87597fd7b02ef6c1299b6dd1b95bbc57e1d7b99c439ff9cd216039ef274a44f884fb5244747c&scene=27.

[52] 金三林.新时期推进城乡融合发展的总体思路和重大举措[N].中国经济时报,2019-07-01(5).

[53] 栗树彬.迎接首届东北职工体育检阅开展群众性的体育和运动大会[N].东北日报,1951-05-19(4).

[54] 彭德倩.两届冬奥会举办小城如何擦亮冰雪品牌[N].解放日报,2021-12-06(10).

[55] 张小可.户外运动持续升温功能性服装受青睐[N].中国体育报,2022-

11-18(2).

[56] 韩宵宵,张立文.传统文化的生命力在于创造[N].光明日报,2019-08-18(12).

[57] 张小平.乡村振兴战略的伟大意义[N].中国社会科学报,2020-09-02(B4).

[58] 陆扬,陆树程.改造世界的主体性及其限度[N].中国社会科学报,2020-10-15(A8).